LA SCIENCE
DES
NOMBRES

PAR

PAPUS

(Dr ENCAUSSE)

ŒUVRE POSTHUME

www.eBookEsoterique.com

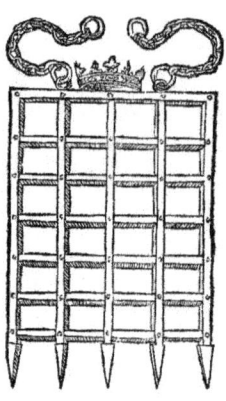

Note de l'éditeur

Nos livres sont la reproduction digitale de textes devenus introuvables.

Le lecteur voudra bien excuser le léger manque de lisibilité et les imperfections dues aux ouvrages imprimés il y a des décennies, voir des siècles.

Par égard à la mémoire des auteurs et la spécificité des ouvrages, il convenait de les reproduire tels les originaux.

www.eBookEsoterique.com

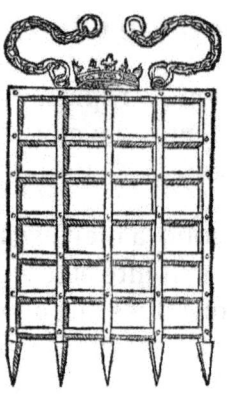

LA SCIENCE DES NOMBRES

INTRODUCTION

Le Nombre est un être du plan spirituel. Il a ses lois particulières de construction et d'évolution et son étude est une des plus importantes que puisse poursuivre l'occultiste.

Mais, avant d'aborder cette étude, il est nécessaire de faire certaines distinctions importantes.

La première, c'est de distinguer l'étude *quantitative* des nombres telle qu'elle est poursuivie par les mathématiciens actuels, de l'étude *qualitative* telle qu'elle était poursuivie dans les centres d'initiation de l'antiquité.

Cette remarque est du reste générale pour tout ce qui concerne l'occultisme. Le contemporain sourit à la pensée que le nombre 4 pourrait agir comme un être vivant dans le plan des « idées-forces » ou même qu'il représente, dans le monde des lois, une clef qui ouvre bien des portes encore fermées.

La seconde distinction à établir, c'est de ne pas confondre les *Nombres* qui sont des êtres, avec les *Chiffres* qui sont leurs *habits*. Un homme habillé de vert, de jaune ou de noir est toujours lui-même. Un nombre figuré par un caractère chinois, ou sanscrit, ou romain, ou typographique actuel est toujours lui-même. Or la question chiffre a bien souvent embrouillé la question nombre.

Enfin la dernière distinction à établir est que l'étude des nombres embrasse de multiples adaptations. C'est un véritable monde intellectuel. Des auteurs nombreux ont consacré leurs veilles à cette étude.

L'antique livre cabbalistique « *Le Sepher Jesirah* » (1) traite des nombres et de leurs rapports analogiques. Toutes les écoles dérivées des pythagoriciens et des néo-platoniciens suivent la même voie.

Corneille-Agrippa dans sa *Philosophie Occulte* (2) consacre presque tout un volume aux nombres étudiés qualitativement et dans leurs correspondances. Plus près de nous L. C. de Saint-Martin (3) et Eckartshausen (4) ont aussi laissé des études profondes sur ce sujet. Eliphas Levi (5) et Stanislas de Guaita (6) ainsi que moi-même a propos du Tarot avons aussi abordé ce problème (7).

Nous allons essayer de mettre un peu d'ordre dans cette étude des nombres. C'est une introduction à la lecture des auteurs que nous chercherons à établir.

Un peu de clarté dans les ténèbres tel est notre seul but.

Pour nous efforcer d'être clair nous allons procéder par étapes. L'étude des nombres est, en effet, si complexe, que si l'on veut faire en même temps de la philosophie, du calcul, et des adaptations analogiques, tout s'embrouille et devient obscur.

Nous aurons donc à revenir plusieurs fois sur le même sujet, chaque fois avec plus de détails, et ainsi nous pourrons aborder successivement les diverses adaptations utiles à connaître.

---

(1) « Le Sepher Jesirah », cf. *La Cabbale*, par Papus. Anvers, s. d. gr. in-8.
(2) H. Corneille-Agrippa, *La Philosophie Occulte ou la Magie*. Paris, Chacornac, 1910-11, 2 vol. in-8.
(3) L. Cl. de St-Martin, *Les Nombres*. Paris, Chacornac, 1913, in-8.
(4) Eckartshausen, *La Magie Numérale*, 1re trad. française (*en préparation*).
(5) St. de Guaita, *Au seuil du Mystère*. Paris, Chamuel, 1891, in-8 (voir note p. 112-113).
(6) Eliphas Lévi, *Lettres au baron Spedalieri*. Paris, Chacornac. 1932-1933, in-8, t. 1 et 2 (sur 10). Ces lettres en manuscrit ont été en possession du Dr Papus.
(7) Papus, *Le Tarot des Bohémiens*. Paris, s. d. gr. in-8.

THÉORIE

CHAPITRE PREMIER

PREMIERS ÉLÉMENTS D'ÉTUDE

On ne doit pas confondre *les Nombres* qui sont des Idées-Forces, des Intermédiaires entre le Plan visible et le Plan invisible, et *Les Chiffres*, qui sont les Habits des nombres.

Echelle et Progression. — Tous les nombres émanent du nombre Un. Le point de départ de cette émanation est dans la Lumière spirituelle. Plus un nombre s'éloigne du nombre Un, plus il s'enfonce dans la matière, plus il se rapproche du nombre Un, plus il remonte vers l'Esprit et la Lumière.

Les Dix premiers nombres appartiennent au domaine de l'Esprit. Ce sont les moins matérialisés.

Ecrivons donc tout de suite, pour nous habituer, la double progression :

De l'Esprit à la Matière de la Lumière à l'Ombre	De la Matière à l'Esprit de l'Ombre à la Lumière
1 2 3 4 5 6 7 8 9 A lire de haut en bas ↓	1 2 3 4 5 6 7 8 9 A lire de bas en haut ↑

Le chiffre n'a pas d'importance, c'est la direction de la progression qui seule doit être considérée.

Sexe des nombres — Les nombres sont masculins et actifs : ce sont les nombres Impairs, ou féminins et passifs : ce sont les nombres Pairs. Nombres actifs dans la série des dix premiers : 1, 3, 5, 7, 9. Nombres féminins ou Passifs : 2, 4, 6, 8, 10.

La vie des nombres. — Les relations des nombres entre eux et leurs réactions réciproques se manifestent par le *calcul*.

Le calcul comprend deux opérations principales :

A. — La descente de l'Esprit vers la matière comprenant comme opérations : *l'addition* ou descente lente, la *multiplication* ou descente rapide, le carré du nombre ou descente en plan astral, le cube du nombre ou descente en plan matériel.

B. — La remontée de la matière vers l'esprit comprenant comme opérations : la *soustraction* ou remontée lente et progressive, dont la progression ascendante : 9-8-7-6-5-4-3-2-1 est la première application. Neuf moins un égale huit, huit moins un égale sept, etc...

La *division* ou remontée plus rapide avec élimination des nombres inutiles.

L'extraction de la racine carrée ou remontée directe de l'Astral dans un plan supérieur.

L'extraction de la racine cubique ou remontée du plan matériel dans un plan supérieur.

Ces deux dernières opérations sont, du reste, des divisions accélérées.

Les plans. — D'après l'enseignement ésotérique il y a trois plans principaux dans toute création :

1º Un plan supérieur ou intérieur appelé généralement plan divin ou spirituel.

2º Un plan intermédiaire appelé généralement plan vital ou astral.

3º Un plan inférieur ou extérieur appelé généralement plan corporel ou matériel.

Les nombres simples et non décomposables indiquent le plan spirituel ou lui appartiennent.

Les nombres élevés au carré se réfèrent au plan astral.

Les nombres élevés au cube se réfèrent au plan matériel.

Chaque plan est représenté dans tous les autres, comme le sang (plan vital) et la lymphe (plan matériel) circulent dans le cerveau (plan spirituel physique) ; ainsi la série des nombres spirituels : 1-2-3-4-5-6-7-8-9-10, renferme le carré de 2 ou 4 et le cube de 2 ou 8.

Les Egyptiens avaient figuré ces rapports dans leur célèbre triangle d'étude.

Racine spirituelle ou essentielle. — A la racine carrée et cubique, L. C. DE SAINT MARTIN ajoute la *racine essentielle* qui est obtenue en additionnant tous les nombres depuis l'Unité jusqu'au nombre considéré. Ainsi 4 a pour racine 1 plus 2 plus 3 plus 4 soit 10. Le nombre 6 a pour racine $1 + 2 + 3 + 4 + 5 + 6 = 21$.

Nombres de plus d'un chiffre. — Les nombres à chiffres multiples sont l'objet de remarques spéciales. Tout d'abord ils peuvent être ramenés par l'addition de leurs éléments constituants à un chiffre. C'est la *Réduction théosophique* de L. C. DE SAINT-MARTIN, connue de toute l'antiquité.

Soit le nombre 427. Il est formé des trois chiffres, 4, 2, 7. En additionnant 4 plus 2 plus 7, on obtient 13. En additionnant 1 plus 3, on obtient 4. Ce qui nous donne la réduction théosophique de 427. Autrement dit 427 égale mystiquement 4.

Dans ce cas l'addition sert à remonter un nombre de la matière vers le plan spirituel.

Chefs de File. — Dans tout nombre de plus d'un chiffre, c'est le premier chiffre à gauche qui indique le caractère et la famille spirituelle du nombre tout entier.

Ainsi dans 427, c'est le 4 qui est la clef familiale du nombre, tandis que dans le nombre 724, qui est le même retourné, c'est le 7 qui est chef de file et marque de famille.

Nombres symétriques. — Tout nombre composé de plusieurs chiffres possède son nombre symétrique par le renversement des chiffres.

Ainsi 41 a pour symétrique 14 ; le premier impair, le second pair. 32 a pour symétrique 23, le premier pair le second impair.

Les nombres composés de deux chiffres ou plusieurs identiques n'ont pour symétriques qu'eux-mêmes.

Ainsi 22-33-44-333-555-, etc.

On obtient des lumières spéciales par l'addition de deux nombres symétriques.

41 et 14 donnent 55
32 et 23 donnent aussi 55.

Progressions ascendantes et descendantes. — En écrivant tous les chiffres depuis l'unité jusqu'au chiffre qui précède le chiffre considéré, on obtient par addition des chiffres de même rang dans les deux progressions ascendantes et descendantes, le chiffre étudié.

Soit le nombre 4 :

On écrit 1   3   Total 4.
2   2   id.
3   1   id.

Soit le nombre 7 ; nous écrivons la série des 6 premiers chiffres :

1   6
2   5
3   4
4   3   Total 7 pour toute la série.
5   2
6   1

Il en est naturellement de même pour n'importe quel nombre.

CHAPITRE II

LES DIX PREMIERS NOMBRES

§ 1

TABLEAU GÉNÉRAL DES DIX PREMIERS NOMBRES.

Avant d'aborder l'étude rapide de chaque nombre, il est indispensable de jeter un coup d'œil sur l'ensemble des dix premiers nombres. Ils appartiennent tous au plan spirituel, mais il faut savoir que ce plan comprend trois centres, étages, ou progressions, comme on voudra bien les appeler.

```
Spirituel Pur                      1
Spirituel en Spirituel      6   2      3  5  7.
. . . . . . . . . . . . . . . . . . . . . . . . . . . .
Astral du Spirituel
    (carrés)                    4
                                    9
. . . . . . . . . . . . . . . . . . . . . . . . . . . .
Matériel dans Spirituel
    (cubes)                     8
. . . . . . . . . . . . . . . . . . . . . . . . . . . .
Nouvelle série                     10
```

Le Spirituel pur comprend un seul nombre, l'Unité.
C'est la voie directe d'union avec la Puissance divine.
Au-dessous de l'Unité et dans le même plan spirituel (Spirituel en Spirituel), nous trouvons :

       A. — Du côté impair........ 3-5-7
       B. — Du côté pair.......... 2 et 6.

Dans le plan au-dessous (Astral du spirituel), nous trouvons le 4, carré de 2 et le 9, carré de 3. On sait que l'astral est le plan des carrés.

Enfin dans le plan au-dessous (Matériel dans spirituel), nous trouvons le 8, cube de 2.

Telle est une première classification des dix premiers nombres.

N'oublions pas cependant la méfiance qu'inspire à L. C. DE SAINT-MARTIN le nombre 2, ses carrés et cubes, et aussi le nombre 5. Nous reviendrons plus tard sur ce sujet.

Nous pouvons rapprocher du premier tableau, le schéma suivant emprunté à Wronski :

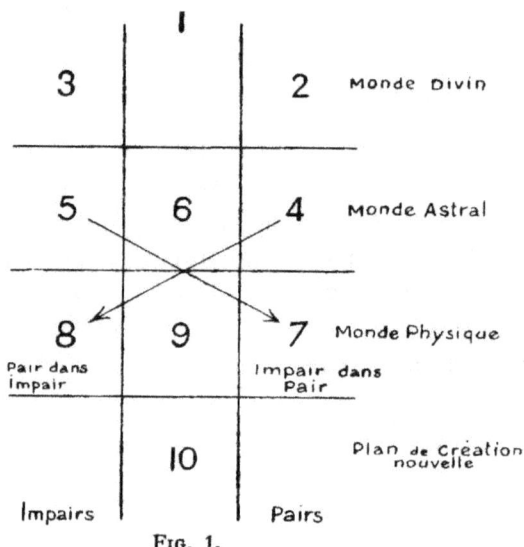

Fig. 1.

qu'il faut comparer avec les dix Sephiroth de la Cabbale (1) :

1. Puissance suprême.
2. Sagesse absolue.
3. Intelligence infinie.
4. Bonté.
5. Justice ou rigueur.
6. Beauté.
7. Victoire.
8. Eternité.
9. Fécondité.
10. Réalité.

---

(1) ELIPHAS LÉVI. *Les Eléments de la Kabbale*, en dix leçons. Cf. *Le Livre des Splendeurs*. Paris, Chamuel, 1894, p. 235.

Ce sont les premières idées que développe L. Cl. de Saint-Martin dans les passages suivants :

« Il y a une division du tableau universel reconnue de tous les observateurs dans l'ordre de la vraie philosophie, c'est celle par laquelle on distingue la région divine, la région spirituelle et la région naturelle. Il est reconnu également qu'il y a une correspondance de la région divine aux deux régions spirituelle et naturelle, et que, par conséquent, les nombres de l'ordre divin doivent avoir leurs représentants et leurs images dans ces deux régions. Mais ceux qui n'ont pas la clef des nombres sont exposés à une bien grande méprise quand ils veulent fixer ou contempler ces correspondances.

La principale cause de leur erreur vient de ce qu'ils se dirigent dans ces spéculations par les lumières de l'arithmétique reçue, où les nombres se font reconnaître par leurs multiples ou par leurs parties analogues ou similaires, et non point par leurs propriétés, puisque l'arithmétique ne reconnaît à ces nombres d'autres propriétés que les propriétés conventionnelles et dépendantes de la volonté de l'homme.

La seconde erreur est de vouloir renfermer les trois divisions ci-dessus dans trois décades consécutives, de façon qu'après *trente*, nous n'aurions plus besoin des autres nombres.

Enfin, la troisième erreur est de vouloir trouver dans la seconde et dans la troisième décade, la même série de principes que dans la première, parce qu'on y trouve, en effet, le même ordre aux nombres et le même alignement arithmétique ». (1)

§ II.

Les dix Premiers Nombres et leurs Puissances.

Puissance première : l'Unité.
Puissances secondes : 4-7-8-10.
Puissances troisièmes : 3-6-9.

(Pour mémoire, nombre mauvais 2 et 5).

« Les puissances secondes ont un domaine à parcourir parce qu'elles tiennent au centre immédiatement. Les puissances troisièmes n'y tiennent que médiatement, et n'ont d'autre but à remplir que celui de la production des formes. Elles sont donc plus resserrées que

---

(1) L. Cl. de St-Martin, *Des Nombres*. Paris, Chacornac, 1913, in-8, p. 20.

les puissances secondes. Elles n'ont point la *loi créatrice* qui n'appartent qu'à l'unité. Elle n'ont point la *loi administrative* qui est confiée aux puissances secondes.

Elle n'ont que la *puissance exécutrice* et opératrice qui, étant toujours la même (puisque l'objet de leur œuvre ne change pas), ne fait que se transmettre d'un être à l'autre par voie de génération nécessaire. Aussi tous leurs faits sont-ils égaux » (1).

Enfin pour terminer ces considérations préliminaires, nous reproduisons ci-dessous notre schéma de la Génération arithmé-

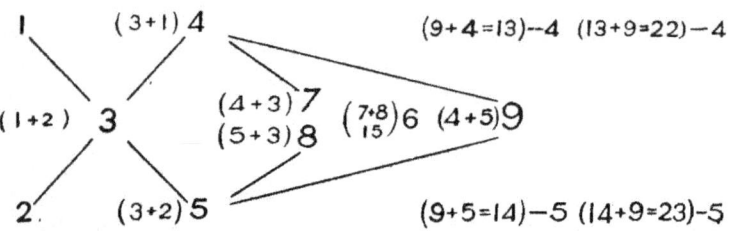

Fig. II.

GÉNÉRATION ARITHMÉTIQUE DES NEUF PREMIERS NOMBRES

tique de 9 premiers nombres (2) et une figure synthétique de F. Ch. BARLET sur les rapports des dix premiers nombres.

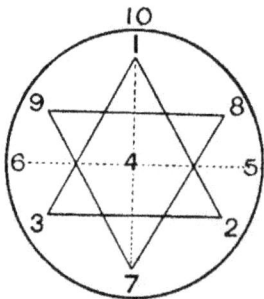

Fig. III.

CLEF DES RAPPORTS DES DIX PREMIERS NOMBRES

---

(1) Cf. L. Cl. DE ST-MARTIN, ouv. cité, p. 78.
(2) Cf. PAPUS, *Traité élémentaire de Science Occulte*. Paris, Ollendorf, 1903, in-8, p. 51.

CHAPITRE III

ANALYSE DE LA DÉCADE

Après avoir jeté un rapide coup d'œil sur les divisions de l'étude qualitative des nombres et considéré l'ensemble du premier Dénaire sous divers aspects, nous allons maintenant aborder l'analyse de chacun des nombres qui constituent ce premier Dénaire.

Fidèle à notre programme, nous nous garderons autant que possible d'aborder les problèmes métaphysiques et mystiques qui se réfèrent à chaque nombre.

Nous laisserons aussi pour l'instant les détails qui se rapportent à la pratique magique des Nombres, à ces fameux « Pouvoirs » après lesquels courent les jeunes étudiants de l'occulte, et au sujet desquels il n'est pas permis d'écrire sans voiles.

Dans une section spéciale nous donnerons sur ce point des textes que le chercheur devra s'efforcer d'expliquer après un travail personnel. Notre essai n'a pour but que d'établir une *Introduction* à l'étude des nombres ; il ne dispense pas de la lecture des œuvres classiques sur ce sujet.

Abordons donc l'analyse de chacun des dix premiers nombres.

L'UNITÉ

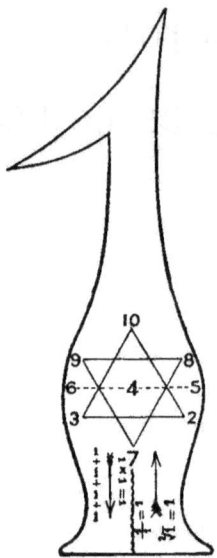

Fig. IV.

Sexe	Impair, actif, auto-créateur.
Origine	Cachée à l'être humain.
Divisible ou Indivisible	Indivisible.
Son Carré	Le nombre lui-même.
Son Cube	Lui-même.
Sa Racine essentielle	Lui-même.
Son Nom	L'UNITÉ.
Sens Séphirotique	Puissance suprême.
Signification numérale ésotérique	Source de tous les Nombres.
Correspondance géométrique	Le point connu spirituellement.

Adaptations diverses.

Tarot...... Première lame : Le Bateleur, synthèse du jeu.
Astrologie.. Le Principe créateur : le Soleil ☉, le Pivot du Monde.
Cabbale.... La lettre Mère : Aleph א

L'unité dans les trois plans.

« Ceux qui ont percé dans la carrière des nombres pourront admirer ici avec quelle sagesse lumineuse la Providence étale devant nous ses trésors et nous montre comment elle fait parvenir ses puissances dans les diverses régions. Ils reconnaîtront que les nombres sont fixes eux-mêmes et finis dans leurs facultés radicales, quoi qu'ils soient infinis dans le jeu de leur puissance et dans les émanations innombrables qui peuvent sortir et sortiront éternellement de ces facultés radicales. Ils reconnaîtront que l'unité est le seul nombre qui, non seulement ne sorte point de la décade divine ni par son carré, ni par son cube, mais même qui ne sorte point de son propre secret ou de son propre centre, et qui concentre en soi toutes ces opérations.. Ils reconnaîtront que quand cet être Un se transporte, soit dans la région divine, soit dans la région spirituelle, soit dans la région naturelle, il s'y transporte par ses propres facultés radicales, et par les émanations qui leur sont correspondantes ; mais que les plans et les propriétés qu'il manifeste par là sont au-dessus des notions matérielles de l'arithmétique, et n'en peuvent conserver le sens grossier et monotone. Ils reconnaîtront que, par le moyen de ses facultés radicales et des émanations qui leur sont correspondantes, cet être Un porte sa vie et son esprit dans les trois régions, et que, dès lors, ils peuvent considérer spirituellement ces trois régions comme un grand arbre dont la racine reste toujours cachée dans la région divine comme dans sa terre maternelle, dont le tronc ou le corps se manifeste dans la région spirituelle par le carré, et dont les branches, les fleurs et les fruits se manifestent dans la région naturelle par l'opération du cube. Ils reconnaîtront par là quel est le commerce et l'union active qui doit régner entre ces trois régions ou entre ces trois mondes, puisqu'ils ont une racine commune, et puisqu'il y a des carrés spirituels qui s'étendent jusque dans la région naturelle, et des cubes naturels qui s'accomplissent dans la région spirituelle, tandis que l'Unité divine, comme la sève qui produit tout et qui remplit tout, opère en même temps, et de concert avec les régions spirituelles et naturelles, en ce qu'elle y influe sans cesse invisiblement par sa propre racine, par son propre carré et par son propre cube, pour y vivifier les cubes, les carrés et les racines de tous les autres nombres et les y faire opérer, à leur tour, chacun selon ses propriétés et ses *vertus*.

Ils reconnaîtront que, quoique l'être *un* ne se transporte pas lui-même dans toutes ces régions, c'est cependant par l'influence de sa racine, de son carré et de son cube, que tous ses ouvrages et toutes ses productions spirituelles et naturelles paraissent complets et revêtus tous de ce caractère si expressif de l'unité, qui nous montre partout notre Dieu, et partout le concours harmonique de toutes ses facultés et de toutes ses puissances » (1).

« L'Unité, dit Eckartshausen, est elle-même sa propre racine, son propre nombre considéré comme unité. Aucun calcul n'a lieu à l'égard d'elle : seulement dans la manifestation de ses forces, le premier quaternaire se fait par sa force trine (2).
. . . .
L'Unité de laquelle tout naît, qui est la source de toutes les choses, d'où vient tout, qui conserve tout, qui se révèle dans toutes les choses visibles aux sens, sans être sensuelle elle-même, qui ne change jamais, qui remplit tout, qui est partout présente, et se manifeste dans une force ternaire » (3).

L'Unité renferme tous les nombres.

L'Unité émane ses puissances seulement par l'addition d'elle-même, seule source de création de tous les nombres.

L'Unité a pour racine carré, cubique et essentielle, elle-même : l'UNITÉ.

L'Unité distribue son influence dans tous les plans.

---

(1) Cf. L. CL. DE ST-MARTIN, ouvrage cité, p. 23 à 25.
(2) Von ECKARTSHAUSEN, *Zahlenlehre der Natur*. Leipzig, 1794, p. 233.
(3) *Id.*, p. 231.

LE NOMBRE DEUX

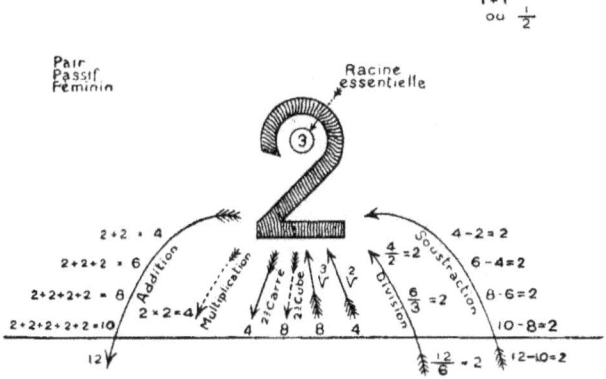

Fig. V.

Sexe....................	Pair, Féminin, Passif.
Origine	L'Unité répétée deux fois (Règle générale), l'Unité devenue fraction $\frac{1}{2}$ (L. C. de Saint-Martin).
Divisible ou Indivisible........	Divisible en deux moitiés 1 - 1.
Son Carré	4 (Pair).
Son Cube.................	8 (Pair).
Sa Racine essentielle	3 (1 Plus 2).
Son Nom.................	Le Binaire et aussi le Duel.
Sens Séphirotique...........	La Sagesse.
Signification numérale ésotérique.	Reflet passif de l'Unité. Source des erreurs mentales humaines.
Correspondances géométriques...	Deux points .. Deux lignes = Un angle ∟

Adaptations diverses.

Tarot	Deuxième lame : La Porte du sanctuaire.
Astrologie..........	La Lune ☽.
Cabbale............	la lettre Beth ב

LE NOMBRE TROIS

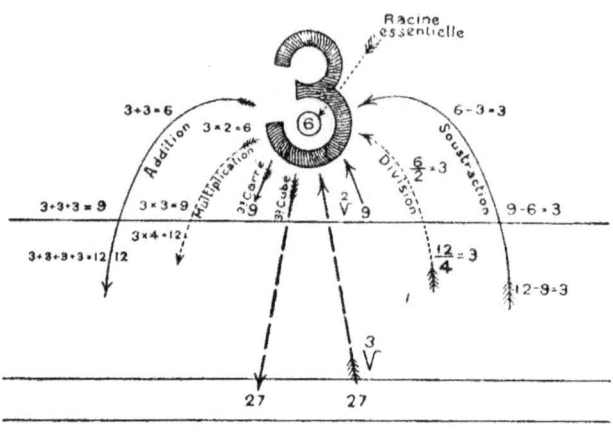

Fig. VI.

Sexe	Impair, Masculin, Actif.
Origine	L'unité répétée trois fois ∴ 2 + 1.
Divisible ou Indivisible	Indivisible sans reste.
Son Carré	9 (Impair).
Son Cube	27 (Impair).
Sa Racine essentielle	6.
Son Nom	le TERNAIRE.
Sens Séphirotique	Intelligence infinie.
Signification numérale ésotérique.	Premier terme de toute création (A - S - Th).
Correspondances géométriques...	Trois points ∴ 1 + 1 + 1 : Le Triangle △

Adaptations diverses.

Tarot ..... Troisième lame : La Nature - Isis - Uranie.
Astrologie.. Les Trois grands astres (Soleil, Lune, Terre) Le Pivot central. Le Zodiaque. Le Ciel de la Parole.
Cabbale.... la lettre Ghimel ג, La Nature.
Les Trois Mères (א מ ש).

Le Ternaire : 3 - 7 - 12.

Sept parties sont constituées par deux ternaires, au milieu desquels se tient l'Unité.

Le duodénaire est constitué par des parties (ternaires) opposées : trois amies, trois ennemies, trois vivantes vivifient, trois tuent, et Dieu roi fidèle, les domine toutes du seuil de sa sainteté.

L'unité domine sur le ternaire, le ternaire sur le septenaire, le septenaire sur le duodénaire (1).

« Le nombre 3 est le retour à l'unité, qui semblait brisée par le nombre 2. C'est en unissant le Fils au Père que l'Esprit-Saint se réalise ; c'est pourquoi il peut être considéré comme l'efflorescence de l'unité. Il émane d'elle directement, participe à sa vertu, et exprime la paix et la béatitude. Sous un aspect, le nombre 3 renferme l'être tout entier, et peut être considéré comme le premier développement de l'idée de l'être, qui était une dans son principe. Ce nombre a de nombreux reflets dans la création, dans les fluides, dans les couleurs et dans les formes (2).

---

(1) Cf. Papus, *La Cabbale*. Anvers. Ed. Lumen, 1929, p. 191, Trad. du *Sepher Jesirah*, Rem. gén.
(2) Lacuria (P. F. G.), *Les Harmonies de l'Etre exprimées par les Nombres*, Paris, Chacornac, 1899, tome II, p. 300.

LE NOMBRE QUATRE

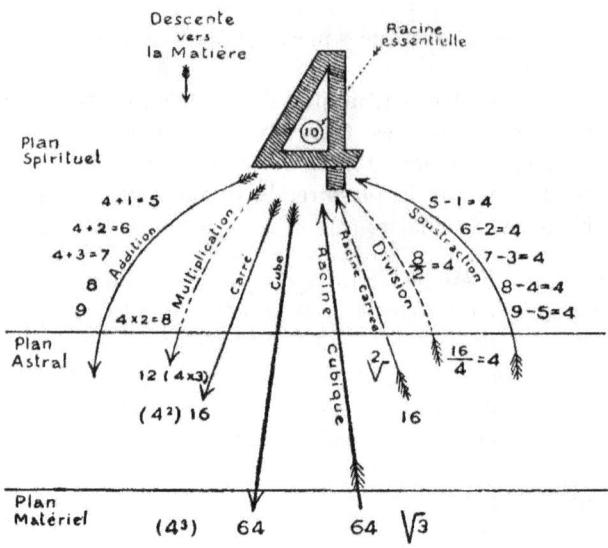

Fig. VII.

Sexe	Pair, Féminin, Passif.
Origine	L'Unité répétée quatre fois. $2 \times 2 \,;\, 3 + 1$.
Divisible ou Indivisible	Divisible par 2.
Son Carré	16 (Pair).
Son Cube	54 (Pair).
Sa Racine essentielle	10.
Son Nom	Le QUATERNAIRE
Sens Séphirotique	Bonté.
Signification numérale ésotérique..	Première Octave de l'Unité. Première création renfermant sa graine, source d'une création ultérieure.
Correspondances géométriques	Quatre Points .:. $1+1+1+1$.

Deux fois deux lignes = ||
Un triangle pointé
Un carré ☐
La Croix +

Adaptations diverses.

Tarot .... Quatrième lame : l'Empereur (Jupiter ♃).
Astrologie. La Croix Astrologique (Equinoxes et Solstices).
Les quatre formes célestes du Sphinx.
Cabbale .. la lettre Daleth ד, Autorité.

« La multiplication du nombre 4, dit Eckartshausen, l'extraction de sa racine, sa multiplication par lui même, et la considération de la proportion de tous les nombres racines avec leurs nombres racines est le plus grand secret de la doctrine des nombres. C'est ce qu'on trouve dans tous les écrits secrets sous l'expression : la connaissance du grand quaternaire » (1).

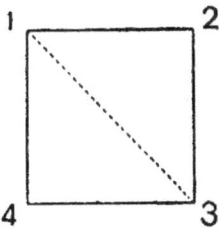

Fig. VIII.

LE QUATERNAIRE D'APRÈS LA LOI DE PROGRESSION
(4 = 10)

---

(1) Ouvrage cité, p. 232.

LE NOMBRE CINQ

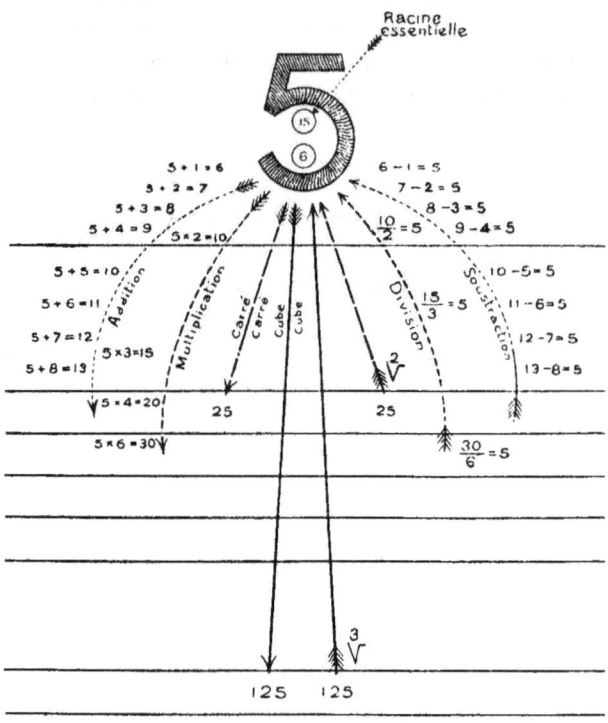

Fig. IX.

Sexe	Impair, Masculin.
Origine	L'Unité répétée cinq fois. 2+3 ; 4 + 1. (Nombre du Mal pour L. C. DE SAINT-MARTIN).
Divisible ou Indivisible	Indivisible sans reste.
Son Carré	25 (Impair).
Son Cube	125 (Impair).
Sa Racine essentielle	15 = 6.
Son Nom	Le QUINAIRE.
Sens Séphirotique	Justice ou Rigueur.
Signification numérale ésotérique.	Pentagramme. Image de l'Homme après la chute. Binaire du Quaternaire.
Correspondances géométriques	Cinq points. Triangle et deux lignes.

Carré pointé. Pentagramme (Etoile à 5 Pointes) ★

Adaptations diverses.

Tarot	Cinquième lame : Le Pape (La Religion).
Astrologie	Mars ♂
Cabbale	la lettre Hé ה. La Vie (La Religion).

LE NOMBRE SIX

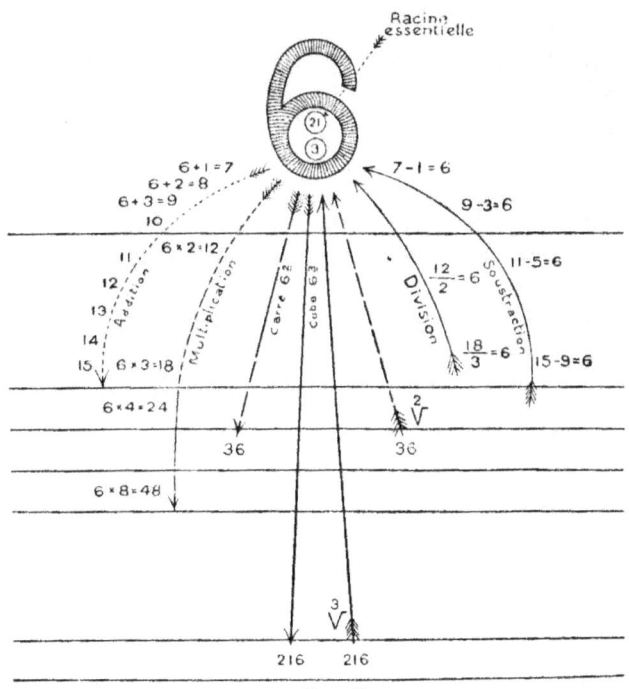

Fig. X.

Sexe	Pair, Féminin, Passif.
Origine	L'Unité répétée six fois. 3×2 ; 2×3 ; $4 + 2$; $5 + 1$.
Divisible ou Indivisible	Divisible par 2 et par 3.
Son Carré	36 (Pair).
Son Cube	216 (Pair).
Sa Racine essentielle	$21 = 3$.
Son Nom	Le SENAIRE.
Sens Séphirotique	Beauté.
Signification numérale ésotérique	Les Deux ternaires symétriques, L'Hexagramme.
Correspondances géométriques	Six Points ∴ Deux triangles entrelacés ✡ Carré et deux lignes. Pentagramme pointé L'Hexagone

Adaptations diverses.

Tarot	Sixième lame : l'Amoureux.
Astrologie	Six périodes créatrices.
Cabbale	La lettre Vau ו (le Lien universel).

Pour les initiés, le Sénaire était *le nombre parfait* par excellence. Ils l'attribuaient à la Nature et ils le représentaient plus particulièrement par l'Hexagramme.

Ils disaient aussi que le 6, nombre parfait, était un *nombre circulaire* et cela est juste, puisque le report du rayon sur la circonférence répété six fois, donne l'Hexagone et permet de construire l'Hexagramme (1).

« Le nombre 6 descend généalogiquement de l'unité par l'intermédiaire du 3. Il est la paire du 3 qui s'est redoublé, et l'harmonie du 2 qui est triplé.

Toujours en équilibre, dans tous ses groupes, il est le nombre parfait des pythagoriciens, le type de la proportion et de la beauté naturelle (2). »

---

(1) 6, nombre des jours de la création, travail divin, est aussi le nombre des jours de la semaine, travail humain, 6 × 6 = 36, nombre du mot *séparation* (distinction de la lumière avec les ténèbres). B D L = 36, racine du nom de la *pierre précieuse* et même de *l'arbre heureux* du paradis terrestre *Bdellium* ; cet arbre est arrosé par les 4 fleuves de la partie *orientale* de l'Eden, ou 36 × 4 = 144, la *proposition primitive, orientale,* la *révélation première.* Si l'on multiplie 36 ou l'arbre de la pierre précieuse, par 6, c'est-à-dire par un nouveau travail humain, en opposition à la bénédiction de la providence indiquée par le nombre des 4 fleuves, on a 216 ou le cube de 6, nombre du lion *Arie,* qui signifie la possession personnelle, spirituellement l'amour de sa propre excellence. Cf. Thomas (Edme), *Histoire de l'antique cité d'Autun,* Paris, 1846, in-4, p. XVII. Cette note est de l'abbé Devoucoux (L'Editeur).

(2) Lacuria (P. F. G.), *Les Harmonies de l'Etre exprimées par les Nombres,* Paris, Chacornac, 1899, tome II, p. 300.

LE NOMBRE SEPT

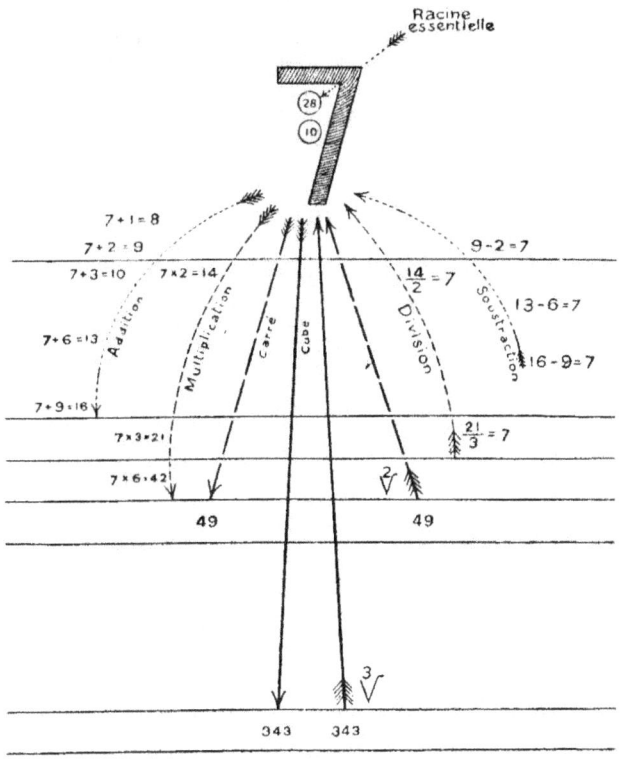

Fig. XI.

Sexe	Impair, Masculin.
Origine	Unité répétée sept fois : 6+1 ; 5 + 2 ; 4 + 3.
Divisible ou indivisible	Indivisible sans reste.
Son Carré	49 (4e dizaine impaire). Symétrique du carré 94.
Son Cube	343 (34e dizaine impaire). Symétrique du cube : 343.
Sa Racine essentielle	28 = 10 = 1.
Son Nom	Le SEPTENAIRE.
Sens Séphirotique	Victoire.
Signification numérale ésotérique	Deux Ternaires au milieu desquels se tient l'Unité. L'Unité au 2e Octave.
Correspondances géométriques	Etoile à Sept Pointes Hexagramme Pointé Carré surmonté du triangle △

Adaptations diverses.

Tarot....... Septième Lame : le Chariot (Victoire).
Astrologie... Les Sept Astres Mouvants. La semaine (Quart du Mois *Lunaire*).
Cabbale.... { Zain ז. Lettre Double. Propriété.
{ Les Sept lettres doubles.

Il y a trois systèmes de septenaires :

Le système du septenaire physique.
Le système du septenaire astral.
Le système du septenaire psychique.

Le système du septenaire physique s'écrit par 6 + 1 et est figuré par deux triangles enlacés contenant en leur centre l'unité. C'est le sceau de Salomon donnant la clef de la circulation des forces divines dans la nature. C'est aussi le caducée d'Hermès formé de deux serpents faisant chacun trois tours autour de la baguette sacrée. C'est enfin l'étoile à sept pointes donnant la clef du monde des orbes.

Le système du septenaire astral s'écrit par 5 + 2. Il se rapporte surtout à l'homme sur le plan terrestre. C'est le pentagramme avec sa double couleur blanche et noire indiquant la polarisation positive et la polarisation négative. C'est la main humaine et sa double polarisation droite et gauche ; c'est l'étoile positive dominant le croissant négatif.

Le système psychique s'écrit par 4 + 3. Il indique la victoire définitive de l'Esprit sur la matière. C'est le triangle surplombant le carré (origine des Pyramides) ; c'est le triangle surplombant le Tau égyptien ; c'est enfin le triangle venant confondre son sommet avec l'extrémité de la ligne verticale et sa base avec la ligne horizontale de la croix rédemptrice.

Lors donc qu'on aborde l'application du septenaire à un ordre quelconque de connaissances, il faut bien savoir à quel genre de septenaire on s'adresse et si c'est la variété 6 + 1, la variété 5 + 2 ou la variété 4 + 3 qu'on va mettre en usage. Il faut de plus savoir si l'on monte la spirale de l'évolution, auquel cas le nombre le plus fort est toujours placé le premier (comme dans les exemples ci-dessus), ou si, au contraire, l'on descend le long de la spirale de l'involution, auquel cas les séries deviennent 1 + 6, 2 + 5, et 3 + 4 (1).

OBSERVATIONS. — Le Septenaire est toujours un dérivé et il reste obscur si l'on ne détermine pas les deux ternaires constituants et l'Unité synthétisante.

Les systèmes Septenaires sont souvent produits par trois Ternaires dont deux éléments s'unissent en un seul :

Exemple : Haut. Milieu. Bas. (Ternaire de départ).

Haut dans le Haut
Milieu dans Haut   } le Ternaire du Haut.
Bas dans Haut

Haut dans Milieu
Milieu dans Milieu } 2e Ternaire Milieu analysé.
Bas dans Milieu

Haut dans Bas
Milieu dans Bas   } 3e Ternaire analysé.
Bas dans Bas.

Milieu dans Haut et Haut dans Milieu se fondent.
Bas dans Milieu et Milieu dans Bas, de même.
Les Trois ternaires se réduisent ainsi à un Septenaire.
C'est là la clef de la Constitution des Sept Principes de l'Homme chez les Chinois et les Indous.

---

(1) Le nombre 7 peut se rapporter à trois des attributs divins ; à l'idée de l'être dont il est le plus grand développement, à la sainteté qui est l'attribut septième et final, à la liberté qui n'est que dans les êtres à sept facultés, et dont le principal champ d'action est le double septenaire du bien et du mal. LACURIA (P. F. G.). *Les Harmonies de l'Etre exprimées par les Nombres*, Paris, Chacornac, 1899, tome II, p. 301.

LE NOMBRE HUIT

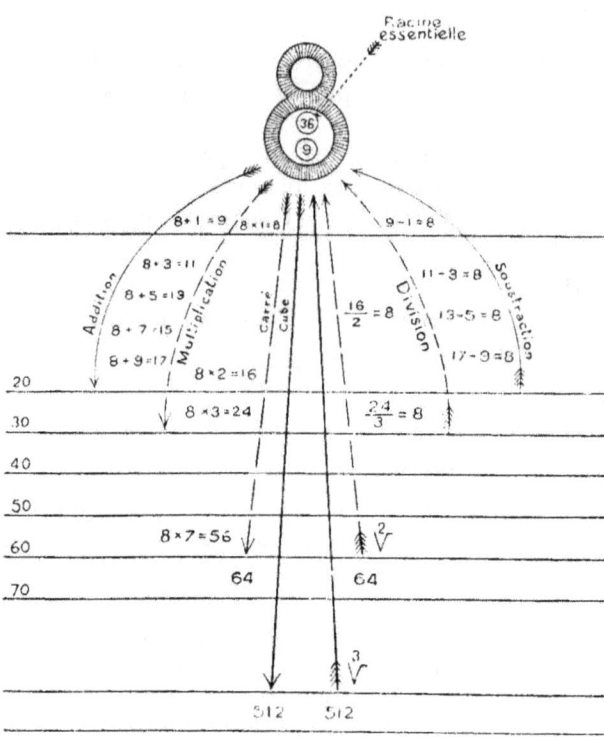

Fig. XII.

Sexe	Pair, Passif, Féminin.
Origine	L'Unité répétée huit fois. 2+6 ; 3 + 5 ; 4 + 4.
Divisible ou Indivisible	Divisible par 2 et par 4.
Son Carré	64 (Pair).
Son Cube	512 (Pair).
Sa Racine essentielle	36-9 :
Son Nom	OCTONAIRE.
Sens Séphirotique	Eternité.
Signification numérale ésotérique.	Binaire de la 3e Octave. Perfection de la Forme.
Correspondances géométriques	Deux carrés La croix double

Adaptations diverses.

Tarot	Huitième lame : La Justice.
Astrologie	Les huit centres du Monde (Sepher Jesirah).
Cabbale	Lettre Heth ח

LE NOMBRE NEUF

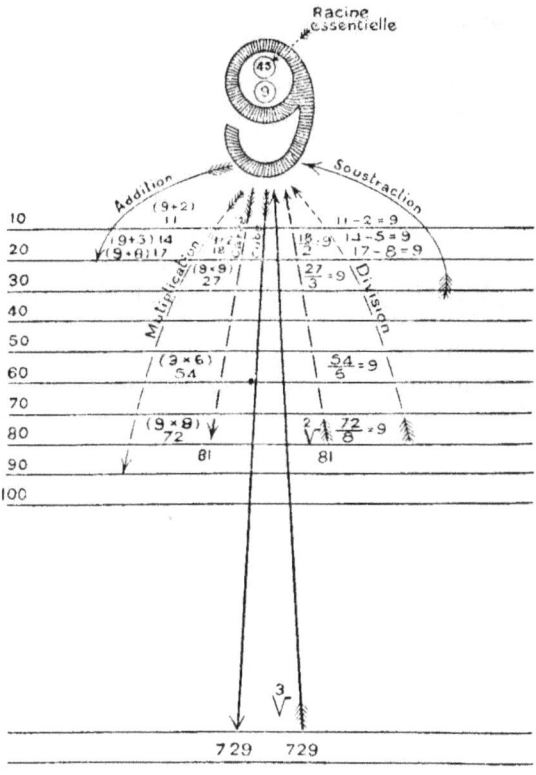

Fig. XIII.

Sexe	Impair, Masculin.
Origine	L'Unité répétée neuf fois. $8+1$; $2+7$; $3+6$; $4+5$.
Divisible ou Indivisible	Divisible par 3.
Son Carré	81 (Impair).
Son Cube	729 (Impair).
Sa Racine essentielle	45-9.
Son Nom	Le NOVENAIRE.
Sens Séphirotique	Fécondité.
Signification numérale ésotérique	Nombre de la Matière.

Le Ternaire (3ᵉ Octave) Trois triangles △ ⍂ ▽

Correspondances géométriques .... Deux carrés pointés
Le Cercle non pointé ○

Adaptations diverses.

Tarot	Neuvième lame : l'Ermite.
Astrologie	Jupiter ♃
Cabbale	Lettre Teth ט

« Le nombre 9 remonte à l'unité par le 3 ; il est le 3 développé et multiplié par lui-même, et, comme le 3 était déjà l'être ramené à l'unité par l'amour, cela revenait à 1 × 1 qui reste toujours l'unité première. Ce nombre d'amour et de béatitude n'a de reflet que dans le ciel dans les neuf chœurs des anges » (1).

« Le *Nonaire* est le nombre à la fois de la génération, du mystère et de l'initiation, parce que l'initiation est une génération spirituelle, ou régénération, et que toute génération, matérielle ou spirituelle, s'accomplit dans le mystère. On peut dire aussi que l'initiation consiste dans la pénétration consciente de ce qui est voilé aux profanes.

Il y a, dans l'initiation, neuf degrés, qui sont, pour ainsi dire, les neuf paliers où s'arrête l'homme pour contempler le chemin parcouru et se préparer à monter un étage plus haut » (2).

---

(1) Lacuria, ouv. cité, p. 301.
(2) J. Tabris, *La Qabbalah Initiatique*, Paris, *L'Initiation*, n° 10, juillet 1897, p. 46.

LE NOMBRE DIX (1)

Sexe .... Féminin, Pair, Passif.
Origine .... L'Unité répétée dix fois. 8 + 2 ; 7 + 3 ; 6 + 4 ; 5 + 5.
        1 + 2 + 3 + 4 (Pythagore).
        1 + 3 + 6 (Moïse, Evangiles, Archéomètre).
Divisible ou Indivisible .... Divisible par 2 et par 5.
Son Carré 100
Son Cube 1000
Sa Racine essentielle .... 55-10.
Son Nom .... Le Denaire.
Sens Séphirotique .... Réalité.
Signification numérale ésotérique. L'Unité agissant comme nombre pair (R. Schwaller). Commencement d'une nouvelle série totale (Tarot).
Correspondance géométrique ...... Le Cercle pointé ☉

Adaptations diverses.

Tarot .... Le Sphinx.
Astrologie .... Mercure ☿
Cabbale .... la lettre '

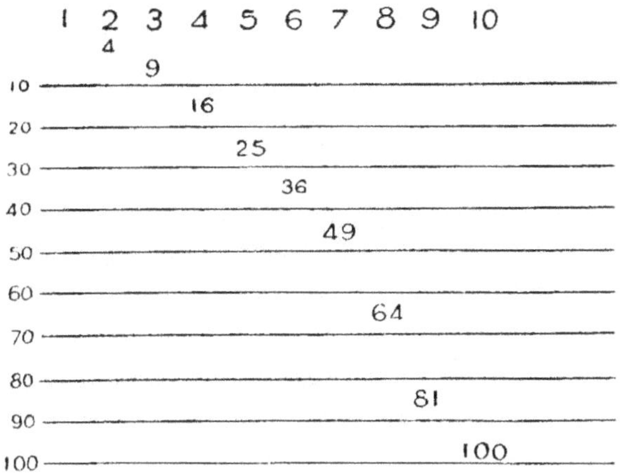

Fig. XIV.

LES CARRÉS DES DIX PREMIERS NOMBRES

---

(1) Le 10 résume toute l'œuvre extérieure de Dieu, dont J.-C. est le sommet. Lacuria, ouv. cité, p. 304.

CHAPITRE IV

CONSTITUTION DES NOMBRES

De même que l'Univers et l'Homme sont constitués par Trois Principes, les Nombres ont, de même, un triple sens, avec des adaptations diverses aux divers plans. Au point de vue de leur constitution, les Nombres ont : 1º une structure, correspondant à l'*Anatomie* ; 2º une organisation, correspondant à la *Physiologie* et 3º une philosophie, correspondant à la *Psychologie*. Nous allons donc envisager chacun de ces trois aspects. En voici le premier.

§ I.

Anatomie.

L'*anatomie* du nombre nous montre comment il est bâti, quels sont ses organes constitutifs et quelle est sa place dans sa série, car à l'anatomie personnelle vient s'ajouter l'anatomie comparée, qui détermine sa famille et sa race.

Un amateur des études sur les nombres, M. Boos, de Rome, a fait une remarque intéressante. Si à un nombre quelconque, on enlève par soustraction sa valeur numérale, le reste est toujours 9 ou un multiple de 9.

Soit le nombre 127. En additionnant les trois chiffres qui constituent ce nombre, $1 + 2 + 7$, on obtient le nombre, 10.

Si l'on soustrait 10 de 127, on obtient 117, qui donne 9 par addition des trois chiffres, 1 + 1 + 7.

Cette méthode peut conduire à la recherche des trois principes constituant un nombre.

L'esprit du nombre est obtenu par l'addition de ses chiffres constituants : ainsi 127 a pour esprit 10, résultat de l'addition de : 1 + 2 + 7.

Le corps de ce nombre est 9 : car 3, 6, ou 9 sont les chiffres de la matière et on a beau les combiner comme on veut on les retrouve toujours ; c'est ainsi que la matière change d'aspect, mais se retrouve toujours dans les corps vivants identique à elle-même.

Il est facile de retrouver l'astral du nombre qui nous intéresse. C'est ce qui reste quand on a enlevé l'Esprit 10 et le corps 9 soit 127 moins 19 ou 108.

En résumé : l'esprit d'un nombre est donné par addition des chiffres constituants. Pour 127 l'esprit est 10.

Le corps d'un nombre est donné par l'addition du nombre qui reste quand on a enlevé l'esprit du nombre.

Pour 127, si on enlève 10, il reste 117, dont l'addition des chiffres donne 9.

L'astral du nombre est ce qui reste quand on a enlevé l'esprit et le corps physique ou la matière. Pour 127, c'est ce nombre moins l'esprit 10 et la matière 9 ou 108. On remarque que l'astral est toujours plus grand numéralement que les autres éléments.

Soit le nombre 127. Nous avons :

Esprit du nombre	10
Astral du Nombre	108
Matière ou corps du Nombre	9
Total....................	127

Prenons un nombre quelconque de trois chiffres, soit 823.

Nous allons en faire l'anatomie, le disséquer.

Pour cela nous formons d'abord la somme des chiffres : 8 + 2 + 3 = 13.

13 est l'Esprit du nombre.

Nous soustrayons 13 de 823. Il reste 810.

En additionnant les chiffres de ce dernier nombre, nous obtenons $8 + 1 + 0 = 9$.

Nous extrayons de nouveau 9 de 810 et nous obtenons 801.

Nous pouvons maintenant établir la constitution de notre nombre 823.

Ce nombre est constitué par :

13, comme Esprit.

801, comme Astral.

9, comme corps.

Remarque spéciale.

Tous les nombres sans exception quand on a extrait la somme de leurs chiffres, laissent comme résultat un nombre dont la somme des chiffres fait 9 ; nombre de la matière et dernier terme de la série 3-6-9.

Le nombre que nous considérons comme l'astral du nombre fait aussi 9 par addition de ses chiffres. Comme cette question nous semble neuve, et à fait l'objet d'études personnelles, nous donnons quelques exemples :

Les 10 premiers Nombres sont Esprit. Ils n'ont ni Corps physique, ni astral.

De 10 à 19 les nombres n'ont qu'un Esprit et un Corps ; pas d'astral.

	Esprit	Corps
10	1	9
11	2	9
12	3	9
13	4	9
14	5	9
15	6	9
16	7	9
17	8	9
18	9	9
19	10	9

A partir de 20, les Nombres ont un Esprit, un Corps et un Astral.

En voici quelques-uns :

Nombres	Esprit	Corps	Astral
20	2	9	9
21	3	9	9
22	4	9	9
23	5	9	9
24	6	9	9
30	3	9	18
31	4	9	18
32	5	9	18
40	4	9	27
41	5	9	27
50	5	9	36
51	6	9	36
60	6	9	45
61	7	9	45
70	7	9	54
71	8	9	54
100	1	18	81
1.000	1	27	972

§ II

Physiologie.

La *physiologie* numérale consiste à étudier l'action réciproque des organes entrant dans la constitution d'un nombre, puis cette même action sur les autres nombres et sur les organes constituant ces autres nombres.

La loi qui régit ce deuxième aspect de la constitution des Nombres est la *Loi du Ternaire* qui est une loi générale (1).

Les trois termes qui constituent le ternaire sont :

1º Un terme actif ;

2º Un terme passif ;

3º Un terme neutre résultant de l'action des deux premiers l'un sur l'autre.

Comme cette loi doit s'appliquer partout, cherchons les nombres, qui agissant l'un sur l'autre, produisent 3.

Ces nombres sont 1 et 2, car $1 + 2 = 3$.

Nous pouvons du même coup comprendre le sens des trois premiers nombres.

---

(1) Papus. *Traité élémentaire de Science Occulte.* Paris, Ollendorff, 1903, p. 41 à 52.

Le nombre 1 représente l'Actif.
Le nombre 2 représente le Passif.
Le nombre 3 représente la Réaction de l'Actif sur le Passif.

D'après la méthode analogique, vous pouvez remplacer le mot ACTIF par le chiffre 1 qui représente toutes les idées gouvernées par ce principe, c'est-à-dire l'Homme, le Père divin, la Lumière, la Chaleur, etc. etc... etc... suivant qu'on le considère dans tel ou tel des 3 mondes.

	1
Monde Matériel :	La Lumière, l'état gazeux.
Monde Moral ou Naturel :	L'Homme.
Monde Métaphysique ou Archétype :	Dieu le père.

Il en est de même des mots : PASSIF que vous pouvez remplacer par 2 et NEUTRE par 3.

Vous voyez que les calculs appliqués aux chiffres s'appliquent mathématiquement aux idées dans la science antique, ce qui rend ses méthodes si générales et par là même si différentes des méthodes modernes.

Nous venons de donner là les éléments de l'explication de la ROTA (1) de Guillaume Postel.

Il s'agit maintenant de montrer que ce nous avons dit jusqu'ici sur les nombres était vraiment appliqué dans l'antiquité et n'est pas tiré totalement de notre imagination.

Nous retrouvons d'abord ces applications dans un livre hébraïque dont M. Franck lui-même ne conteste pas l'antiquité (2), le *Sepher Jésirah*, dont nous avons fait la première traduction française (3). Mais comme ce livre est surtout cabbalistique, nous préférons citer des philosophes anciens :

« L'essence divine étant inaccessible aux sens, employons pour la caractériser, non le langage des sens, mais celui de l'esprit ; donnons à l'intelligence ou au principe *actif* de l'Univers le nom de monade ou d'unité, parce qu'il est toujours le même ;

---

(1) Voir pour l'explication de ce terme les œuvres de Postel, de Christian et surtout d'Eliphas Lévi.
(2) FRANCK, *la Kabbale*. Paris, Hachette, 1863.
(3) PAPUS, *Traité méthodique de Science Occulte*, Nouvelle édition. Paris, s. d. 1928, 2 vol. gr. in-8.

à la matière ou au principe *passif* celui de dyade ou de multiplicité ; parce qu'il est sujet à toutes sortes de changements au monde, enfin celui de triade, parce qu'il est le résultat de l'intelligence et de la matière » (1).

« Qu'il me suffise de dire que comme Pythagore désignait Dieu par 1, la matière par 2, il exprimait l'Univers par 12, qui résulte de la réunion des deux autres » (2).

On sait que la doctrine de Pythagore résume celles des Egyptiens, ses maîtres ; celles des Hébreux et des Indiens et par suite, celles de l'antiquité tout entière ; c'est pourquoi nous citons ce philosophe de préférence chaque fois qu'il s'agit d'élucider un point de la Science antique.

Nous connaissons le sens que les anciens donnaient aux nombres 1, 2 et 3 ; voyons maintenant quelques-uns des autres nombres.

Le Quaternaire ramène dans l'unité les termes 1, 2, 3 dont nous venons de parler.

En voici un exemple :

Le Père, la Mère et l'Enfant forment trois termes dans lesquels le Père est actif et répond au nombre 1 ; la Mère est passive et répond au nombre 2. L'Enfant n'a pas de sexe, est neutre, et répond à 1 plus 2, c'est-à-dire au nombre 3.

Quelle est l'Unité qui renferme en elle les trois termes ? C'est la Famille.

Père,
Mère,   } Famille.
Enfant.

Voilà la composition du Quaternaire : un ternaire et l'Unite qui le renferme.

Quand nous disons une Famille, nous énonçons en un seul mot les trois termes dont elle est composée, c'est pourquoi la Famille ramène le 3 à 1, ou pour parler le langage de la science occulte, le Ternaire à l'Unité.

---

(1) *Doctrine des Pythagoriciens. Voyage d'Anarchasis*, t. III, p. 181 (édition de 1809).

(2) Fabre d'Olivet, *les vers dorés de Pythagore*. Nouvelle édition. Paris, s. d. (1928).

L'explication que nous venons de donner est, nous croyons, facile à comprendre. Cependant il y a peu de gens qui auraient pu comprendre avant cet exemple la phrase suivante, tirée d'un vieux livre hermétique : *afin de réduire le Ternaire par le moyen du Quaternaire à la simplicité de l'Unité* (1).

Si l'on comprend bien ce qui précède, on verra que 4 est une répétition de l'unité, et qu'il doit agir comme agit l'unité.

Ainsi dans la formation de 3 par 1 plus 2, comment est formé le deux ?

Par l'unité qui s'oppose à elle-même ainsi $\frac{1}{1} = 2$

Nous voyons donc dans la progression 1, 2, 3, 4 :
D'abord l'unité 1

Puis une opposition $\frac{1}{1} = 2$

Puis l'action de cette opposition sur l'unité.

$$1 + 2 = 3$$

Puis le retour à une unité d'ordre différent d'une autre octave, si nous osons nous exprimer ainsi : $\frac{1.\ 2.\ 3.}{4}$

Ce que nous développons nous semble compréhensible ; cependant comme la connaissance de cette progression est un des points les plus obscurs de la science occulte, nous allons répéter l'exemple de la famille.

Le premier principe qui apparaît dans la famille, c'est le Père, l'unité active.................................... 1
Le deuxième principe, c'est la Mère, qui représente l'unité passive 2
L'action réciproque, l'opposition produit le troisième terme, l'Enfant... 3
Enfin tout revient dans une unité active d'ordre supérieur, la Famille 4

---

(1) R. P. Esprit Sabathier, *L'Ombre idéale de la sagesse universelle*. Paris, 1679 ; Nouvelle édition, Paris, Chamuel, 1897.

Cette famille va agir comme un père, un principe actif sur une autre famille, non pas pour donner naissance à un enfant, mais pour donner naissance à la caste d'où se formera la tribu, unité d'ordre supérieur.

La genèse des nombres se réduirait donc à ces quatre conditions, et comme, d'après la méthode analogique, les nombres expriment exactement des idées, cette loi est applicable aux idées.

Voici quels sont ces quatre termes :

Unité ou retour à l'Unité	Opposition. Antagonisme	Action de l'opposition sur l'unité
1	2	3
4	5	6
7	8	9
10	11	12
(1)	(2)	(3) etc...

Nous avons séparé la première série des autres pour montrer qu'elle est complète en quatre termes, et que tous les termes suivants ne font que répéter *dans une autre octave* la même loi.

Comme nous découvrirons dans cette loi une des meilleures clefs pour ouvrir les mystères antiques, nous allons l'expliquer davantage en l'appliquant à un cas particulier quelconque : le développement social de l'homme par exemple :

Unité ou retour à l'Unité	Opposition. Antagonisme	Résultat de cette opposition Distinction
1. La première molécule sociale. — L'Homme.	2. Opposition à cette molécule. — Femme.	3. Résultat. — Enfant.
4. Unité d'ordre supérieur. — La Famille, résumant les trois termes précédents.	5. Opposition entre les familles. — Rivalités de familles.	6. Distinction entre les familles. — Castes.
7. Unité d'ordre supérieur. — La Tribu, résumant les trois termes précédents.	8. Opposition entre les Tribus.	9. Distinction entre les tribus. — Nationalités.
10. La Nation.		

Cette loi que nous avons donnée en chiffres, c'est-à-dire en formule générale, peut s'appliquer à de nombreux cas particuliers.

Mais ne remarquons-nous pas quelque chose de particulier

dans ces chiffres ? Que signifient les signes $\frac{10\ 11\ 12}{(1)\ (2)\ (3)}$ placés à la fin de notre premier exemple ?

Pour le savoir, nous devons dire quelques mots des opérations employées par les anciens sur les chiffres.

Deux de ces opérations sont indispensables à connaître.

1º *La Réduction théosophique* ;
2º *L'Addition théosophique.*

1º La *Réduction théosophique* consiste à réduire tous les nombres formés de deux ou plusieurs chiffres en nombres d'un seul chiffre, et cela en additionnant les chiffres qui composent le nombre jusqu'à ce qu'il n'en reste plus qu'un.

$$\text{Ainsi} : 10 = 1 + 0 = 1$$
$$11 = 1 + 1 = 2$$
$$12 = 1 + 2 = 3$$

et pour des nombres plus composés, comme par exemple $3.221 = 3 + 2 + 2 + 1 = 8$, ou $666 = 6 + 6 + 6 = 18$ et comme $18 = 1 + 8 = 9$, le nombre 666 égale 9.

De ceci découle une considération très importante, c'est que tous les nombres, quels qu'ils soient ne sont que des représentations des neuf premiers chiffres.

Comme les neuf premiers chiffres ainsi qu'on peut le voir par l'exemple précèdent, ne sont que des représentations des quatre premiers, tous les nombres sont représentés par les quatre premiers.

Or ces quatre premiers chiffres ne sont que des états divers de l'Unité. Tous les nombres, quels qu'ils soient, ne sont que des manifestations diverses de l'Unité.

2º *Addition théosophique* :

Cette opération consiste, pour connaître la valeur théosophique d'un nombre, à additionner arithmétiquement tous les chiffres depuis l'unité jusqu'à lui.

Ainsi le chiffre 4 égale en addition théosophique $1 + 2 + 3 + 4 = 10$.

Le chiffre 7 égale $1 + 2 + 3 + 4 + 5 + 6 + 7 = 28$.

28 se réduit immédiatement en 2 + 8 = 10.

Si vous voulez remplir d'étonnement un algébriste, présentez-lui l'opération théosophique suivante :

$$4 = 10$$
$$7 = 10$$
$$\text{Donc } 4 = 7$$

Ces deux opérations, réduction et addition théosophiques, ne sont pas difficiles à apprendre. Elles sont indispensables à connaître pour comprendre les écrits hermétiques et représentent d'après les plus grands maîtres, la marche que suit la nature dans ses productions.

Vérifions mathématiquement la phrase que nous avons citée précédemment.

Réduire le ternaire par le moyen du quaternaire à la simplicité de l'unité.

$$\text{Ternaire} = 3 \quad \text{Quaternaire} = 4$$
$$3 + 4 = 7$$

par réduction théosophique.

$$7 = 1 + 2 + 3 + 4 + 5 + 6 + 7 = 28 = 10$$

par addition théosophique, et réduction du total ;

Enfin :
$$10 = 1 + 0 = 1$$

L'opération s'écrira donc ainsi :

$$4 + 3 = 7 = 28 = 10 = 1$$
$$4 + 3 = 1$$

Reprenons maintenant l'exemple chiffré donné en premier lieu :

1.	2.	3.
4.	5.	6.
7.	8.	9.
(1)	(2)	(3)

et faisons quelques remarques à son sujet en nous servant des calculs théosophiques.

Nous remarquons d'abord que l'unité reparaît c'est-à-dire que le cycle recommence après trois progressions $\frac{10}{1}\frac{11}{2}$; 10, 11, 12, etc, réduits théosophiquement donnent naissance de nouveau à 1, 2, 3, etc... (1).

Ces trois progressions représentent LES TROIS MONDES dans lesquels tout est renfermé.

Nous remarquons ensuite que la première ligne verticale 1, 4, 7, 10, que nous avons considérée comme représentant l'Unité à diverses Octaves, la représente en effet, car :

$$1 = 1$$
$$4 = 1 + 2 + 3 + 4 = 10 = 1$$
$$7 = 1 + 1 + 2 + 3 + 4 + 5 + 6 + 7 = 28 = 10 = 1$$
$$10 = 1$$
$$13 = 4 = 10 = 1$$
$$16 = 7 = 28 = 10 = 1$$

On peut ainsi continuer la progression jusqu'à l'infini et vérifier ces fameuses lois mathématiques qu'on va traiter, nous n'en doutons pas, de mystiques, faute d'en comprendre la portée.

Nous conseillons à ceux qui croiraient que ce sont là de nébuleuses rêveries la lecture des ouvrages sur la physique et la chimie de Louis Lucas (2) où ils trouveront la loi précédente désignée sous le nom de *série* et appliquée à des démonstrations expérimentales de chimie et de biologie.

Nous leur conseillons encore, si la Chimie et la Physique ne leur paraissent pas assez positives, de lire les ouvrages mathématiques de Wronski (3) sur lesquels l'Institut fit un rapport très favorable, ouvrage dont les principes sont entièrement

---

(1) Voir, pour l'application de cette loi dans Moïse, FABRE D'OLIVET, *la Langue hébraïque restituée*. Paris, s. d. (1928), 2 vol. in-4.

(2) LOUIS LUCAS, *La Chimie Nouvelle*, Paris, 1854 : *La Médecine Nouvelle*, Paris, 1862, 2 vol.

(3) HOËNÉ WRONSKI, *Œuvres mathématiques*. Nouvelle édition. Paris, s. d., 4 vol., gr. in-8.

tirés de la Science antique ou Science Occulte. Voici un tableau de la *génération des nombres* qui peut parfaitement expliquer le système de Wronski :

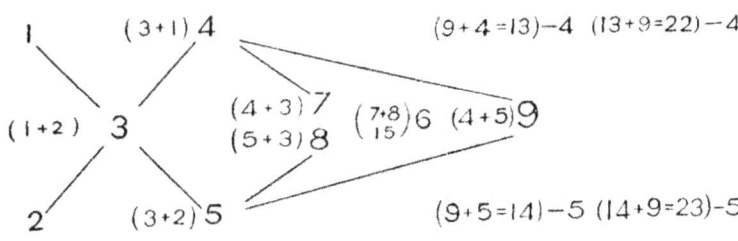

Fig. XV.

On voit dans ce tableau l'application de la loi chiffrée, 1, 2, 3, 4, etc… dont nous avons déjà tant parlé.

1 et 2 donnent naissance à 3 et de ces trois nombres sortent tous les autres jusqu'à 9 d'après les mêmes principes. A partir de 9, tous les nombres quels qu'ils soient, se réduisent, par réduction théosophique, aux nombres d'un seul chiffre.

Les nombres sont du reste disposés par colonnes dont trois principales et deux secondaires, nous les indiquons par des chiffres de grosseurs différentes.

Colonne principale **1 — 4 —** (13) **4 —** (22) **4 —** (31) **4**

+

    colonne secondaire 7 (16) = 7 (25) = 7 (34) = 7

Colonne principale **3————6————9**

∞

    colonne secondaire 8 (17) = 8 (26) = 8 (35) = 8

Colonne principale **2 — 5 —** (14) = **5 —** (23) = **5 —** (32) = **5**

Poursuivant et étendant considérablement l'étude que nous esquissons ici, F. Ch. Barlet a pu établir le tableau suivant, qui peut être considéré comme une *clef définitive* du système numéral.

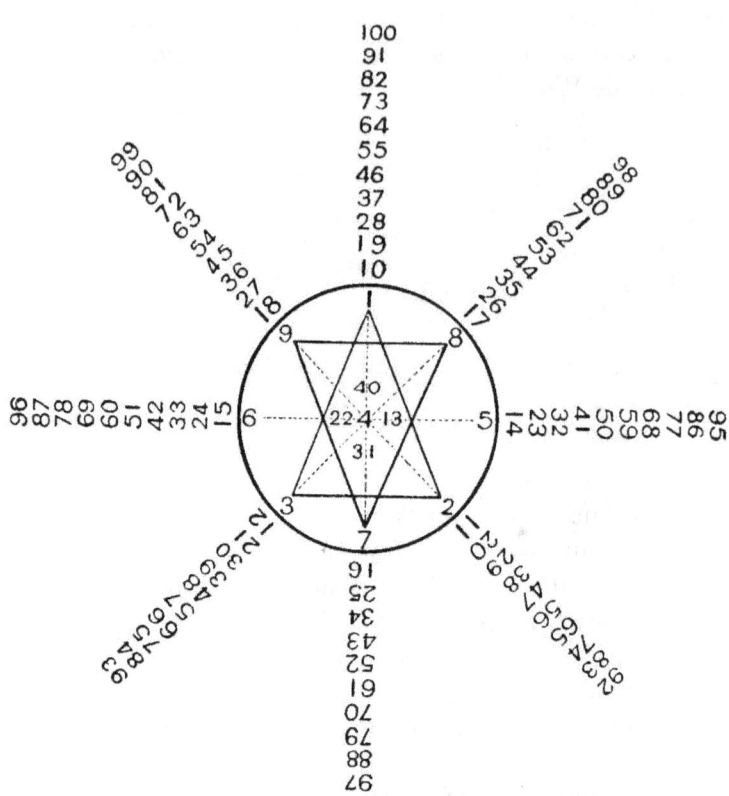

Fig. XVI.

CLEF DU SYSTÈME NUMÉRAL

Un des points de vue de la *physiologie* des nombres c'est l'action d'un Etre-Nombre sur un autre Etre-Nombre ; action renfermée dans le calcul à tous les degrés et surtout dans les quatre grandes opérations : sortie de l'unité vers la multiplicité en ligne ou addition, sortie en carré (de Pythagore) ou multiplication simple, sortie en cube ou multiplication cubique ; c'est par cette voie que l'Etre-Nombre passe d'un plan à un autre.

3 appartient au plan des Esprits ; 3 × 3 ou 3^2 appartient au plan des Forces astrales ; 3 × 3 × 3 ou 3^3 appartient au plan de la Matière.

Car le premier travaille sur la ligne, le second (3^2) sur le plan et le troisième (3^3) sur les solides.

La rentrée de la multiplicité en l'unité se fait : par la soustraction, la division et par la racine carrée ou cubique, selon les plans.

Voilà donc la représentation positive et vivante de cette fameuse évolution et de cette mystérieuse involution.

Après cette première classification des nombres par leurs composants chiffrés, nous arrivons à constater la représentation des polarités ou des sexes. Cette représentation est effectuée par l'existence des nombres pairs ou féminins et des nombres impairs ou masculins (1).

Exemples de nombres masculins : 1-3-5-7-9.

Exemples de nombres féminins : 2-4-6-8-10.

Remarquons de suite une propriété du chiffre 0, c'est de rendre pairs en les matérialisant des nombres essentiellement impairs : ainsi 3 est impair ou masculin alors que 30 devient pair et féminin.

Les nombres pairs ne sont pas changés de qualité par la matérialisation de 0 : 4, nombre pair reste pair en devenant 40.

Deux nombres pairs unis entre eux déterminent un nombre pair : 2 et 2 donnent 22, 6 et 6 donnent 66, et tous ces nombres sont pairs.

Deux nombres impairs unis entre eux donnent également un nombre impair ; ainsi 3, nombre impair, et 7, nombre également impair, donnent 37 ou 73, nombres impairs.

L'union (en justaposition et non en addition) d'un nombre pair avec un nombre impair est déterminée par le dernier chiffre. Ainsi 3 impair et 2 pair donnent le nombre pair 32 quand le 2 termine, et le nombre impair 23 quand c'est le 3 qui prend la dernière place.

Une autre application concerne les nombres dits sympathiques ou pour parler en images, les Ames-sœurs dans les nombres.

Pour obtenir le nombre sympathique d'un nombre quelconque de deux chiffres, il suffit d'inverser l'ordre de chacun de ces chiffres.

---

(1) Suivant LACURIA, masculin et féminin sont synonymes de positif et négatif. Le positif est le premier, et le négatif ne survient que comme complément ; lorsque le féminin apparaît, ils sont deux et l'être est complet (*Les Harmonies de l'Etre*, t. II, p. 302).

Ainsi, le nombre impair 13 a pour nombre sympathique le nombre également impair 31, obtenu par l'inversion des deux chiffres 1 à 3.

De même, le nombre pair 24 a pour nombre sympathique le nombre pair 42, obtenu de même.

Or, certains nombres formés de deux chiffres identiques ne se présentent que sous un seul aspect ; ce sont les nombres dits égoïstes et ce sont eux qui représentent le neutre dans la hiérarchie numérale.

Exemples de nombres égoïstes pairs et impairs : 11, 22, 33, 44, 55, etc.

Les nombres sont plus chargés de puissance lumineuse s'ils sont plus proches de l'unité, ou possèdent moins de lumière s'ils sont plus éloignés de l'unité, autrement dit un nombre est d'autant plus grand comme valeur effective qu'il est plus petit comme valeur chiffrée, le nombre *un* étant le plus puissant de tous.

La représentation géométrique ou figurative d'un nombre peut seule nous donner la clef des « champs de forces » mis en action et leur système d'équilibre pour chaque nombre.

Ainsi, voici le nombre 3 qui a comme représentation chiffrée 3 et comme représentation géométrique le triangle. Or, le chiffre est toujours semblable à lui-même et 3 ne diffère en rien de 3, tandis que le triangle peut être équilatéral ou rectangle et nous montrer par cela même des fonctions différentes dans les lignes de forces générées par le même nombre.

Abordons maintenant le troisième aspect de la constitution des Nombres.

§ III.

Psychologie.

La *psychologie* des Nombres nous révèle leur action dans l'Univers, le caractère et l'origine de cette action ; connaissance qui peut conduire son possesseur au maniement effectif de la Puissance peu connue renfermée dans les nombres. C'est là l'essence de Schemamphorash et de la clef vraiment pratique de la cabbale, c'est le point qui doit rester à jamais fermé aux profanes et aux profanateurs. On peut, si on connaît le nombre de chaque faculté humaine, agir sur cette faculté à mesure qu'on agit sur l'Etre-Nombre correspondant. Le Tarot et le Thème astrologique sont des applications réelles de ces connaissances.

Pour cette étude, nous ne pouvons mieux faire que de reproduire un magistral travail de F. Ch. Barlet qui traite de la question du point de vue ontologique et purement initiatique. Cette étude est intitulée : *Les Nombres* (1).

Le Nombre est un langage ; celui propre à ce que la philosophie nomme l'Ontologie, ou Science de l'*Etre*.

Son alphabet est la série des neuf premiers Nombres complétée par le zéro. Pour comprendre cette définition et cet alphabet lui-même, il faut remonter jusqu'à la notion de l'Etre que le Nombre doit raconter.

L'Etre, en soi, n'a ni forme ni limite, il est l'*Infini*.

Pour la conception de notre monde réel, l'Infini est double : Infiniment grand comme l'Espace céleste qui s'étend autour de nous ; — Infiniment petit comme le point mathématique que nous réalisons par nos pointes parfaites, c'est-à-dire par l'intersection de trois plans concurrents.

Nous pouvons donc nous le représenter matériellement et réellement, dans sa double conception, comme un point mathématique dans l'espace infini ; c'est l'image qu'en donnait Pythagore et que Pascal a répétée dans sa formule célèbre.

Seulement il faut y ajouter que ce point mathématique n'*est pas le Néant* ; nous devons nous le figurer comme la condensation extrême de tout l'Univers, rassemblant en soi, par conséquent, toute l'énergie qui y est attachée, de quelque nature qu'elle soit. Il est la Potentialité totale, *la Toute-Puissance d'agir*.

L'espace non plus n'est pas le Néant, il est bien une réalité et, peut-être, la plus certaine et la plus indéniable pour nous : il est la Toute-Impuissance de faire ; il est le vide, l'Etre réduit à la seule faculté de contenir, de recevoir ; il est la *Puissance d'être*.

Le point et l'espace sont inséparables : il faut bien que le point soit quelque part, sous peine de *ne pas être*.

Il est vrai que nous pouvons, à l'inverse, concevoir, comme une réalité aussi tangible, la Toute-Puissance expansée dans l'Espace infini et par conséquent annulée au profit de celui-ci ; les rôles sont

---

(1) Extrait de la revue *Mysteria*, n° 12, déc. 1913, p. 215 à 229.

alors renversés : la Toute-Puissance est devenue Toute-Impuissance avec la seule faculté d'être condensée et l'Espace est devenu la Toute-Puissance de condenser, de réduire, d'annuler le Tout qu'il contient de revenir au Vide, d'*anéantir* la manifestation de Puissance, en un mot, la *Toute Résistance*.

Mais quelle que soit celle des deux conceptions (1) que l'on adopte, elle nous définit toujours l'*Etre Absolu* comme la dualité de l'Infiniment petit plongé dans l'Infiniment grand. C'est la seule conception possible pour nous parce que nous sommes enfermés dans le *monde réel* où tout est duel ; et chacun des deux infinis nous y apparaît double : infini en Puissance s'il est nul en espace, et réciproquement (ou l'inverse si la Puissance remplit l'espace).

Aussi l'Absolu n'est-il pas ce que nous nommons l'Etre ; l'Absolu ne nous est concevable que par ses deux pôles, nous ne savons de lui rien de plus ; ce que nous appelons ordinairement *Un Etre*, c'est la combinaison de ces deux pôles : *zéro* et l'*Infini*.

Tout le monde connaît en effet la démonstration mathématique que résume la formule $0 \times \infty = 1$. Un nombre quelconque, une réalité quelconque, individuelle, est le produit de zéro par l'Infini.

Etendant cette notion jusqu'à ces limites extrêmes, nous appelons l'*Etre* par excellence, le maximum de cet individu, et *Non-Etre*, son minimum, c'est-à-dire les deux valeurs de la quantité réelle qui arrivent au contact des pôles de l'Absolu.

L'expression Non-Etre ne signifie pas Néant, ou impossible, mais, au contraire, ce qui, n'étant pas encore, est en puissance d'Etre. Quant au Néant proprement dit c'est pour nous une conception aussi impossible que celle de l'Absolu, sinon plus impossible encore.

Il y a donc au-dessus de tout trois *Nombres essentiels* : *l'Infini*, *Zéro* et *Un*, leur produit.

Nous laissons de côté les deux premiers, le dernier seul doit nous occuper ; nous allons trouver en lui la source de tous les *Nombres*, ou êtres individuels.

L'UN

On appelle *Un* tout être réel considéré en soi, dans son essence, dans ce qui le distingue de tout autre être, dans ce qui fait de lui une *in-dividu-alité*, quelque chose que l'intelligence ne peut plus analyser,

---

(1) Non seulement ce sont des conceptions possibles : mais il est très probable que ce sont des réalités qui se succèdent par périodes alternatives, comme l'affirment toutes les traditions (*pralaya*, fin du Monde, etc.).

même si ce quelque chose est revêtu d'une forme multiple, ce qui est l'ordinaire.

L'*Un* peut avoir une infinité de variétés, qui le rapprochent plus ou moins, comme on l'a dit tout à l'heure, de l'un ou l'autre pôle de l'Absolu, jusqu'au contact avec ces pôles.

On aperçoit donc trois sortes d'Un : les deux extrêmes, et tous les intermédiaires, en nombre infini.

Les deux extrêmes sont : d'une part, celui qui, sans cesser d'être réel, peut remplir tout l'intervalle, toute la différence entre les deux pôles, et d'autre part, celui qui, au contraire, est assez petit pour laisser vacant tout cet intervalle ; autrement dit, ce sont le *Tout* et le *Rien*.

On les appelle encore, bien que par un abus de langage, du reste, sans inconvénient une fois que la définition en est faite : l'*Etre* et le *Néant* (ou Non-Etre). En fait, ils diffèrent des pôles de l'Absolu auxquels on a donné tout à l'heure les mêmes noms, en ce que ces *Un* extrêmes peuvent engendrer le réel et lui appartiennent ; ils sont, pour nous, comme l'endroit de ces pôles, dont l'envers est du côté de l'Absolu.

On les nomme aussi, plus correctement, l'*Un absolu*, et le zéro *absolu* (c'est-à-dire qui atteignent les limites du réel).

Pythagore distinguait soigneusement cet *Un absolu* de l'*Un* réel, ou essence de tout individu. Par définition même, il a deux pôles : l'un Infini, l'autre nul.

Le Pôle Tout-Puissant de l'Un absolu est l'Etre que nous nommons *Dieu*.

Le Pôle non-être de l'Un absolu est ce que nous nommons *Rien*, ou, souvent, le *Néant*.

Tout être fini est une combinaison de ces deux pôles de l'Un absolu, et comme le Rien est essentiellement incapable de donner l'être, c'est lui qui le reçoit pour former l'Un individuel.

Il est donc vrai que *Dieu* a créé toutes choses de *Rien* comme le dit la Bible ; elle ne pouvait même pas donner d'autre définition de la naissance de la créature sans tomber dans les systèmes contradictoires de l'émanation, du Panthéisme ou du Naturalisme.

Dans tout être fini, l'élément de nature infinie qui l'anime est, par rapport à nous, ce que nous nommons l'*Esprit* ; par rapport à Dieu, nous le nommons le *Verbe*, parce qu'il est la pensée particulière que Dieu réalise par la création ; la forme est l'*expression*, l'extériorisation de cette pensée.

Tous les êtres sont donc faits par le Verbe, et sans lui, tout ce qui a été fait ne serait pas (Saint-Jean, Evangile, ch. I).

Le premier acte de création est l'extension du Pôle *Etre* jusqu'au Pôle *Non-Etre*, pour se combiner avec lui ; c'est la manifestation de l'Un Absolu. Cette combinaison, nous la nommons la *Vierge* Céleste, avec la Tradition de tous les temps : La Vierge est une Créature et la première des Créatures.

Le Verbe qui l'anime est la Pensée divine totale, puisqu'il remplit tout l'intervalle entre les deux pôles. Cet esprit de la Vierge nous le nommons la *Sagesse* ; c'est cette Sagesse absolue qui assista à toute la formation créatrice dès l'aurore du premier jour. Elle régit la Vierge dans sa fonction informatrice, nourricière et protectrice des êtres secondaires, fonction dans laquelle nous la nommons *la Nature*.

LE DEUX

« *Pas d'Un sans Deux* » est un adage bien connu. En effet l'Un individuel, quel qu'il soit, produit de l'infini par zéro, est différent de l'un et de l'autre ; il ne remplit qu'une portion de leur intervalle ; son existence suppose donc un surplus de cette quantité ; ce surplus est son *Deux*. Autrement dit, tout individu n'existe qu'à la condition de se différencier de tout ce qui n'est pas lui.

Nous avons le plus ordinairement une autre notion du Nombre *Deux* ; nous le comprenons comme l'être composé par l'adjonction d'une Unité à une autre semblable pour en faire un nouveau Tout.

En fait, cette notion est encore celle de l'Un, c'est-à-dire de l'extension partielle de l'un des deux pôles vers l'autre, seulement le mouvement en est décomposé en parties égales, qui sont comme autant de pas distincts, le résultat est toujours un Un (on pourrait le formuler $1 = o \times \infty + 0 \times \infty$). La notion acquise par cette distinction est plutôt celle de complexité et de succession ; autrement dit, celle de *Mesure* et de *Temps* ; elle tombe dans le domaine de l'*arithmétique* tandis que nous sommes dans celui de l'*Arithmologie*.

Cette remarque s'applique à toute espèce de nombre autre que l'Unité, elle est le principe de toutes les opérations arithmétiques additives (addition, multiplication, puissance, etc.).

Cependant, cette considération arithmétique du Deux suppose et comprend une autre définition arithmologique de ce Nombre :

Pour apercevoir deux ou plusieurs parties dans un nombre complexe, nous devons commencer par le décomposer : c'est ce que nous faisons par l'opération *arithmétique* de la soustraction, et de ses dérivés (soustraction, division, racine, etc.). Or cette séparation se fait par la puissance du *Nombre négatif* (cette terreur de l'algébriste débutant), et avec ce Nombre nous rentrons dans l'Arithmologie : Le Nombre négatif est celui qui, par nature, a la propriété soustractive ; par exemple : une quantité de glace ajoutée à l'eau chaude est une quantité négative ; elle refroidit.

Plus nettement, on peut dire : Le Nombre négatif est celui qui, ajouté à une Unité quelconque, y fait apparaître le *Deux*, ou augmente le *Deux arithmologique* défini tout à l'heure.

On en doit conclure que l'*Unité négative* est un Deux et un Deux inverse de celui défini plus haut (On peut l'écrire $1 = \infty \times 0$, au lieu de $1 = 0 \times \infty$), parce qu'il tend vers le zéro au lieu de se diriger vers ∞.

Il est le principe d'analyse, de décomposition, de négation ; il est aussi celui de l'opposition, par disjonction, et, par suite, celui du Mal, de la discordance.

Quand il s'oppose lui-même à l'Un positif, il devient le type de l'impossible (dont l'expression mathématique est $\sqrt{-n^2}$). On le nomme alors le Diable (διαϐολος), le diviseur, la lettre D et ses analogues (*t, tz, z*...) étant signes de division.

D'autre part, le Deux positif peut avoir deux variétés, selon qu'il est compté à partir de l'un ou l'autre pôle ; on le dira masculin, s'il touche au pôle positif ; féminin, s'il se rattache au négatif. Par exemple, l'Ange, ministre de Dieu, est envers Lui un Deux masculin ; la Nature, par rapport à la Vierge Sagesse est féminine ; mais cette distinction est moins profonde que la précédente.

En résumé on peut définir le *Deux* comme *le complément relatif de l'Un* ; que cet Un soit l'Un absolu ou une Unité individuelle.

LE TROIS

Pas d'Un sans Deux n'est pas l'adage complet, on ajoute : *Pas de Deux sans Trois.*

Et ainsi énoncé, cet adage est la définition même du Trois :

L'Un et le Deux n'ont été séparés dans la pensée divine, ainsi du reste que les deux pôles de l'Absolu, qu'afin de donner lieu à l'Amour, consenti et assenti qui les rassemble en une Unité nouvelle où chacun devient la vie de l'autre. C'est ce qu'exprime le Christianisme en nous disant que Dieu a créé le Monde pour le faire participer à sa propre Béatitude, à condition qu'il l'accepte et autant qu'il l'accepte.

Le Trois est *le trait d'Union qui rétablit l'Unité entre l'Un et le Deux complémentaire, en les rassemblant en soi et les pénétrant l'un et l'autre de son Essence, qui est l'indivisibilité invincible.*

Il diffère de l'un et l'autre en ce qu'il n'a aucun complémentaire, aucun opposé possible ; il échappe à toute mesure, à toute variation, à toute extériorisation formelle : il est pur Esprit ; il est l'essence même de l'*Etre*. Seulement l'individu, l'Un fini, peut l'accepter ou le refuser dans des proportions diverses ; sa perception est, pour la créature une subjectivité variable, sinon l'amour deviendrait pour elle une tyrannie.

Là est la source du mal, à côté de celle de la Liberté ; la révolte contre l'*Esprit saint* (qui est le trois) est la seule que, par définition, Dieu *ne puisse* pardonner, puisqu'elle est le refus libre de son amour.

En pénétrant l'Un et le Deux pour les unir, il s'identifie en quelque sorte avec chacun d'eux pour les rassembler en soi ; aussi Pythagore le nomme-t-il une *Unité hermaphrodite*.

Pour l'Un et le Deux absolus, l'union ainsi formée est une *Tri-unité*. Telle est celle chrétienne : Père, Fils et Saint-Esprit, qui exprime que le Verbe dans sa descente créatrice et multiplicatrice est inséparable du Père.

Comme l'Un et le Deux sont susceptibles de *quantité*, leur union tri-unitaire l'est aussi, mais, dans leur qualité absolue, cette union partielle est toujours une ; elle correspond à l'état *actuel* de l'Union éternelle et progressive des deux pôles extrêmes ; elle est toujours harmonieuse : telles sont la génération des puissances célestes (théogonie, génération des dieux, des anges, etc.) et les formations de la Nature.

Mais quand il s'agit de créatures pourvues de volonté et d'initiative ou d'êtres primordiaux, qui ne sont accessibles que partiellement à l'Esprit d'Unité, ces êtres ne peuvent rien produire de complet sans emprunter l'Unité à la Nature en décomposant des individualités antérieures (ou les leurs propres, ou d'autres étrangères à eux-mêmes), et leurs formations plus ou moins discordantes sont sujettes à la Mort. Alors leur union est exprimée par une Trinité spéciale, celle *génératrice* parfaitement caractérisée par la Trinité populaire de l'Inde : *Brahma*, le créateur ; *Shiva*, le destructeur, agent de la division et de la décomposition nécessaire à la formation nouvelle, comme à la réduction de ses imperfections ; *Vichnou* qui préserve ce qu'elle a d'harmonie. Telle est aussi notre trinité : *Père, Mère, Enfant*.

Elle n'est jamais une Tri-Unité.

Transition aux autres Nombres.

Non seulement le Trois est triple pour l'accomplissement de la fonction unifiante, comme il vient d'être dit, mais il accomplit aussi dans chacun des deux autres Nombres une disposition ternaire ; il doit, en effet : 1° disposer l'Un à s'unir au Deux par une sorte de polarisation vers lui ; 2° le prendre en son unité essentielle, comme terme intermédiaire ; 3° le faire pénétrer dans le Deux avec lui pour y accomplir l'union définitive. Il accomplit la même série de dispositions au sein du Deux, et c'est ainsi que l'union s'effectue par pénétration réciproque.

Ainsi pour l'union créatrice de l'Un absolu au Deux, du Créateur à la Vierge céleste, l'Esprit d'Unité, l'Amour, source première de toute création, fait tout d'abord de l'Un une *Cause* de réalisation : sa pensée première, son Verbe en lui ; il en fait ensuite un *Moyen*, une *Possibilité*, le plan de la création propre à réaliser la pensée ; et en troisième lieu, la source d'efficacité, ou *fin*, la *Puissance* sur l'inertie du Non-Etre. Ce sont autant de degrés de descente du Verbe dans son sacrifice d'amour.

D'autre part, au sein de la Nature, il dispose *l'Intelligence*, capable de recevoir la pensée divine ; il donne l'*Idée* de la forme qui peut répondre au plan du Verbe ; et l'*Energie* qui accomplira et conservera cette forme.

C'est pourquoi saint Jean dit encore dans son Epitre : « Il y en a trois, qui rendent témoignage au ciel : le *Père*, le *Fils* et le *Saint-Esprit* ; et trois qui rendent témoignage sur la Terre, l'*Esprit* (intelligence), l'*Eau* (idée de la forme), et le *Sang* (l'énergie). » C'est aussi ce que symbolise le *Sceau de Salomon*.

De là plusieurs conséquences :

En premier lieu, il y aura trois phases dans la création, et par conséquent trois classes de créatures : le plan divin ou région divine de la Pensée, celui de l'*Un* ; le plan moyen, de transition, ou région moyenne, celui *Intelligible*, et de la loi ; et le *Plan d'effectualité*, de possibilité d'être réel, c'est-à-dire tri-unitaire, la région des formes.

En second lieu, l'existence ou plutôt le fonctionnement du Trois entraîne immédiatement l'existence et le fonctionnement du Six : ils sont concomitants à cause de la polarisation primitive et de son but, de sorte que l'on peut dire : Pas d'un sans deux, pas de deux sans trois, pas de trois sans six.

Enfin, non seulement l'existence de l'Esprit d'unité emporte celle du Six, mais la fin réalisatrice qui est sa raison d'être et celle de la création, emporte une troisième Trinité. Il ne suffit pas, en effet, que le Deux ait été mis en état d'accomplir la réalisation ou union finale, il faut qu'il l'exécute, à son tour, par son effort propre. A chacune des facultés énumérées tout à l'heure, comme reçues par le Deux de l'Esprit d'unité, s'ajoute une faculté active propre, qui s'éveille : à l'Intelligence répond l'*Amour*, l'Attraction, le Désir, source de toute évolution.

A l'idée se superpose la *Volonté*, la décision de produire la forme adéquate à celle sentie.

A l'énergie s'ajoute le *Mouvement*, produit du désir et du vouloir, occupation réelle de l'espace par l'*étendue*.

Il y a donc Trois trinités nécessaires à la Création, et non pas seulement Deux.

Ainsi la seule existence de l'Un qui entraîne celle du Deux nécessite aussi celle de Neuf Nombres au total. C'est pourquoi Pythagore et les Anciens disaient il n'y a *qu'un Nombre*, celui qui s'écrit : 0, 1, 2, 3, 4, 5, 6, 7, 8, 9 ; tout autre n'est pas un Nombre proprement dit, c'est un composé fait du Nombre répété plus ou moins : Cette série seule est *Le Nombre*.

On y distinguait seulement deux sections :

1º La Trinité, élément fondamental de cette série ;

2º Et les six nombres suivants, duplicata de la Trinité.

La première comprenait les Nombres dits *Idéaux* (1, 2, 3), la seconde série (4, 5, 6, 7, 8, 9) était celle des Nombres *Mathématiques* ; quant à tous les autres Nombres possibles, ils étaient réunis sous le nom de *Nombres complexes*. Le dix, qui les résumait en exprimant l'union achevée des deux pôles, était le *Nombre parfait*.

Voilà la raison du système de numération décimale.

Voilà les grands traits de la Création que symbolise l'Arbre des Séphiroth.

Les Nombres autres que l'Un, le 2, le 3, le 6 et le 9, se distribuent dans les trois trinités pour y jouer le rôle correspondant à leur rang, par analogie à la trinité primitive, selon le tableau :

$$\begin{array}{ccc} 1 & 2 & 3 \\ 4 & 5 & 6 \\ 7 & 8 & 9 \end{array}$$

Là est la clef de leurs significations respectives.

Ceux de la première colonne, faisant fonction d'Un ou d'*Etre*, sont dits *divins* ; ceux de la troisième, faisant fonction du Deux né du *Non-Etre*, sont dits *Naturels* : quant aux autres, ils sont dits *Volontaires* ou psychiques, parce que c'est à eux qu'ils appartient de se prononcer sur l'acceptation ou le refus de l'Union d'amour et, par conséquent, de l'Esprit Saint. C'est en eux qu'est la racine du Mal ; on l'a vu déjà en Deux ; elle est bien plus dans le *Cinq*, centre de ce tableau.

Il va suffire de passer rapidement en revue ces Nombres arithmétiques pour en donner une idée.

Le *Quatre*, chef de la seconde Trinité, second Un, est la seconde hypostase du Verbe : *Deus de Deo, Lumen de Lumine, Deus verus de Deo Vero, ex Patre natus, ante omnia secula*, le révélateur de la Pensée divine.

Le *Cinq*, Verbe de cette Trinité, est la Source de toute Puissance réalisatrice, libre et responsable : Elohim, Adam Kadmon.

Le *Six*, esprit d'unité de cette seconde Trinité, est surtout la Nature-Naturante, la Beauté de la Forme.

Le *Sept* est le chef de la Troisième Trinité, celle de la première réalisation ; il est la Puissance Spirituelle vivifiante, le Conseil de Dieu (selon Saint-Yves), l'Olympe payen spécialisé en sept Principes directeurs.

Le *Huit* (troisième Deux) est le Nombre qui règle les Volontés, Nombre de la loi, donc du Destin et de la Mort.

Le *Neuf*, enfin, harmonie de cette Trinité, est la Puissance de la Vertu, la Bénédiction des formes harmoniques.

Ce ne sont là, toutefois, que des indications très sommaires, car chaque Nombre demande une étude d'autant plus détaillée qu'il est plus fort, car chacun a autant de significations différentes que *d'unités*.

L'exposé de F. Ch. BARLET nous donne en quelques pages un résumé saisissant de la doctrine traditionnelle des Nombres et nous montre quelle profonde philosophie ils traduisaient — et traduisent encore — aux yeux des Initiés. Nous allons voir maintenant les mathématiques profanes apporter leur contribution à l'étude que nous avons entreprise.

CHAPITRE V

LA THÉORIE DES NOMBRES

On sait qu'un lien subtil mais réel unit la *Science des Nombres* aux mathématiques officielles. Cette note, sur les résultats de l'inscription de la suite naturelle des nombres en trois colonnes nous permettra de suivre l'enchaînement (1).

L'enseignement occultiste nous apprend que tous les nombres se réduisent aux trois premiers. Le 4, qui ramène le ternaire à l'unité, renouvelle le 1 ; le nouveau ternaire, 4, 5, 6, renouvelle le premier, 1, 2, 3 ; et ainsi de suite. Si bien que la série indéfinie des nombres peut s'écrire ainsi :

1	2	3
4	5	6
7	8	9
10	11	12

Tous les nombres de la première colonne se ramènent au 1 ; ceux de la seconde au 2 ; ceux de la troisième au 3. Ce sont les *types de* nombres. Et dans cette série de ternaires, de trinités, tous les nombres de la première colonne jouent le rôle de premier terme, ceux de la dernière de troisième terme, et ceux de la seconde de terme médian.

---

(1) Cette note de M. X***, S. I, est extraite de la revue *L'Initiation*, n° 9, juin 1898, p. 212 à 217.

Les opérations par lesquelles un nombre, quelque élevé qu'il soit se ramène à son type, sont la réduction théosophique et l'addition théosophique. Ainsi 4 donne :

$$1 + 2 + 3 + 4 = 10 \text{ par add. théos...}$$

et :

$$10 = 1 \text{ par réduct. théos...}$$

et ainsi des autres.

* * *

Or, en essayant des calculs de ce genre, nous avons été frappé d'une irrégularité dans les nombres du second type.

Soit 5. Nous trouvons :

$$1 + 2 + 3 + 4 + 5 = 15,$$

et 15 est un nombre du troisième type, se ramenant à 3 et non à 2.

On voit que par l'addition théosophique 5 change de classe. De même pour 2, 8, etc.

Par contre, la réduction théosophique laisse toujours un nombre dans sa classe. Ainsi :

$$14 = 1 + 4 = 5.$$

Comme nous réfléchissions à cette anomalie apparente, nous avons eu l'idée d'essayer l'élévation au carré, et nous avons obtenu les résultats suivants :

$$2 \times 2 = 4.$$
$$5 \times 5 = 25 = 2 + 5 = 7.$$

On voit donc que l'élévation au carré fait passer un nombre du second type au premier. Voici l'ensemble des opérations sur un seul nombre. Nous prenons 11 comme le plus petit nombre du type 2, ayant plus d'un chiffre (afin de montrer en même temps la réduction théosophique).

Add. Théos. $1 + 2 + 3 + \ldots\ldots + 10 + 11 = 66 = 12 = 3$
Réd. Théos. $1 + 1 = 2$ 2
Carré $11 \times 11 = 121 = 4 = 1$ 1

Il semble donc que le nombre 11, montré égal à 2 par sa place dans les colonnes et par la réduction théosophique, se polarise dans les deux autres opérations, passant au premier type par l'élévation au carré et au troisième par l'addition théosophique.

— 56 —

* * *

Nous rappellerons que l'addition théosophique sert précisément à trouver la *racine essentielle* des nombres. C'est comme une ascension du nombre vers l'esprit, tandis que la formation du carré est une descente dans la matière.

Mais nous devons laisser à plus instruit que nous le soin de découvrir les relations d'un fait qui nous a frappé au passage. Nous notons seulement qu'il semble y avoir là une nouvelle preuve que dans toute trinité le second terme est d'une essence double, et peut, en se dédoublant, tendre à la fois vers les deux extrêmes qu'il unit. Nous avons cru devoir signaler ce fait, probablement connu déjà, mais dont nous n'avons nulle part trouvé mention.

* * *

Pour éviter de longs calculs à ceux qui voudraient contrôler le point que nous signalons, nous donnerons la vérification mathématique.

On sait qu'en haute arithmétique, la somme d'une certaine quantité de nombres à partir de l'unité, forme ce qu'on appelle un nombre triangulaire.

Le schéma ci-dessus est à la fois la somme des cinq premiers nombres, et le triangle ayant pour côté 5.

Nous avons placé en regard le schéma du carré.

Or, la formule des nombres triangulaires est :

$$\frac{n \times (n+1)}{2}$$

celle des nombres carrés :

$$n \times n$$

n étant le côté soit du triangle, soit du carré. D'autre part, les nombres des trois séries ont les formes générales :

$3\,m + 1$ pour le premier type
$3\,m - 1$ pour le second type
$3\,m \times 1$ pour le troisième type

c'est-à-dire un multiple de 3 augmenté d'une unité, un multiple de 3 diminué d'une unité, et un multiple de 3.

On n'a qu'à voir ce que deviennent avec ces trois types les formules indiquées.

Nombre triangulaire.

1er type

$$\frac{(3m+2) \times (3m+2)}{2} = \frac{9m^2 + 9m + 2}{2}$$
$$= \text{mult. de } 3 + 1$$

2e type.

$$\frac{(3m-1) \times 3m}{2} = \text{mult. de } 3$$

3e type.

$$\frac{3m \times (3m+1)}{2} = \text{mult. de } 3$$

Nombre carré.

1er type.

$$(3m+1) \times (3m+1) = 9m^2 + 6m + 1$$
$$= \text{mult. de } 3 + 1$$

2e type.

$$(3m-1) \times (3m-1) = 9m^2 - 6m + 1$$
$$= \text{mult. de } 3 \pm 1$$

3e type.

$$3m \times 3m = 9m^2 = \text{mult. de } 3$$

En terminant, nous notons qu'une autre opération, l'élévation au cube, laisse dans leur type les nombres de la seconde colonne :

$$2 \times 2 \times 2 = 8$$
$$5 \times 5 \times 5 = 125 = 8$$

et algébriquement :

$$(3m-1)^3 = (3m)^3 - 3(3m)^2 + 3 \times 3m - 1$$
$$= \text{mult. de } 3 - 1.$$

Nous pouvons dire qu'ici se termine la partie théorique de notre étude. Nous avons examiné la constitution des nombres primordiaux, leur physiologie, leur rapport avec les trois plans de l'univers, leur philosophie et leur symbolisme. Nous sommes donc en mesure maintenant d'aborder la partie pratique de la science, et pour ce faire nous devons examiner tout d'abord la représentation matérielle des nombres, c'est-à-dire les chiffres.

CHAPITRE VI

LES CHIFFRES

Nous avons vu que le Nombre est un être réel ; mais son corps, son habit matériel, « le chiffre » le révèle dans notre monde et, à ce titre, nous devons nous y arrêter un instant.

Voici un extrait de la *Grande Encyclopédie* qui renseignera très suffisamment nos lecteurs à ce sujet.

Les chiffres arabes sont la désignation technique des dix caractères 1, 2, 3, 4, 5, 6, 7, 8, 9, 0, quand on les oppose aux signes numéraux appelés chiffres romains. Il serait préférable de dire chiffres modernes, puisqu'au sens propre, les chiffres arabes sont ceux qu'emploient les Arabes et dont la forme est sensiblement différente de celle des nôtres. La figuration des chiffres, telle qu'elle est adoptée aujourd'hui par tous les peuples civilisés à l'européenne, n'est au reste uniformément fixée que depuis l'invention de l'imprimerie. Dans les manuscrits occidentaux du moyen âge, elle offre suivant les temps et les pays, de nombreuses variétés qui n'ont pas encore été suffisamment déterminées et classées, et dont il subsiste encore une trace dans la forme secondaire du 5 écrit. On ignore l'époque précise à laquelle les chiffres s'introduisirent en Occident : les plus anciens manuscrits où on les rencontre ne paraissent pas remonter au delà du xie siècle. En tous cas, la forme la plus archaïque est connue sous le terme : apices de Boèce, parce qu'elle se trouve dans la Géométrie attribuée à cet auteur, mais qui est l'œuvre d'un faussaire dont l'âge inconnu d'ailleurs, ne doit pas remonter au delà du ixe siècle. D'après le récit de cet écrivain, les neuf chiffres significatifs seraient une invention pythagoricienne, liée à celle de l'abacus. Le pseudo-Boèce ne donne pas au reste les règles du calcul de l'abacus ; on les trouve dans les Œuvres de Gerbert (*Liber abaci* de son élève Bernelinus), mais il n'est nullement établi que Gerbert ait jamais employé les chiffres dits de Boèce ; il paraît s'être exclusivement servi de jetons marqués à la romaine. On ignore également quelles sont en réalité les origines de l'abacus du moyen âge, essentiellement différent des abaques de l'antiquité, et auquel on n'a, historiquement, trouvé rien d'analogue. Le système de numération écrite de position n'a été introduit dans l'Occident qu'à la suite de la traduction en latin (probablement par Adelard de Bath, vers 1120) du traité de calcul de Mahommed ben Mouça-Al-Khârismi, dont le nom (algorismus, algorithme) passa à l'ensemble des nouveaux procédés de calcul ainsi révélés. C'est donc au xiie siècle seulement que le zéro fut réellement connu en Europe sous le nom de chiffre (cyfre, etc… transcription de sa désignation arabe qui signifie vide) : ce mot a ensuite été abusivement étendu aux autres signes numéraux. Quoi qu'en ait dit le pseudo-Boèce, il est très probable que ces signes, déjà connus depuis un ou deux siècles et employés par les abacistes, avaient été empruntés aux Arabes de l'Occident, dont les chiffres dits gobar, ont en effet avec les apices une ressemblance sensible, tandis que ceux des Arabes Orientaux s'en écartent notablement. Les Grecs restèrent, plus longtemps que les Latins, fidèles aux traditions antiques ; leur système de numération alphabétique était du reste infiniment supérieur à celui des Romains. Cependant des chiffres semblables à ceux des Arabes d'Orient apparaissent déjà dans des manuscrits grecs mathématiques du xiie siècle, mais le véritable rôle du zéro ne paraît pas encore connu. D'après un scolie du moine Neophytos, chaque chiffre doit être surmonté d'un nombre de petits cercles égal à l'exposant de la puissance de 10 qui le multiplie. Ce système se trouve effectivement employé dans des auteurs élémentaires arabes, pour faciliter l'enseignement, et l'on a même cru longtemps qu'il y avait là un mode de numération spécial, pour lequel servaient les chiffres gobar. Woepcke a démontré que cette opinion était erronée.

Les Latins importèrent leurs chiffres à Constantinople au xiiie siècle et ils restèrent à côté des formes arabes ou persanes (adoptées par Maxime Planude dans son traité du Calcul hindou, écrit vers 1300). Ce dernier titre indique l'origine véritable des chiffres, unanimement reconnue du reste par tous les auteurs orientaux. Après avoir forgé tout d'abord, à l'imitation de celui des Grecs, un système alphabétique qui s'est longtemps maintenu pour les calculs astronomiques, les Arabes apprirent à connaître la numération hindoùe vers la seconde moitié du viiie siècle. Au commencement du ixe siècle, Al-Khârismi marque l'époque de son adoption définitive. Dans l'état actuel de la science, il est difficile de rechercher plus haut l'origine des chiffres ; il y en a aujourd'hui dans l'Inde une douzaine de variétés qui toutes s'écartent plus ou moins des formes adoptées par les Arabes d'Orient ou d'Occident. Mais si l'on peut affirmer qu'à la fin du ve siècle, le mathématicien indou Aryabhata connaissait déjà la numération de position, on ignore les formes usitées à cette époque et la date de leur invention. Les conjectures émises pour déduire les formes primitives de nos chiffres d'initiales, de mots sanscrits manquent donc de fondement. Les recherches épigraphiques n'ont d'un autre côté fourni jusqu'à présent que des documents qui ne sont pas décisifs, tout en nous conduisant environ jusqu'au xie siècle de notre ère. De nombreux érudits (Woepcke, Th.-H. Martin, M. Cantor) ont soutenu la véracité du récit de la Géométria de Boèce et essayé de le concilier, au moyen de diverses hypothèses, avec les autres faits relatifs à la transmission des chiffres. Ceux-ci auraient été en réalité connus des néo-pythagoriciens (sans le zéro pour le calcul sur l'abacus), soit qu'ils les aient inventés en empruntant partiellement des signes numéraux à l'écriture hiératique égyptienne, et que, d'Alexandrie, ces chiffres soient passés dans l'Inde par le commerce : soit au contraire que les néo-pythagoriciens aient pris les signes déjà en usage dans l'Inde. L'abacus et les chiffres seraient passés à Rome ainsi que dans l'Afrique romaine, où les Arabes les auraient trouvés lors de leurs conquêtes. De là seraient venus d'une part, les apices de Boèce, de l'autre les chiffres de gobar, tandis que les Arabes orientaux retrouvaient dans l'Inde les symboles analogues, mais cette fois avec le zéro, qui en tous cas serait une invention hindoùe... Si séduisantes que soient ces hypothèses à divers égards, et bien qu'elles ne présentent, dans l'état actuel de la science, aucune impossibilité absolue, elles reposent sur un fondement beaucoup trop incertain pour pouvoir être accueillies comme valables.

Quant à l'origine des noms singuliers qui accompagnent les apices dans les manuscrits, elle a donné lieu à de nombreuses dissertations, on a notamment voulu (Vincent) y retrouver des mots grecs et appuyer ainsi la thèse de l'origine néo-pythagoricienne. Bien que plusieurs des étymologies proposées soient inacceptables, il est certain que grâce à la riche synonymie mystique des pythagoriciens pour les nombres de la décade, c'est ainsi qu'on peut encore le plus facilement expliquer la totalité de tous ces noms, bien que d'eux d'entre eux au moins, pour 4 et 8, représentent immédiatement les racines sémitiques des noms de ces nombres. Mais de pareilles recherches sont illusoires, comme toutes les tentatives étymologiques, quand on ne possède pas les éléments suffisants ; ici, il serait essentiel de retrouver tout d'abord les noms dont il s'agit sous la forme d'où ils ont été transcrits... Cette forme est certainement sémitique ; elle peut d'ailleurs être arabe ou hébraïque, car il est assez probable que les Juifs ont été agents plus ou moins actifs dans la transmission des chiffres. Il est d'ailleurs très possible que les noms en question ne se trouvent liés aux chiffres que d'une façon accidentelle. Ils peuvent ne représenter que des désignations conventionnelles d'un jargon secret soit de marchands, soit peut-être d'astrologues. Nous ajouterons deux remarques indispensables : la filiation des diverses variétés de chiffres peut souvent être masquée par des anomalies peu explicables ; il est certain toutefois que chaque peuple a modifié les siens en les rapprochant des caractères de son écriture. Ce fait est très visible chez les Arabes d'Orient, comme chez les Grecs byzantins, et les apices de Boèce ont certainement subi des influences de ce genre. L'invention des neuf premiers chiffres est scientifiquement un fait secondaire relativement à celle du zéro. Or si l'application de ce dernier symbole à la numération paraît bien due aux Indous, il ne faut pas oublier que dès le commencement du IIe siècle av. J.-C., dès leur adoption de la numération sexagésimale pour la division du cercle, les Grecs (d'Hypsiclès) ont employé le même signe dans les manuscrits pour remplacer les ordres manquants. La division sexagésimale remonte d'ailleurs aux Babyloniens et bien que dans les très anciens monuments (table de Senkerch) qui nous l'ont révélée chez eux, aucune trace de zéro n'apparaisse, il paraît difficile qu'ils aient pu s'en passer toujours.

D'autre part, si nous adoptons l'opinion de l'érudit et profond occultiste, Marius Decrespe :

> Les chiffres que nous connaissons ne sont ni les chiffres indous ni les chiffres arabes ; leurs formes sont dérivées des prototypes. Par quel mécanisme, à la suite de quelle révolution ethnique ? C'est ce que nous ne sommes pas à même de dire. Dans la collection des chiffres indous, le 2, le 3, le 6 et le 9 rappellent seuls nos formes actuelles ; le 9 semble avoir été retourné ; le 4 a la forme de notre 8 ; le 7 ressemble à notre 6 ; le 5 et le 8 n'ont aucun rapport avec nos chiffres ; enfin le 1 pourrait être pris pour le schéma d'un phallus la pointe en bas,

et seule la présence des *testes* dans le chiffre indou empêche de l'assimiler à notre 1 (1).

Ajoutons à cet exposé le tableau suivant des chiffres, de l'« habit chinois » des Nombres.

1 一 *y.*
2 二 *eulr.*
3 三 *scn.*
4 四 *se.*
5 五 *ou.*
6 六 *lou.*
7 七 *tsi.*
8 八 *pa.*
9 九 *kieou.*
10 十 *che.*

Les Chinois font surtout une grande différence entre les nombres pairs et impairs.

Un, nombre impair, indique la seule force divine créatrice de tout. Il indique aussi *Pomau-Ksu* comme le premier homme qui fut sur la terre d'après l'écrit de *Lo-pi* dans sa *Lu-se*.

Par ceci, nous voyons que *un* est le tétragramme divin et le tétragramme humain.

Deux indique les éléments qui peuvent donner naissance : le père-la mère. L'actif-passif. L'esprit-la matière, etc. Celui-ci est le principe du binaire.

Trois, nombre vénéré qui représente la Trinité. L'Etre suprême en trois personnes.

Il représente aussi *Tien-hoang*, qui domine le ciel, la terre et l'homme.

Tien-Hoang représente :

Tien ⎫
Tie ⎬ — Hoang.
Gien ⎭

---

(1) M. Decrespe, *Symbolisme des chiffres dits Arabes.* Paris, *L'Initiation*, n° 1, octobre 1895, p. 34.

qui préside, accompagné de dix grands agents ou dix membres divins, ou :

   11 = Gien — Hoang + 10 membres
   12 = Tie — Hoang + 10 membres
   13 = Tien — Hoang + 10 membres

d'où il résulte :

Qu'*un Tie-Hoang* représente l'univers entier.

Qu'*un Tien-Hoang*, avec 12 membres, frères ayant tous les mêmes droits, est par conséquent le Zodiaque avec ses 12 constellations, l'année avec ses 12 mois, le jour avec ses 12 heures.

Qu'*un Gien-Hoang* avec 10 membres, frères avec les mêmes droits, sont dix *Ki* divins, dix chefs de dynasties héroïques.

Quatre, on n'a trouvé aucune remarque concernant ce nombre, et ainsi on ignore sa signification.

Cinq, nombre impair, considéré comme terme moyen entre les nombres divins. Il est le symbole de la terre.

Ainsi il représente les cinq livres canoniques :

$$52 = 5 \times 5 = 25 \text{ (l'homme)}$$

Six, le double de trois, est composé de *Tien-hoang* et du produit universel :

   Tien + esprit
   Tie + matière
   Gien + univers

Nous trouvons aussi chez le peuple du Céleste-Empire un tétragramme théoretique.

Sept, nombre auguste, sert d'amulette contre les maladies. C'est le septenaire. Il représente l'arbre de la science. L'empereur modèle *Hong-Ti* de l'époque héroïque ou antédiluvienne, est le septième chef de la dynastie. Pour les Chinois, le *sept* est le nombre qui a le plus de valeur.

Huit et *neuf*. On ne leur connaît aucune signification (1).

Passons maintenant aux chiffres romains dont le système de numération ne comporte pas le zéro.

---

(1) I. T. Ulic, *Y-King, Tao-see, Tao-Te-King et la numération*. Paris, *L'Initiation*, n° 3, décembre 1897, pp. 271-273.

I									
II									
III									
IV	XIV	XXIV	XXXIV	XLIV	LIV				
V	XV	XXV	XXXV	XLV	LV				
VI	XVI	XXVI	XXXVI	XLVI	LVI				
VII	XVII	XXVII	XXXVII	XLVII	LVII				
VIII	XVIII	XXVIII	XXXVIII	XLVIII	LVIII				
IX	XIX	XXIX	XXXIX	XLIX	LIX				
X	XX	XXX	XL	L	LX	LXX	LXXX	XC	C
XI	XXI	XXXI	XLI	LI	LXI				
XII	XXII	XXXII	XLII	LII	LXII				
XIII	XXIII	XXXIII	XLIII	LIII	LXIII				

LES CHIFFRES ROMAINS

Les anciens, comme on peut le lire dans Boèce, voyaient dans les 9 chiffres de la numération décimale 9 unités qui entrent dans le complément de la génération d'une existence parfaite et heureuse :

1 est *Igin* — la mère.
2 est *Andras* — le père.
3 est *Ormis* — la sympathie
4 est *Arbas* — l'union.
5 est *Quimas* — la fécondité

6 est *Celtis* — la perfection, la beauté.
7 est *Zébis* — la richesse.
8 est *Temenias* — le bonheur.
9 est *Celentis* — la puissance.
10 est *Sipos* — la roue, le cercle, la couronne.

Les Pères de l'Eglise (1) voient dans les 10 premiers chiffres :

1. l'unité de Dieu
2. l'incarnation
3. la trinité
4. la révélation, la croix
5. la douleur féconde

6. la création, le travail
7. la justice, le repos fruit du travail
8. le bonheur parfait
9. les concerts célestes
10. la loi divine

Notre intention n'étant pas ici de faire œuvre d'érudition, nous ne nous étendrons pas davantage sur l'histoire des chiffres, et les indications qui précèdent sont largement suffisantes pour fournir à l'étudiant les notions documentaires dont il pourra avoir besoin. Il nous tarde d'aborder la partie véritablement initiatique de la *Science des Nombres* qui est une des principales sciences rattachées à la tradition cabbalistique.

---

(1) Nous avons pris l'opinion la plus reçue dans saint Eucher, *Form. Spirit.*, cap. XI.

PRATIQUE

CHAPITRE VII

LES NOMBRES ET LA CABBALE

La Cabbale, tradition ésotérique des Hébreux, dont la doctrine est la base réelle de l'initiation occidentale, fait une large place à la Science des Nombres. On peut même dire qu'étant donnés les liens très étroits existant, dans cette tradition, entre les nombres et les lettres, la Science des Nombres est, en réalité, le fondement même de la Cabbale littérale et de la Cabbale pratique. On sait, en effet, que chaque lettre de l'alphabet hébreu correspond à une force spirituelle ou cosmogonique qui, elle-même, est exprimée par un nombre et est en relation avec un nom divin. C'est là la base de toute la théurgie et de toute la magie des Hébreux. Nous verrons tout à l'heure comment s'y rattache également l'astrologie. La formation de l'alphabet et la production des nombres sont assimilées à la création du monde. En vertu de la loi d'analogie et de la corresdance existant entre les différents plans de l'Univers, les Cabbalistes ont été amenés à considérer la forme, le nombre et la valeur des lettres, non plus comme des allégories, mais comme des forces réelles. Ceci est tout à fait légitime, et il s'agit là d'une conception universellement répandue :

« Déjà vous avez remarqué tout ce que les anciens sages ont reconnu de puissance et de mystère dans la science des nombres, écrit au xvɪᵉ siècle Josse Clichtoue, dans son livre *de la signification mystique des nombres* (1). Pythagore surtout, ce philosophe si célèbre parmi ses contemporains et dans la postérité, vous a paru, aidé de la science des nombres, dissertant avec d'étonnantes lumières sur les choses de la nature, même sur les mœurs des hommes et sur les puissances surnaturelles. Il ne vous a pas échappé que les nombres pairs sont appelés par lui les nombres de la justice, à cause de la division égale de leurs parties jusqu'à l'unité. Or, c'est dans l'égalité que se trouve la raison et le complément de toute justice. Il a signalé la décade comme la limite, la borne, la somme de tous les nombres. Il a pensé que les nombres supérieurs à dix ne sont qu'une répétition des dix premiers, et pour cela il a attribué une grande dignité à la dizaine. Il a dit que les nombres impairs sont analogues aux formes des choses naturelles et les nombres pairs à la matière, d'où il a conclu que les nombres pairs conduisent à l'intelligence des substances sensibles et les nombres impairs à l'intelligence des choses spirituelles. J'omets que le *tétragone* était pour Pythagore le nombre de la sainteté, qualification donnée avec raison par Aristote au *carré*, à cause de ses admirables propriétés qui nous aident à connaître la nature des substances supercélestes.

Si, dans la tradition philosophique des écoles humaines, les nombres présentent une si grande énergie, est-il à croire que les saintes lettres dont Dieu est le premier auteur, ces mêmes nombres soient sans mystères et ne contiennent pas de hautes vérités ? Certainement autant l'Écriture sainte l'emporte en dignité sur les sciences humaines, autant la signification mystique des nombres qui s'y trouvent est plus auguste et plus éminente ».

L'auteur cite ensuite Boèce et saint Augustin, cités également par Corneille-Agrippa (2), dont voici le passage.

« Tout ce qui a été ordonné par la nature première des choses, dit Boèce, paraît avoir eu pour raison la puissance des nombres ; cette puissance est le type principal que se proposa le Créateur. De là vient la multiplicité des éléments, la succession des temps, le mouvement des astres, la rotation des cieux. *La disposition de toutes choses a pour*

---

(1) Josse Clichtoue, né à Nieuport (Flandre), docteur en Sorbonne, mort théologal de Chartres en 1543. Cf. *De Mystica numerum significatione opusculum*. Parisiis, Henr. Stephanus, 1513, in-4°, 44 pp.
(2) Corneille-Agrippa (H). *La philosophie occulte ou la Magie*. Paris, Chacornac, 1910-1911, tome 1ᵉʳ, p. 219.

principe nécessaire l'enchaînement des nombres. Donc les nombres renferment dans leur nature les vertus les plus étendues et les plus sublimes. Pour le philosophe qui considère combien grandes et nombreuses sont les merveilles cachées dans les choses naturelles, malgré les effets sensibles qui nous forcent à les soupçonner plutôt qu'à les voir, il n'est pas surprenant que les puissances attachées aux nombres soient d'autant plus admirables, d'autant plus efficaces, que ces nombres sont plus formels, plus parfaits, plus identiques aux choses célestes, plus mêlés aux substances distinctes, plus empreints de ce caractère de grandeur et de simplicité qui les rapproche des idées divines, desquelles dépendent les forces particulièrement réelles qu'ils possèdent.

Tout ce qui existe, tout ce qui est fait subsiste d'après certains nombres et tire de là sa puissance. Le temps a pour base le nombre, ainsi en est-il de tout mouvement de toute action et de toutes les choses qui sont soumises au changement des lieux, à la succession des instants. L'harmonie des instruments et des voix se complète par des rapports numériques qui mesurent leurs proportions et leur force. Puis les proportions qui naissent de la comparaison des nombres se traduisent en lignes et en points qui donnent des caractères et des figures. Enfin, toutes les formes qui existent dans le monde naturel ou surnaturel sont astreintes à certains nombres.

Pythagore méditant sur ces choses a dit que tout subsiste par le nombre et que le nombre détermine les vertus propres et simples des différents êtres. Proclus affirme que le nombre existe en tout, différent néanmoins, dans la voix, dans la proportion sensible, dans l'âme et dans la raison, puis dans les choses divines. Themistius, Boèce, Averroès de Babylone adoptant le sentiment de Platon, élèvent si haut les nombres, qu'ils sont persuadés qu'il est impossible d'aborder sans leur secours les questions philosophiques. Ils parlent, il est vrai, du nombre rationnel et formel, non pas de ce nombre matériel, sensible, vocal, de ce calcul vulgaire dépourvu de toute signification métaphysique, qui n'a aucun prix aux yeux des pythagoriciens, des académiciens et de saint Augustin ; mais du rapport spirituel, des quantités qu'ils appellent nombre naturel, formel, rationnel, duquel émanent les grands mystères, tant dans les choses naturelles que dans les choses divines et célestes, ce nombre ouvre la voie à la connaissance de tout ce qui peut être su, examiné et compris. *Par lui on arrive d'une manière très prochaine à la prophétie naturelle* ; les étonnantes prévisions de l'abbé Joachim ne doivent pas être attribuées à d'autre cause qu'à l'emploi des nombres formels.

Les plus illustres organes de la philosophie s'accordent donc pour établir qu'*il y a dans les nombres une vertu cachée dont l'efficacité est admirable, soit pour le bien, soit pour le mal.* Tel est aussi le sentiment des auteurs catholiques. Il suffit de citer entre les autres saint Jérôme, saint Augustin, Origène, saint Ambroise, saint Grégoire de Nazianze, saint Athanase, saint Basile, saint Hilaire, Raban Maur et Bède. Saint Hilaire affirme, dans son commentaire sur les Psaumes, que les Septante ont disposé le Psautier d'après le rapport efficace des nombres et des idées. Les pythagoriciens avaient pronostiqué beaucoup de choses par les nombres des noms, et s'il n'y avait en cela de grands mystères, saint Jean n'aurait pas dit dans l'Apocalyse : *Que celui qui est intelligent compte le nombre du nom de la bête, c'est un nombre d'homme.* Cette manière de compter est en grand honneur chez les Hébreux et les Kabbalistes. Il faut avant tout savoir que les nombres *simples* indiquent les choses divines, les *dizaines* les choses célestes, les *centaines* les choses terrestres, le *mille* les choses du siècle à venir (1).

Ce qui précède montre nettement que l'importance accordée au nombre par la Cabbale se retrouve dans tous les auteurs de la tradition occidentale. Après cette digression — qui ne nous a éloigné qu'en apparence de l'objet immédiat de ce chapitre — revenons à l'alphabet hébreu.

Il existe deux séries de correspondances numérales de l'alphabet hébreu. Dans la première, chacune des 22 lettres (2) correspond au nombre qui indique son rang dans l'alphabet. Dans la seconde, les lettres correspondent au nombre qui marque leur rang, jusqu'à la dixième inclusivement (׳ iod).

Exemples : ה *hé* est la 5ᵉ lettre et sa valeur numérique est **5**,
׳ *iod* est la 10ᵉ lettre et sa valeur numérique est **10**.

A partir de la 10ᵉ lettre et jusqu'à la dix-neuvième inclusivement, pour former la valeur numérale de la lettre, on additionne les deux chiffres du nombre représentant le rang de la lettre dans l'alphabet et on considère le produit de l'addition comme représentant des *dizaines*.

---

(1) Edme Thomas. *Histoire de l'antique cité d'Autun.* Autun-Paris, 1846. Extrait de l'Introduction par l'abbé Devoucoux, pp. xiii-xvi.
(2) Le nombre 22 qui est celui de la *beauté*, donne dans sa multiplication par son nombre simple 6, le nombre 132, indiquant la *Tradition* QaBbaLe.

Exemple ל *lamed* est la 12ᵉ lettre de l'alphabet ; sa valeur numérique est donc : $1 + 2 = 3$ *dizaines* ou **30**.

De la 19ᵉ à la 22ᵉ et dernière lettre, on additionne les deux chiffres du nombre représentant le rang de la lettre dans l'alphabet, et on considère le produit de l'addition comme représentant les *centaines*.

Exemple : ש *schin* est la 21ᵉ lettre ; sa valeur numérique est donc : $2 + 1 = 3$ *centaines* ou **300**.

Enfin, cinq lettres, à la fin des mots changent de forme et de valeur numérique ; ce sont :

		Finales	Valeur numérique
כ	caph	ך	**500**
מ	mem	ם	**600**
נ	noun	ן	**700**
פ	phé	ף	**800**
צ	tsadé	ץ	**900**

Cette correspondance des lettres et des nombres constitue l'instrument essentiel de la *gematrie* procédé à l'aide duquel l'initié cabbaliste est en mesure de découvrir les mystères du texte hébreu de la Thorah (1), et sa connaissance est indispensable à la construction et au déchiffrement des carrés magiques.

Il nous est impossible, dans cet ouvrage consacré spécialement à la Science des Nombres, de nous étendre sur les mystères de la Cabbale. Nous croyons cependant indispensable de donner les correspondances des 22 premiers nombres avec les lettres de l'alphabet hébreu, avec les noms divins et leur signification symbolique en Cabbale.

Les 22 premiers Nombres.

1   א   *Aleph*

Correspond au premier nom de Dieu, Eheieh אהיה que l'on interprète par essence divine.

Les cabbalistes l'appellent celui que l'œil n'a point vu à cause de son élévation.

Il siège dans le monde appelé Ensoph qui signifie l'infini, son attri-

---

(1) Papus. *La Cabbale.*

but se nomme Kether כתר interprété couronne ou diadème : il domine sur les anges appelés par les Hébreux Haioth-Nakodisch הַיּתְהקָדֶשׁ c'est-à-dire les animaux de sainteté ; il forme les premiers chœurs des anges que l'on appelle séraphins.

2   ב   Beth

2ᵉ nom divin correspondant à cette lettre ; Bachour בהור (clarté, jeunesse), désigne anges de 2ᵉ ordre, Ophanim אופנים. *Formes ou roues.*

Chérubins (par leur ministère, Dieu débrouilla le chaos) numération הכמה Hochmah, sagesse.

3   ג   Ghimel

Nom : Gadol גדול (magnus), désigne anges Aralym אראלים c'est-à-dire *grands et forts,* trônes (par eux, Dieu Tetragrammaton Elohim entretient *la forme de la matière*).

Numération Binah בינה, providence et intelligence.

4   ד   Daleth

Nom : Dagoul דגול (insignes), anges Hashmalim השמלים. *Dominations.*

C'est par eux que Dieu El אל *représente* les effigies des corps et toutes les diverses formes de la matière.

Attribut חסד (Hesed), clémence et bonté.

5   ה   Hé

Nom : Hadom הדום (formosus majestuosus). Seraphim שרפים, puissances (par leur ministère Dieu Elohim Lycbir produit les éléments).

Numération פחד (pachad), crainte et jugement, *gauche de Pierre.*
Attribut גבורה Geburah, force et puissance.

6   ו   Vau

A formé ויו Vezio (cum splendore), 6ᵉ ordre d'anges מלאכים Malakim, chœur des vertus (par leur ministère Dieu Eloah *produit* les métaux et tout ce qui existe dans le règne minéral).

Attribut תפארת Tiphereth, Soleil, splendeur.

7   ז   Zaïn

A formé זכי Zakai (purus mundus), 7ᵉ ordre d'anges, principautés, enfants d'Elohim (par leur ministère Dieu Tetragrammaton Sabahoth produit les plantes et tout *ce qui existe en végétal*).

Attribut נצח Netsah, triomphe, justice.

8   *Heth*

Désigne Chased חסד (misericors), anges de 8ᵉ ordre, Bene Elohim, fils des Dieux (*chœur des archanges*) (*Mercure*) ; par leur ministère Dieu Elohim Sabahoth produit les animaux et le règne animal.

Attribut חוד Hod, louange.

9   ט   *Teth*

Correspond au nom טהור Tehor (mundus purus), anges de 9ᵉ ordre qui président à la naissance des hommes (par leur ministère Sadaï et Elhoi envoient des anges gardiens aux hommes).

Attribut יסוד Jesod, fondement.

10   *Iod*

D'où vient Iah יה (Deus)

Attribut : Malkuth, royaume, empire et temple de Dieu ou influence par les héros. C'est par son ministère que les hommes reçoivent l'intelligence, l'industrie et la connaissance des choses divines.

Ici finit le monde angélique.

---

11   כ   *Caph*

Nom כח (potens). Désigne 1ᵉʳ ciel, 1ᵉʳ mobile, correspondant au nom de Dieu י exprimé par une seule lettre, c'est-à-dire la 1ʳᵉ cause qui met tout ce qui est mobile en mouvement. La première intelligence souveraine qui gouverne le premier mobile, c'est-à-dire le premier ciel du monde astrologique attribué à la deuxième personne de la Trinité, s'appelle מטטרון Metatron.

Son attribut signifie prince des faces : sa mission est d'introduire tous ceux qui doivent paraître devant la face du grand Dieu ; elle a sous elle le prince Orifiel avec une infinité d'intelligences subalternes ; les cabbalistes disent que c'est par le ministère de Metatron que Dieu a parlé à Moïse ; c'est aussi par lui que toutes les puissances inférieures du monde sensible reçoivent les vertus de Dieu.

Caph, lettre finale ainsi figurée ך, correspond aux deux grands noms de Dieu, composés chacun de deux lettres hébraïques, El אל, Iah יה ; ils dominent sur les intelligences du deuxième ordre qui gouvernent le ciel des étoiles fixes, notamment les douze signes du Zodiaque que les Hébreux appellent Galgol hamnazeloth ; l'intelligence du deuxième ciel est nommée Raziel. Son attribut signifie vision de Dieu et sourire de Dieu.

12   ל   *Lamed*

D'où vient Lumined למד (doctus), correspond au nom Sadaï, nom de Dieu en cinq lettres, nommé emblème du Delta, et domine sur le troisième ciel et sur les intelligences de 3ᵉ ordre qui gouvernent la sphère de Saturne.

13   מ   *Mem*

Meborake מברך (benedictus), correspond au 4ᵉ ciel et au 4ᵉ nom de Jehovah יהוה domine sur la sphère de Jupiter. L'intelligence qui gouverne Jupiter se nomme Tsadkiel.

Tsadkiel reçoit les influences de Dieu par l'intermédiaire de Schebtaïel pour les transmettre aux intelligences du 5ᵉ ordre.

Mem מ lettre *capitale*, correspond au 5ᵉ ciel et au 5ᵉ nom de Dieu ; c'est le 5ᵉ nom de prince en hébreu. Domine la *sphère de Mars*. Intelligence qui gouverne Mars : Samaël. Samaël, reçoit les influences de Dieu par l'intervention de Tsadkiel et les transmet aux intelligences de 6ᵉ ordre.

14   נ   *Noun*

Nom : Nora נורא (formidabilis) : correspond aussi au nom Emmanuel (nobiscum Deus), 6ᵉ nom de Dieu ; domine le 6ᵉ ciel, *Soleil* : 1ʳᵉ intelligence du Soleil, Raphaël.

Noun ן finale ainsi figurée, se rapporte au 7ᵉ nom de Dieu Ararita, composé de 7 lettres (Dieu immuable). Domine le 7ᵉ ciel et *Vénus*, intelligence de Vénus : Haniel (l'amour de Dieu, justice et grâce de Dieu).

15   ס   *Samech*

Nom Sameck סומך (fulciens, firmans), 8ᵉ nom de Dieu ; étoile Mercure ; 1ʳᵉ intelligence de Mercure, Mikael.

16   ע   *Haïn*

Nom : Hazaz (fortis), correspond à Jehovah-Sabahoth. Domine le 9ᵉ ciel ; Lune ; intelligence de la Lune, Gabriel :

Ici finit le monde archangélique.

---

17   פ   *Phé*

18º nom lui correspond : פודה Phodé (redemptor) âme *intellectuelle* (Kircher, II, 227).

Cette lettre désigne le *Feu*, l'élément où habitent les salamandres, Intelligence du Feu, Séraphin et plusieurs sous-ordres. Domine en été *sur le Sud ou Midi*.

La finale ף ainsi figurée désigne *l'Air*, où habitent les Sylphes. Intelligence de l'air, Séraphin et plusieurs sous-ordres. Les intelligences de l'air dominent au printemps *sur l'Occident ou l'Ouest*.

18   צ   *Tsadé*

Matière universelle (K). Nom צדק Tsedek (justus). Désigne l'*Eau*
où habitent les nymphes. Intelligence, Tharsis. Domine en automne
sur l'Ouest ou l'Occident.

Finale ז forme des éléments (A. E. T. F.) (K).

19   ק   *Coph*

Nom dérivé קדש Kodesch (sanctus). *Terre* où habitent les gnomes.
Intelligence de la Terre, Ariel. En hiver vers le Nord. *Minéraux*,
inanimé (KIRCHER).

20   ר   *Resch*

Nom רדה (imperans) Rodeh, végétaux (KIRCHER), attribué au 1er
principe de Dieu qui s'applique au règne animal et donne la vie à
tous les animaux.

21   ש   *Shin*

Nom Schadaï שדי (omnipotens) qui signifie Dieu tout puissant
attribué au second principe de Dieu (animaux), ce qui a vie (KIRCHER),
qui donne le germe à toutes les substances végétales.

22   ת   *Thau*

Nom : Thechinah תחנה (gratiosus), Microcosme (KIRCHER), 3e principe de Dieu qui donne le germe à tout ce qui existe dans le règne
minéral.

Cette lettre est le symbole de l'homme parce qu'elle désigne la fin
de tout ce qui existe, de même que l'homme est la fin et la perfection
de toute créature (1).

Il existe également une correspondance entre les 10 premiers
nombres et les 10 *Sephiroth* (dont le nom signifie proprement *numération*) qui sont dix attributs divins, dix forces cosmogoniques
agissant dans l'Univers et dans l'homme. Ces dix *Sephiroth* sont
déjà énumérées dans l'explication ci-dessous des 22 lettres,
mais il est important de méditer le passage du Sepher Iesirah
s'y rapportant. Voici ce que dit le vieux texte cabbalistique.

La première des Sephiroth, un, c'est l'Esprit du Dieu vivant,
c'est le nom béni et rebéni du Dieu éternellement vivant. La voix,
l'esprit et la parole, c'est l'Esprit-Saint.

Deux, c'est le souffle de l'Esprit, et avec lui sont gravées et sculptées

---

(1) PAPUS. *La Cabbale*, ouvr. cité, pp. 77 à 81.

les vingt-deux lettres : les trois mères, les sept doubles, et les douze simples et chacune d'elles est esprit.

Trois, c'est l'Eau qui vient du souffle, et avec eux il sculpta et grava la matière première inanimée et vide, il édifia Tohu, la ligne qui serpente autour du monde, et Bohu, les pierres occultes enfouies dans l'abîme et desquelles sortent les Eaux.

Quatre, c'est le Feu qui vient de l'Eau, et avec eux il sculpta le trône d'honneur, les Ophanim (roues célestes), les Séraphim, les Animaux saints et les Anges serviteurs, et de leur domination il fit sa demeure comme dit le texte : C'est lui qui fit ses anges et ses esprits ministrant en agitant le feu.

Cinq, c'est le sceau duquel il scella la hauteur quand il la contempla au-dessus de lui. Il la scella du nom IEV (יהו).

Six, c'est le sceau duquel il scella la profondeur quand il la contempla au-dessous de lui. Il la scella du nom IVE (יוה).

Sept, c'est le sceau duquel il scella l'Orient quand il le contempla devant lui. Il le scella du nom VIE (והי).

Huit, c'est le sceau duquel il scella l'Occident quand il le contempla derrière lui. Il le scella du nom VEI (והי).

Neuf, c'est le sceau duquel il scella le Midi quand il le contempla à sa droite. Il le scella du nom VIE (היו).

Dix, c'est le sceau duquel il scella le Nord quand il le contempla à sa gauche. Il le scella du nom EVI (הוי).

Tels sont les dix Esprits ineffables du Dieu vivant : l'Esprit, le Souffle ou l'Air, l'Eau, le Feu, la Hauteur, la Profondeur, l'Orient, l'Occident, le Nord et le Midi (1).

Nous avons dit plus haut que la Science des Nombres telle qu'elle existe dans la Cabbale se rattache également à l'Astrologie. En effet sur les 22 lettres de l'alphabet hébreu, trois, les trois « mères » se rapportent uniquement au domaine des principes ; sept, les sept « doubles » se rapportent aux sept planètes, astrologiques ; elles sont appelés « doubles » et cela se conçoit aisément, puisque les influences planétaires agissent à la fois en bien et en mal ; enfin 12 lettres, les douze « simples » correspondent aux signes du Zodiaque. Nous avons vu que chaque lettre, est, dans un certain plan, un nombre, il est donc évident que les nombres eux-mêmes participent de la correspondance

---

(1) Papus. *La Cabbale,* ouvr. cité, pp. 184-185.

qui existe entre les lettres et les astres. C'est ce que fait ressortir le tableau ci-dessous.

Nos d'ordre	Valeur numérique	Lettre hébraïque	Equivalent français	D'après le Sepher Iesirah correspondances des			D'après l'Archéomètre correspondances des		
				lettres mères	lettres planétaires	lettres zodiacales	lettres mères	lettres planétaires	lettres zodiacales
1	1	א aleph	A	I			I		
2	2	ב beth	B		♄			☽	
3	3	ג ghimel	G		♃			☿	
4	4	ד daleth	D		♂			♃	
5	5	ה hé	E			♈			♈
6	6	ו vau	V			♉			♉
7	7	ז zaïn	Z			♊			♊
8	8	ח heth	H			♋			♋
9	9	ט teth	T			♌			♌
10	10	י iod	I			♍			♍
11	20	כ caph	C		☉			♂	
12	30	ל lamed	L			♎			♎
13	40	מ mem	M	II					♏
14	50	נ noun	N			♏		☉	
15	60	ס samech	S			♐	II		♐
16	70	ע aïn	OU			♑			♑
17	80	פ phé	Ph		♀			☿	
18	90	צ tsadé	Ts			♒			♒
19	100	ק coph	Q			♓			♓
20	200	ר resch	R		☿			♄	
21	300	ש schin	Sh	III			III		
22	400	ת thau	Th		☽				

Pour étudier en détail cet aspect de la Science des Nombres, il nous faut encore avoir recours au *Sepher Iesirah* qui nous donne les correspondances astrologiques ainsi que celles admises par la Cabbale entre les lettres (*et par conséquent les nombres*) et les parties du corps humain.

Les sept Doubles.

Sept doubles { T R PH CH D G B
               ת ר פ כ ד ג ב

constituent les syllabes : Vie, Paix, Science, Richesse, Grâce, Semence, Domination.

Doubles parce qu'elles sont réduites, en leurs opposés, par la permutation ; à la place de la Vie est la Mort ; de la Paix, la Guerre ; de la Science, l'Ignorance ; des Richesses, la Pauvreté ; de la Grâce, l'Abomination ; de la Semence, la Stérilité ; et de la Domination, l'Esclavage.

Les sept doubles sont opposées aux sept termes : l'Orient, l'Occident ; la Hauteur, la Profondeur ; le Nord, le Midi et le Saint Palais fixé au milieu qui soutient tout.

Ces sept doubles; il les sculpta, les grava, les combina et créa avec elles les Astres dans le Monde ; les jours dans l'année et les Ouvertures dans l'Homme, et avec elles il sculpta sept ciels, sept éléments, sept animalités vides depuis l'œuvre. Et c'est pourquoi il choisit le septenaire sous le ciel.

1. Sept lettres doubles, *b, g, d, k, p, r, t* ; il les a tracées, taillées, mélangées, équilibrées et permutées ; il a créé avec elles les planètes, les jours et les ouvertures.

2. Il a fait régner le *Beth* et il lui a attaché une couronne, et les a combinés l'un avec l'autre, et il a créé avec lui Saturne dans le monde, le Sabbat dans l'année, et la bouche dans la personne.

3. Il a fait régner le *Ghimel*, il lui a attaché une couronne et les a mélangés l'un avec l'autre ; il a créé avec lui Jupiter dans le monde, le dimanche dans l'année, l'œil droit dans la personne.

4. Il a fait régner le *Daleth*, il lui a attaché une couronne, il les a mélangés l'un avec l'autre, et il a créé avec lui Mars dans le monde, le lundi dans l'année et l'œil gauche dans l'homme.

5. Il a fait régner le *Caph*, il lui a attaché une couronne, et les a mêlés l'un avec l'autre, et a créé avec lui le Soleil dans le monde, le mardi dans l'année, la narine droite dans la personne.

6. Il a fait régner le *Phé*, il lui a attaché une couronne, il les a mêlés l'un à l'autre, et a créé avec lui Vénus dans le monde, le mercredi dans l'année, la narine gauche dans la personne.

7. Il a fait régner le *Resch*, il lui a attaché une couronne et les a multipliés l'un avec l'autre et a créé avec lui Mercure dans le monde, le jeudi dans l'année, l'oreille droite dans la personne.

8. Il a fait régner le *Thau*, il lui a attaché une couronne, il les a multipliés l'un avec l'autre, et a créé avec lui la Lune dans le monde, le vendredi dans l'année, l'oreille gauche dans la personne.

9. Il a séparé les témoins et les a placés chacun à part, le monde à part, l'année à part et la personne à part.

Deux lettres construisent deux maisons, trois en bâtissent six ; quatre, vingt-quatre ; cinq, cent vingt ; six, sept cent vingt ; et de là le nombre progresse dans l'inénarrable et l'inconcevable. Les astres dans le monde sont : le Soleil, Vénus, Mercure, la Lune, Saturne, Jupiter et Mars. Les jours de l'année sont les sept jours de la création, et les sept portes de l'homme sont : deux yeux, deux oreilles, deux narines et une bouche.

Les douze Simples.

Douze simples { K Ts Ch S N L I T H Z V E
ק צ ע ס נ ל י ט ח ז ו ה

Leur fondement est le suivant : la Vue, l'Ouïe, l'Odorat, la Parole, la Nutrition, le Coït, l'Action, la Locomotion, la Colère, le Rire, la Méditation, le Sommeil.

Leur mesure est constituée par les douze termes du monde : Le Nord-Est, le Sud-Est, l'Est-hauteur, l'Est-profondeur ; le Nord-Ouest, le Sud-Ouest, l'Ouest-hauteur, l'Ouest-profondeur ; le Sud-hauteur, le Sud-profondeur, le Nord-hauteur, le Nord-profondeur.

Les bornes se propagent et s'avancent dans les siècles des siècles et ce sont les bras de l'Univers.

Ces douze simples, il les sculpta, les grava, les assembla, les pesa et les transmua et il créa avec elles douze signes dans l'Univers, savoir : le Bélier, le Taureau, etc., etc. ; douze mois dans l'année.

Et ces lettres sont les douze directrices de l'homme, ainsi qu'il suit : main droite et main gauche, les deux pieds, les deux reins, le foie, le fiel, la rate, le côlon, la vessie, les artères.

Il a fait régner le *Hé*, lui a attaché une couronne ; il les a mêlés l'un avec l'autre et il a créé avec lui le Bélier dans le monde, *Nisan* (Mars) dans l'année et le foie dans l'homme.

Il a fait régner le *Vau*, lui a attaché une couronne, les a mêlés l'un à l'autre et il a créé avec lui le Taureau dans le monde, *Iyyar* (Avril) dans l'année et la bile dans l'homme.

Il a fait régner le *Zaïn*, lui a attaché une couronne, les a mêlés l'un à l'autre et a créé avec lui les Gémeaux dans le monde, *Sivan* (Mai) dans l'année, et la rate dans l'homme.

Il a fait régner le *Heth*, lui a attaché une couronne, les a mêlés l'un à l'autre et a créé avec lui le Cancer dans le monde, *Tammuz* (Juin) dans l'année, et l'estomac dans l'homme.

Il a fait régner le *Teth*, lui a attaché une couronne, et les a multipliés l'un avec l'autre, et il a créé avec lui le Lion dans le monde, *Ab* (Juillet) dans l'année, et le rein droit dans l'homme (1).

---

(1) Papus. *La Cabbale*, ouvr. cité, pp. 191 à 194.

Par les quelques documents qui précèdent, on peut se rendre compte que la Science des Nombres fait partie de l'essence même de la Cabbale, et que ses applications sont pratiquement infinies. De la Cabbale, la Science des Nombres a passé dans la Franc-Maçonnerie et c'est avec raison que le F∴ Clavel dans son *Histoire pittoresque de la Franc-Maçonnerie* met dans la bouche du Vénérable les paroles suivantes : « Il y a dans la *Franc-Maçonnerie* un point de similitude avec les doctrines des initiations de l'antiquité : c'est l'emploi des nombres mystiques ». Le Martinisme particulièrement, a conservé une grande partie de la tradition, sur ce point comme sur bien d'autres ; les « catéchismes » des Elus Coens contiennent des allusions transparentes à la mystique des Nombres (1). Martinez de Pasqually, dont les connaissances en matière d'ésotérisme juif étaient si étendues, a développé dans son *Traité de la Réintégration des Etres* (2) toute une arithmosophie qui, d'après lui, n'a été connue des hommes que par révélation divine : « Le créateur instruisit lui-même par la voie de son envoyé spirituel Héli, le bienheureux homme Seth de la Science des Nombres. »

Voici, d'après l'œuvre de Martinez de Pasqually, la signification ésotérique des douze premiers nombres.

« L'*Unité*, premier principe de tout être, tant spirituel que temporel appartenant au Créateur divin.

« *Deux* est le nombre de confusion, appartenant à la femme... le nombre deux est donné à la confusion où se trouvent les esprits pervers et les hommes qui se joignent à l'intellect des mauvais esprits.

« *Trois* est le nombre appartenant à la terre et à l'homme... le nombre 3 indique les trois essences spiritueuses qui constituent toutes les formes ; il indique encore, par l'origine de ces mêmes essences l'action directe de ces esprits inférieurs et ternaires, puisqu'ils ont émané d'eux : *mercure, soufre* et *sel* pour la structure de l'univers... Nous divisons la carcasse entière d'une forme humaine en trois parties, savoir : le tronc, la tête et les os des Isles (3). Nous ne pouvons

---

(1) Papus. *Martines de Pasqually*. Paris, Chacornac, 1902.
(2) Martines de Pasqually. *Traité de la Réintégration des Etres*. Paris, Chacornac, 1899.
(3) C'est-à-dire les os *iliaques*, qui sont les os de la saillie de la hanche (note de l'Editeur).

disconvenir que ces trois parties ne soient différentes dans leurs figures et dans leurs proportions ; elles sont très distinctes les unes des autres et l'on peut très bien les distinguer sans faire chez elles aucune fracture, si ce n'est de rompre les ligaments cartilagineux qui les unissent toutes trois ensemble ; de sorte que ces trois choses n'en font qu'une par cette intime liaison. Cependant elles ont chacune des propriétés et des facultés différentes, et ces différentes facultés sont une parfaite allusion aux trois règnes que nous connaissons dans la nature : l'*animal*, le *végétal*, le *minéral*. Ces 3 règnes sont contenus dans la forme terrestre, de même que les trois parties du corps humain dont j'ai parlé sont contenues dans l'enveloppe qui entoure toute la forme... La forme corporelle de l'homme est susceptible de contenir 3 sortes de vies différentes, ce que je vais faire concevoir. La première est la vie de la matière que nous appelons instinct ou vie passive, qui est innée dans la forme de l'animal raisonnable comme dans celle de l'irraisonnable. La seconde est la vie spirituelle démoniaque qui peut s'incorporer dans la vie passive. La troisième est la vie spirituelle divine qui préside aux deux premières.

« *Quatre* est le nombre de la quatriple essence divine... c'est le nombre spirituel divin dont le créateur s'est servi pour l'émanation spirituelle de tout être spirituel de vie... Le nombre quaternaire est celui qui contribue à la perfection des formes prises dans la matière indifférente parce qu'il donne le mouvement et l'action à la forme corporelle, et parce qu'il préside à tout être créé comme étant le principal nombre d'où tout est provenu. Ainsi nous l'appelons nombre devenu puissant du Créateur, comme contenant en lui toute espèce de nombre de création divine, spirituelle et terrestre. Le nombre quaternaire enfin est celui dont le Créateur s'est servi pour l'émanation et l'émancipation de l'homme ou mineur spirituel... Tu retrouveras en toi la répétition de ce nombre quaternaire qui te fait correspondre avec ton Créateur, et vous portez tous deux le nombre quaternaire, savoir : 1, *l'axe central*, 2, *l'organe des esprits inférieurs*, 3, *l'organe des esprits majeurs*, 4, *les esprits majeurs, organe de la divinité*. De même Israël ton corps, 1, organe de ton âme 2, ton âme organe de l'esprit majeur 3, et l'esprit majeur organe de la Divinité 4... Le nombre quaternaire est celui duquel toutes choses temporelles et toute action spirituelle sont provenues.

« *Cinq* est le nombre de l'esprit démoniaque... Les esprits pervers joignirent, de leur autorité privée et par leur seule volonté, une unité arbitraire au nombre quaternaire de leur origine, ce qui dénatura leur puissance spirituelle et la transforma en une puissance bornée et purement matérielle, sous la conduite d'un chef pris parmi eux.

Voilà pourquoi le nombre quaternaire ne leur appartient plus et que le nombre quinaire est celui des démons.

« *Six* est le nombre des opérations journalières... Le nombre sénaire est celui par lequel le Créateur fit sortir de sa pensée toutes les espèces d'images, de formes corporelles apparentes qui subsistent dans le cercle universel. La Genèse n'enseigne-t-elle pas que Dieu a tout créé en six jours ? Il ne faut pas croire par là que la Genèse est voulu borner la puissance de la Divinité en lui limitant un temps, soit de 6 jours, soit de 6 années. Le Créateur est un pur esprit supérieur au temps et à la durée successive, mais il peut avoir opéré six pensées divines pour la création universelle, et ce nombre 6 appartient effectivement à la création de toute forme de matière apparente. Par ce même nombre, le Créateur fait sentir à sa créature tant spirituelle que temporelle, le durée de temps que doit subsister la création universelle. Voilà quels sont la vertu du nombre sénaire et l'emploi que le Créateur en a fait.

« *Sept* est le nombre de l'Esprit-Saint appartenant aux esprits septenaires... Le nombre septenaire est le nombre plus que parfait que le Créateur employa pour l'émancipation de tout esprit hors de son immensité divine. La classe d'esprits septenaires devait servir de premier agent et de cause certaine ; pour contribuer à opérer toute espèce de mouvement dans les formes créées dans le cercle universel... Les sages fixèrent le nombre septenaire parmi leurs disciples à l'exemple de la postérité seconde et septenaire de leur père Noé, dans le nombre de laquelle ils étaient eux-mêmes compris ; ils fixèrent encore ainsi ce nombre septenaire parce que l'Eternel avait opéré six pensées divines pour la création universelle et que, le septième jour, il donna 7 dons spirituels et qu'il attacha 7 principaux esprits à toute sa création pour la soutenir dans toutes ses opérations temporelles, selon la durée septenaire qu'il lui a fixée. Les 7 premiers sages de la postérité de Noé prirent cet exemple pour diriger leur conduite, afin de perpétuer aux hommes à venir la connaissance et la correspondance de ces 7 principaux esprits que le Créateur avait attachés dans son univers pour instruire la créature inférieure et mineure de sa volonté, et l'élever, par ce moyen et par celui de l'intelligence spirituelle, à la parfaite connaissance des œuvres divines. L'Ecriture sainte nous l'enseigne encore par les 7 anges, 7 archanges, 7 séraphins, 7 chérubins, les 7 lieux spirituels, les 7 trônes, les 7 dominations, les 7 puissances, les 7 juges d'Israël, les 7 principaux chefs qui étaient sous Moïse ou Aaron, les septante années de captivité d'Israël, les 7 semaines de Daniel, les 7 jours de la semaine temporelle, les 7 dons que le Christ a fait à ses disciples, desquels sont sortis les 7 principaux premiers pères de l'Eglise chrétienne, qui ont exercé les 7 ordres spirituels parmi leurs disciples, le chandelier à 7 branches, qui fut mis dans le temple de Salomon et qui est encore représenté dans l'Eglise de Saint Pierre de Rome. Le nombre septenaire se calcule philosophiquement par 7.000 ans quant au temporel et à la durée ; mais lorsque l'Ecriture dit que le septième jour Dieu se dédia son propre ouvrage en bénissant la création universelle, il faut concevoir par cette bénédiction la jonction des sept principaux esprits divins que le Créateur réunit en toute créature comprise ou contenue dans toute sa création universelle. Cette jonction des 7 principaux esprits nous est indiquée par l'opération des 7 planètes qui opèrent pour la modification, la température et le soutien de l'action de l'univers. Enfin l'univers, ayant été conçu dans son entière perfection par le nombre septenaire, il sera également réintégré par ce même nombre dans l'imagination de celui qui l'a conçu.

« *Huit* est le nombre de l'esprit doublement fort appartenant au Christ,... le nombre de la double puissance spirituelle divine qui avait été confiée au premier mineur, pour qu'il manifestât la gloire et la justice de l'Eternel contre les esprits prévaricateurs. C'est cette puissance divine que tes pères ont connue sous le nom d'Abraham, Isaac et Jacob. Mais Adam, par son crime, ayant perdu cette double puissance, a été réduit à sa puissance simple de mineur ; sa postérité est devenue errante et ténébreuse comme lui ; et l'homme ne peut plus obtenir du Créateur cette double puissance sans des travaux infinis et sans subir la peine du corps, de l'âme et de l'esprit. Ce nombre enfin est celui que le Créateur destine aux Elus spirituels qu'il veut favoriser et préparer à la manifestation de sa gloire.

« *Neuf* est le nombre démoniaque appartenant à la matière... Joins le nombre quinaire au quaternaire, et tu auras le nombre de la subdivision des essences spiritueuses de la matière et de celles des essences spirituelles divines, et cela par la jonction du nombre quinaire, imparfait et corruptible, avec le nombre quaternaire, parfait et incorruptible. C'est par cette jonction que l'homme dégrade sa puissance spirituelle divine en la rendant spirituelle démoniaque et c'est par là que le crime d'Adam s'est opéré, crime qui a occasionné une révolution inconcevable parmi tous les êtres spirituels.

« *Dix* est le nombre divin... C'est de ce même nombre dénaire que provient tout être spirituel majeur, inférieur et mineur, de même que toute loi d'action, soit spirituelle, soit spiritueuse. L'addition des quatre nombres compris dans le quaternaire donne 10 en cette sorte : $1 + 2 + 3 + 4 = 10$, et c'est par les différentes jonctions de ces différents nombres que tu concevras comment toutes choses sont provenues... Il y a 10 patriarches, il y a 10 noms spirituels qui opèrent le culte de la Divinité par son propre nom dénaire.

« Le nombre *Onze* est opposé (1) à toute espèce de forme corporelle complète, analogue au corps terrestre et à tout ce qui en provient.

« *Douze* a été le principe de la division du temps. »

Telle est, en fait d'aritmosophie, la doctrine de celui qui fut l'initiateur premier de notre Vénérable Maître Louis Claude de Saint-Martin.

Comme nous l'avons déjà dit plus haut, l'initiation martiniste utilise le langage symbolique des nombres et son étude y tient une place importante : c'est ainsi qu'à l'initié du premier degré, les luminaires et leur disposition enseignent la doctrine ésotérique de l'Unité, la loi du Ternaire et ses rapports. A l'initié du deuxième degré, le symbolisme profond des deux colonnes donne la clef des oppositions dans la nature tout entière : ces colonnes, de couleurs différentes quoique d'essence identique, opposées l'une à l'autre en apparence, viennent s'harmoniser dans l'unité du ternaire intermédiaire, la table d'initiation éclairée de son triple ternaire lumineux. C'est l'initiation seule qui permet de trouver par la connaissance des lois de l'équilibre, le terme commun qui relie tous les opposés. Enfin, à l'initié du troisième degré la signature distinctive de l'ordre S ∴ I ∴ indique à elle seule tous les développements du rituel symbolique. Les points disposés en deux triangles opposés figurent la disposition des luminaires et leur situation symbolisant ∴ le ternaire dans les trois mondes.

L'opposition des deux lettres S et I, et l'opposition des deux triangles montrent à tout œil perspicace les *deux colonnes* dans leur position active (lettre) et passive (points), opposition verticale et opposition horizontale.

C'est là la clef du quaternaire, la clef du symbolisme de la Croix.

---

(1) Le texte du *Traité de la Réintégration des Etres* porte bien « opposé », mais il est probable qu'il s'agit là d'une coquille et qu'il faut lire « apposé ». (N. de l'Ed.).

CHAPITRE VIII

LES NOMBRES ET LA CHANCE

L'étude des Nombres joue un rôle considérable dans les ouvrages mystiques et nous allons aborder un des deux problèmes intéressants posés par cette étude.

Le premier problème qui nous occupe est celui concernant la Chance, mot magique qui émeut les esprits les plus sceptiques.

Il y a des gens qui ne croient ni à Dieu ni à Diable mais qui croient fermement à la Chance, à la veine et, aussi à la guigne et à la déveine.

Or, la Chance existe parfaitement, on peut même la fixer si elle fuit, l'appeler si elle s'éloigne et la constater quand elle approche.

Mais comment ?

Il y a trois facteurs qui président à la fixation ou retour de la Chance : la Volonté humaine, la Providence et la Fatalité. La Chance est donc un problème véritable, capable d'intéresser toute âme avide des choses mystérieuses comme tout esprit positif et désirant se rendre compte de l'origine des forces terrestres.

Chaque être humain possède un nombre caractéristique qui donne la clef de sa formule de Chance, ou les raisons de certaines Malchances. Ainsi plusieurs personnes ont remarqué qu'un certain nombre accompagnait toujours les actes les plus importants de leur vie, et ce nombre est celui qui caractérise justement ces personnes. Mais il en est d'autres, ennemis par principe de toute superstition ou trop occupés d'autre part, qui n'ont pas eu à faire des remarques de ce genre.

Comment dans ce cas, trouver son nombre caractéristique ? C'est ce que nous allons nous efforcer de montrer.

Tout d'abord, il faut noter soigneusement la date de naissance, surtout la date du mois. Ainsi, dans beaucoup de cas, une personne née un treize aura ce nombre comme signe de Chance dans sa vie.

Ensuite, il faut noter les événements vraiment importants de la vie et comparer les dates avec la date de naissance.

Enfin si ces moyens n'étaient pas nets comme résultats, il suffirait de prendre l'alphabet avec ses rapports numéraux et de remplacer chaque lettre du nom de famille et de chaque prénom par son chiffre, puis de faire l'addition totale et la division du total obtenu par 9.

Le chiffre restant représente le nombre cabbalistique.

D'autre part, les jours de la semaine présidant aux naissances sont un guide assez utile pour la détermination de la planète dominante.

En retenant bien le jour qui a présidé à votre naissance, vous aurez des indications précieuses pour fixer le nombre de la Chance (1).

---

(1) En ce qui concerne les loteries, nous renvoyons le lecteur au chapitre § IV du *Traité méthodique de Magie pratique* par Papus, chapitre intitulé : La Magie des Nombres et les loteries.

CHAPITRE IX

LES NOMBRES ET LES DATES

Le second problème consiste en un autre calcul des plus intéressants.

En faisant la somme d'un nombre représentant la date d'une naissance ou d'un fait historique, on obtient un nouveau nombre qui peut éclairer d'une manière curieuse bien des événements personnels ou historiques suivant le cas.

Mais il faut établir certaines distinctions sans lesquelles on se perd dans ces recherches. Les lignes suivantes sont consacrées à examiner les différentes phases du problème.

Prenons comme exemple une date de l'histoire, par exemple la constitution définitive de l'Empire allemand 1871.

On peut consulter les nombres de trois façons :

1º En additionnant TOUS LES CHIFFRES DU NOMBRE. Ainsi 1871 donne $1 + 8 + 7 + 1 = 17$.

$$\begin{array}{r} 1871 \\ 17 \\ \hline 1888 \end{array}$$

On continue de même :

$$\begin{array}{r} 1888 = 25 \\ 25 \\ \hline 1913 \\ 14 \\ \hline 1927 \end{array}$$

2º Au lieu d'additionner tous les chiffres du nombres on peut seulement faire la somme DES DEUX DERNIERS.

Cela nous donne une nouvelle série :

$$
\begin{array}{r}
1871 \ \ 7 \text{ et } 1 = 8 \\
8 \\ \hline
1879 \\
16 \\ \hline
1895 \\
14 \\ \hline
1909 \\
9 \\ \hline
1918
\end{array}
$$

3º On peut aussi additionner LE DERNIER NOMBRE ou CHIFFRE de chaque année, cela donne une troisième source d'études.

$$
\begin{array}{rrr}
1871 & 1892 & 1914 \\
1 & 2 & 4 \\ \hline
1872 & 1894 & 1918 \\
2 & 4 & 8 \\ \hline
1874 & 1898 & 1926 \\
4 & 8 & 6 \\ \hline
1878 & 1906 & 1932 \\
8 & 6 & 2 \\ \hline
1886 & 1912 & 1934 \\
6 & 2 & \\ \hline
1892 & 1914 &
\end{array}
$$

4º Jusqu'ici tout est mathématique. On peut faire appel à l'imagination en mélangeant sans règle les diverses méthodes. Chiffres totaux suivis de l'addition d'un chiffre pour revenir à celle des deux derniers. Nous ne citerons ce procédé que pour mémoire car il donne trop de prise à l'arbitraire et à l'imagination.

Les dates que nous venons d'étudier sont celles de la fondation de l'Empire d'Allemagne et des dérivées.

D'après ces méthodes, examinons maintenant la vie de l'Empereur Guillaume II.

Guillaume II est né en 1859.

Les grandes dates de sa vie sont :

```
1859  égale 23 soit 23 ans :
+23
────
1882  puis 19 Ans après soit à 41 Ans
  19
────
1901  puis 11 Ans après soit à 52 Ans
  11
────
1912  puis 13 Ans après soit à 65 Ans
  13
────
1925
  17  puis 17 ans après soit à 82 Ans
────
1942
```

L'addition des deux derniers nombres de chaque date nous donne :

```
1859
  14
────
1873
```
puis : 1883-1894-1907-1914-1919-1929-1940.

L'addition du dernier nombre seul nous donne :
1859-1868-1876-1882-1884-1888-1896-1902-1904-1908-1916-1922-1924-1928-1936-1942.

Ce qui est intéressant à étudier ce sont les chiffres qui reviennent pareils ou très rapprochés dans différentes séries.

De nouvelles études permettraient de savoir comment déterminer dans ces années d'une existence lesquelles sont favorables et lesquelles sont défavorables. Les nombres pairs ou impairs et l'astrologie joueraient ici un grand rôle mais cette étude sortirait du cadre du présent travail. Que chacun se mette à l'œuvre et fasse au moyen des nombres son horoscope personnel. Nous allons en donner un exemple en prenant notre propre date de naissance, soit 1865.

Révolution zodiacale de l'horoscope : Dernier chiffre.

1865-1870-1877-1884-1888-1896-1902-1904-1908-**1916**-1922-1924 (1).

---

(1) Papus est mort physiquement en 1916. Il est curieux de constater que les Nombres indiquaient cette période comme une date importante pour lui (Ph. E.)

CHAPITRE X

LES NOMBRES ET L'HISTOIRE

La langue des Nombres est presque inconnue des chercheurs de notre époque. On commence seulement à en balbutier l'alphabet. Pourtant ce langage mystérieux est une clef active des prophéties concernant les individus, les familles et les Etats. Beaucoup de recherches ont été accomplies à ce sujet. Nous signalerons seulement à la sagacité des lecteurs deux ouvrages importants :

Le premier de ces deux ouvrages est intitulé : *Recherches sur les fonctions providentielles des Dates et des noms dans les annales de tous les Peuples*. Publiée anonymement, cette œuvre remarquable a été écrite par François Jean-Baptiste Mouesan comte de La Villirouet (1). Le sujet exposé dans ce remarquable traité est entièrement neuf ainsi que sa méthode qui est exposée très clairement et avec une simplicité parfaite. L'ouvrage devint rare dès son apparition, et cela parce qu'il dévoile entièrement le sens providentiel de la Science des Nombres, et

---

(1) Paris, Dumoulin, 1852, in-8, VI-294 pages. L'auteur est né à Lamballe le 24 juin 1789. Signalons aux érudits qu'il existe une suite aux *Recherches* sous le titre de : *Le roi Jésus monarque universel et divin Soleil de l'Humanité*, ou l'Histoire considérée à un point de vue nouveau. Rennes, 1873, in-8. De La Villirouet est encore l'auteur de : Les chiffres du règne de Napoléon, ou l'histoire d'hier et d'aujourd'hui. Rennes, 1870. (Note de l'édit.)

que ce n'est pas une étude purement théorique mais un merveilleux système scientifique dégagé des milliers de faits apportés par l'histoire universelle.

En voici les principaux extraits ainsi qu'une partie de la conclusion.

PREMIÈRE CLASSE DE PHÉNOMÈNES (1)

Rapport numérique des dates extrêmes, au chiffre total des Souverains d'un État ou d'une Dynastie.

1° *Il existe un rapport constant entre le nombre effectif des chefs d'un État quelconque, ou des princes d'une dynastie,* **et la somme des chiffres** *soit de la première ou de la dernière date, soit de ces deux dates réunies.*

I. FRANCE.

A. MÉROVINGIENS... 13.

1. Avènement du 1ᵉʳ Mérovingien, CLODION (2), en **427**, année dont les trois chiffres, 4, 2, 7, étant additionnés, font .... **Treize.**

2. Avènement de CLOVIS, vrai fondateur de la monarchie, en **481**; somme des chiffres 4, 8, 1, comme ci-dessus .... **Treize.**

3. Avènement de CHILDÉRIC II, dernier des rois non fainéants, année 670 (3); encore .... **Treize.**

4. Avènement de CHILDÉRIC III, dernier de tous les Mérovingiens fainéants et non fainéants, en **742**; toujours .... **Treize.**

Or, autant que l'incertitude de ces premiers temps permet d'exprimer une affirmation, **Treize** est le nombre des rois de la première race qui ont, personnellement, gouverné.

---

(1) Ouvrage cité, p. 1 et 2.
(2) Nous omettons ici Pharamond, dont l'existence est contestée.
(3) Après Childéric II, assassiné en 673, commença le régime des Maires du palais.

			Sommes
1. Clodion..........	**427**	....	**13**
2. Mérovée..........	448	....	16
3. Childéric I........	458	....	17
4. Clovis	**481**	....	**13**
5. Childebert	511	....	7
6. Clotaire I	558	....	18
7. Caribert	561	....	12
8. Chilpéric I........	567	....	18
9. Clotaire II........	584	....	17
10. Dagobert I	628	....	16
11. Clovis II	638	....	17
12. Clotaire III.......	655	....	16
13. Childéric II......	**670**	6, plus 7 égale.......	**13**

Treize rois.

Observation. Pour l'application de la règle posée, une seule des dates extrêmes suffirait ; et en voici *trois* et même *quatre*, en y comprenant l'année 742 de Childéric III, qui reproduisent exactement le nombre **Treize** : quadruple résultat d'autant plus frappant, que chacune des dix époques intermédiaires donne une somme différente.

DEUXIÈME CLASSE DE PHÉNOMÈNES (1)

Rapport combiné des Lettres, des Noms et des Chiffres des années, au nombre des Souverains.

Les éléments alphabétiques des noms du premier et du dernier prince d'un empire ou d'une dynastie, sont comptés séparément, soit combinés avec la somme des chiffres des époques extrêmes, correspondent toujours à la suite entière des souverains de cet empire, et de cette dynastie.

Voici des preuves multipliées de ce nouveau rapport :

I. FRANCE.

A. Mérovingiens... 13, 14, 22.

Jusqu'aux Fainéants, on en compte 13 et même 14, en y comprenant Pharamond ; mais Clodion passe, généralement, pour le premier roi, et c'est son fils Mérovée qui a nommé la race.

---

(1) *Ouvrage cité*, p. 69 et 70.

a) Clodion	7	Lettres	
Mérovée	7	—	Rois
	14		**14**
b) Clodion (premier roi)............	7	—	
Clovis, fondateur	6	—	
	13		13
c) Clodion	7	—	
Clovis	6	—	Rois
Childéric III, dernier mérovingien ..	9		
	22		22

(22 Rois, Fainéants compris)

TROISIÈME CLASSE DE PHÉNOMÈNES (1)

Rapports homonymiques entre les termes extrêmes des Empires et des Races.

Après avoir solidement prouvé le rapport continu du nombre des règnes et de la somme des années, puis la concordance avec le chiffre des souverains des dates et des noms combinés, nous allons étudier une fonction particulière de ceux-ci, qui consiste dans la répétition harmonique et dans le retour presque infaillible du même nom propre, à l'origine et à l'extinction soit des familles, soit des sociétés. L'histoire ancienne et moderne consacre par des faits nombreux la réalité de ce nouveau phénomène.

I. HISTOIRE ANCIENNE.

Homonymies des noms extrêmes.

A. HISTOIRE SAINTE.

1. *PATRIARCHES.* — JUDA.... JUDAS.

JUDA, un des douze fils de Jacob, vend son frère JOSEPH, nom qui signifie SAUVEUR.

JUDAS, un des douze fils spirituels, ou disciples du vrai Jacob, vend son frère et son maître Jésus, dont le nom présente le même sens que celui de Joseph.

---

(1) *Ouvrage cité,* p. 84 et 85.

2. Jacob, Joseph. — Jacob.... Joseph.

Dans l'ordre généalogique, comme Joseph succède à son père Jacob, ainsi Jacob, aïeul de Notre-Seigneur, se trouve suivi (de Marie et) de Joseph.

3. Josué. — Jésus.

Josué (anagramme, Jésu) ou Jésus, mettant les Hébreux en possession de Chanaan, correspond à Jésus, introducteur du peuple choisi des élus, dans la véritable Terre promise.

4. *GRANDS-PRÊTRES.* — Eléazar.... Eléazar.
Fondateur...Aaron.

Au premier grand prêtre qui lui succède, nommé Eléazar répond le pontife Eléazar, qui, du temps de Jésus-Christ, exerça la souveraine sacrificature.

QUATRIÈME CLASSE DE PHÉNOMÈNES (1)

Ordre prophétique des chiffres.

Les signes numériques d'une époque extrême, pris selon leur valeur absolue et dans leur ordre de position respectif, ont chacun un sens prophétique qui leur est propre.

En d'autres termes, chaque chiffre est, en particulier, un écho vrai, un moniteur fidèle de l'avenir, qui annonce les règnes les plus importantes, ainsi que les événements les plus caractéristiques d'une nation ou d'une famille souveraine.

Cette quatrième loi soutiendrait encore, avec avantage, l'épreuve d'une vérification générale et approfondie. Afin de ne pas fatiguer l'attention, nous n'en donnerons que quelques exemples. qui suffiront pour mettre sur la voie ceux des lecteurs qui voudraient l'examiner plus en détail.

I. EMPIRE ROMAIN D'OCCIDENT.

La date certaine du premier partage qui divisa les provinces romaines en deux empires distincts, est l'année **364**, où l'Occident échut à Valentinien I. Nous disons que chacun des trois signes 3, 6, 4, de cette date, étant étudié dans le rang qu'il occupe, nous paraît désigner expressément une époque, un règne ou un fait d'une importance spéciale.

---

(1) *Ouvrage cité*, p. 100 à 103.

Donnons d'abord, pour être clair, la succession nominale des empereurs d'Occident.

1. VALENTINIEN I, 26 février.................................... **364**
2. Valentinien II (étranglé en 392)....................... 375
3. Et Gratien, son frère 375
    Interrègne.
4. Théodose le Grand 394
5. Honorius, 17 janvier 395
    Mort en 423. Sous lui, Rome fut assiégée trois fois par Alaric.
    Interrègne.
6. Valentinien III, 25 octobre............................ 425
    Mort 26 mars 455. Après lui, Maxime, qui n'est pas compté, règne trois mois.
7. Avitus règne quatorze mois 455
    Interrègne.
8. Majorien, 1er avril 457
    prince de mérite, assassiné en 461.
9. Sévère III, 19 novembre 461
    Mort 15 août 465.
    Interrègne.
10. Anthémius (assassiné en 472)......................... 467
11. Olybrius (règne sept mois) 472
    Interrègne.
12. Glycérius, 5 mars................................... 473
13. Julius Nepos, 24 juin............................... 474
    Détrôné 24 août 475.
14. Augustule, 31 octobre 475
    Déposé en 476.

En tout, 14 empereurs ; et 13 seulement, en ne comptant pas Gratien, qui régna conjointement avec son frère Valentinien II.

ANALYSE DE LA DATE 364

Trois... Le premier chiffre, **3**, indique qu'il faut compter trois empereurs, pour arriver à une époque culminante, au règne du grand THÉODOSE.

Six... Le deuxième chiffre, **6**, annonce : 1° Qu'on doit compter SIX empereurs, depuis Théodose ; ce qui conduit à une époque INVERSE, au règne du méprisable Olybrius, dont l'apparition de quelques mois, suivie d'un dernier interrègne, fut le signe avant-coureur de la chute définitive ; 2° que le sixième, depuis le premier compris, est

— 94 —

Valentinien III, dont le règne de 20 ans et les exploits du célèbre Aétius jetèrent un dernier éclat sur l'agonie de l'empire Romain.

Quatre... Avertit de passer, en premier lieu, au quatrième successeur d'Olybrius inclusivement, c'est-à-dire, à Romulus Augustule, qui fut le dernier des Césars d'Occident ; 2º au quatrième successeur du premier des Valentinien, à l'empereur Honorius, qui régna 28 ans, et sous lequel Rome fut prise et saccagée deux fois par Alaric. En effet, après Théodose, VALENTINEIN III et HONORIUS sont les seuls chefs de l'empire dont le règne soit pour l'histoire de quelque intérêt : de même qu'Olybrius et Augustule accomplissent la fin humiliante des destinées de la Ville éternelle.

CINQUIÈME CLASSE DE PHÉNOMÈNES (1)

Rapports de l'addition à une date, de la somme de ses chiffres.

Les harmonies chronologiques sont tellement inépuisables, elles abondent en combinaisons si variées, qu'elles participent visiblement à l'infinité même des nombres ; déjà quelques traits partiels de la formule que nous allons étudier ont paru dans certaines productions fugitives de la presse. Des faits de cette nature ne pouvaient manquer d'éveiller l'attention, par un attrait de singularité toujours plus ou moins piquant. Mais, tant qu'ils se produisent comme des cas isolés, comme des coïncidences exceptionnelles, il faut avouer qu'ils ne prouvent rien, et que toute leur valeur se réduit à surprendre ou à distraire un moment les esprits oisifs. Il n'en est pas ainsi, quand on a reconnu qu'un principe commun les rattache les uns aux autres, et lorsque leur nœud secret se révèle d'une manière positive. Alors, ces phénomènes acquièrent une signification sérieuse, et leur portée prophétique devient des plus manifestes.

Pour démontrer le système particulier de rapports que met en relief l'addition à une date extrême, soit de la somme totale ou partielle de ses éléments, soit de la somme des chiffres de cette somme elle-même, il n'est pas nécessaire d'interroger les chroniques d'un grand nombre de peuples ; et les recherches peuvent être resserrées dans un cercle de vérifications beaucoup plus étroit. Bornée à une histoire particulière, par exemple à la chronologie des rois de France, l'épreuve peut encore être concluante ; et même, au lieu de nous astreindre à faire du principe posé une application suivie à chaque

---

(1) *Ouvrage cité*, p. 120 à 122.

règne, depuis Clovis jusqu'à Louis XVI, nous ne nous arrêterons qu'aux plus importants.

Commençons par énoncer avec clarté cette cinquième règle harmonique :

Les rapports sont produits par l'addition, aux années radicales, de la somme et, au besoin, de la sous-somme de leurs chiffres ; et cette somme ou sous-somme, ajoutée à chaque résultat nouveau, dégage successivement toutes les époques importantes d'un règne quelconque.

Nous appelons, ici, années **radicales**, celles de la naissance ou de l'avènement de chaque roi.

I. CLOVIS.

Années radicales.

Naissance...............	**465**	Avènement.............	**481**
Somme de 465	**15**		
Somme de 15	**6**		

COINCIDENCES

1º A	465	
Ajoutez sa somme	15	
Vous avez la première année du règne	480	81
2º Ajoutez la sous-somme.........................	6	
	486	
Victoire de Clovis à Soissons	486	
Avènement	481	
Somme radicale	15	
3º Victoire de Tolbiac, conversion	496	
Somme radicale	15	
4º Mort de Clovis	511	
	481	
Sous-somme de 15 multipliée par 2 = 6...12.......	12	
5º Mariage de Clovis	493	
Somme radicale	15	
6º Victoire de Vouillé	508	507

SIXIÈME CLASSE DE PHÉNOMÈNES (1)

Anagramme ou renversement des dates.

Il existe une correspondance expresse et permanente, entre la date originelle et la période de durée d'un empire, d'une société, d'une famille ; et ce rapport se révèle en intervertissant les chiffres c'est-à-dire, en prenant l'anagramme de la totalité ou d'une partie de l'année radicale, et, dans le cas d'insuffisance de celle-ci, l'anagramme de la dernière date.

Nous allons donc essayer de démontrer, en interrogeant les annales de tous les peuples :

Que l'inversion régulière des signes chronologiques reproduit : soit la durée exacte de l'empire ou de la dynastie, soit l'époque précisée de sa chute, soit un grand changement ou crise politique soit enfin quelque autre événement du premier ordre.

I. HISTOIRE ANCIENNE.

C'est particulièrement dans l'étude des correspondances mystérieuses et des divins accords cachés dans la chronologie sous des voiles si transparents, que les incertitudes de cette science deviennent un inconvénient des plus sérieux et une difficulté presque insurmontable. Nous essaierons, néanmoins, de vérifier l'existence de cette sixième loi, sur les époques antérieures à l'ère chrétienne ; et pour atteindre le but, pour obtenir un certain nombre de rapports, sinon rigoureux, du moins approchés, nous établirons les calculs non sur le nombre très contesté des années du monde depuis la Création, mais sur celles comptées avant Jésus-Christ. Cette dernière base offrant, chez les historiens, beaucoup moins de variations que la première, nous y trouverons des données plus sûres pour fixer la date réelle de chaque événement.

---

(1) *Ouvrage cité*, p. 143 à 145.

I. JUIFS.

A. DURÉE DE LA CONSTITUTION JUIVE.

Depuis la sortie d'Egypte jusqu'à la ruine
du royaume de Juda.

Sortie d'Egypte, avant Jésus-Christ .... (1)	1.491 ans
Juda détruit, avant Jésus-Christ	588
Durée de l'indépendance	903 ans

Voyons maintenant le résultat de l'inversion des deux années extrêmes 1491, 588.

588 Anagramme	885
1**491** Anagramme de 91	19
Produit de la double inversion	904
Période d'existence	903

SEPTIÈME CLASSE DE PHÉNOMÈNES (2)

Fonction extraordinaire du nombre des lettres du premier nom.

Quand la suite entière des souverains d'un Etat ou des chefs d'une société quelconque, présente une nomenclature considérable qui dépasse les bornes ordinaires, afin d'en déterminer le chiffre vrai, il faut, en premier lieu, prendre le nom du fondateur ou, à son défaut, le nom final, et en compter toutes les lettres ; 2° additionner entre elles autant de dates, en commençant par l'année radicale, qu'il y a d'éléments alphabétiques dans le nom primitif. Cette opération complexe reproduira exactement le nombre même des chefs qui se sont succédé depuis le commencement jusqu'à la fin.

Cette combinaison nouvelle des noms propres avec les années, est un fait des plus inattendus : mais, avant d'en déduire, les preuves, nous devons d'abord faire observer que, pour arriver à un

---

(1) Nous suivons, pour tous nos calculs, l'ancien système chronologique, c'est-à-dire, celui d'Usserius, adopté par Bossuet et par tous les écrivains du xviiie siècle.

(2) *Ouvrage cité*, p. 198 à 200.

résultat rigoureux, il est indispensable que la succession soit certaine. Or, cette certitude positive est un élément qu'on chercherait en vain dans les annales antérieures à l'ère chrétienne, et qui n'existe pas, même dans la plupart des nomenclatures des histoires modernes. Nous dirons, en second lieu, que la règle n'est pas applicable, quand la succession chronologique est peu nombreuse ; car on doit comprendre que la somme des dates atteindrait, en pareil cas, un nombre trop élevé. Troisièmement, c'est encore ici le lieu de rappeler que l'orthographe des noms propres est une difficulté embarrassante, puisqu'il conviendrait que chaque nom fût écrit dans la langue à laquelle il appartient. Il s'ensuit que cette dernière loi ne doit régir qu'un nombre de séries assez limité. Mais, d'un autre côté, comme elle est plus compliquée que les précédentes, plus les anneaux de la chaîne sont multipliés, plus la précision des rapports doit surprendre ; précision inouïe, comme on va le reconnaître dans les divers rapprochements qui suivent.

I. GRANDS PRÊTRES DES JUIFS.

Essayons une première application aux **81** grands prêtres dont les noms se trouvent consignés dans les annales juives. Il s'agit donc de prendre le nom du premier de tous, qui est Aaron, composé de cinq lettres, de compter les cinq premières dates ou les années des cinq premiers pontifes hébreux, et de vérifier si la somme de ces dates reproduira 81. Mais, ici, on se trouve arrêté tout court par une difficulté insurmontable. Les années des quatrième et cinquième pontifes, Abizué et Bocci, qui exercèrent sous les Juges, sont absolument inconnues. L'absence de ces éléments nécessaires oblige par conséquent d'opérer sur l'autre point extrême de la nomenclature, fermée par Phannias ou Phanasus, 81e et dernier grand prêtre, dont les deux noms contiennent chacun huit lettres.

Phannias .... Phanasus
8   8

La règle ci-dessus demande donc que nous comptions aussi huit dates, en partant de celle de Phannias, pour remonter jusqu'à la huitième.

		Années de l'avènement	Sommes
81ᵉ	1. Phannias (1) l'an de J.-C. ...	**69** (70)	15
80ᵉ	2. Mathias......................	**64** (65)	10
79ᵉ	3. Jésus, fils de Gamaliel	64	10
78ᵉ	4. Jésus, fils d'Ananus	64	10
77ᵉ	5. Ananus	63	9
76ᵉ	6. Joseph	63	9
75ᵉ	7. Ismaël.......................	63	9
74ᵉ	8. Ananias	63	9
	Somme totale des huit dates		81
	Nombre égal des grands prêtres .		81

« Si toutes les lettres d'un nom, si tous les signes numériques d'une époque, sont invisiblement pénétrés d'un principe de vie, c'est-à-dire, d'un germe et d'une pensée d'avenir ; si leur signification et leur valeur propre recèlent un élément prophétique, à plus forte raison, les faits eux-mêmes, les personnages auxquels se rapportent ces noms et ces dates, doivent-ils participer du même caractère. Car c'est la puissance figurative, c'est l'esprit de divination, qui, assimilé et incorporé aux choses et aux personnages historiques, par l'union la plus intime, doit descendre jusqu'aux simples signes de ces choses, de ces personnages, et non pas venir d'abord de ces signes, pour se communiquer aux faits qu'ils expriment et dont ils dépendent. Tel est l'ordre naturel et nécessaire de cette génération. Or, s'il en était véritablement ainsi, l'histoire tout entière serait une réflexion continue de l'avenir dans le passé, un miroir figuratif des temps futurs, un système universel de types et de prédictions, un ensemble harmonieux d'allusions et de rapports dont le rayonnement infini graviterait surtout vers certaines époques qui domineraient toutes les autres. Voilà où conduisent les fils de l'induction et les règles de l'analogie. Tel est aussi le résultat général et définitif de nos recherches sur les fonctions des nombres (2).

---

(1) Voyez pour cette nomenclature, le dictionnaire de Dom Calmet.
(2) Ouvrage cité, pp. 282-283.

CHAPITRE XI

LES NOMBRES ET LES PEUPLES

Le second ouvrage dont nous publions un long passage a pour auteur le major Robert Bruck, et pour titre : *Manifeste du Magnétisme du Globe et de l'Humanité* (1).

Robert Bruck fut un génie méconnu de sa génération et actuellement bien oublié ; et cependant toute son œuvre est là (2) pour montrer l'exactitude presque absolue de la loi historique et physique posée par lui. En voici l'exposé :

Il démontre de façon positive et irréfutable que la Terre est parcourue par des courants magnétiques suivant la direction approximative des méridiens. Les influences météorologiques et astronomiques modifient la vitesse de ces courants, qui par suite diffèrent sur tous les points de la surface du Globe. Il se trouve donc qu'il existe un méridien magnétique où la vitesse est maxima. Ce courant maxima se déplace de l'Orient vers l'Occident en subissant des fluctuations hebdomadaires, mensuelles,

---

(1) Ou résumé succinct du magnétisme terrestre et de son influence sur les destinées humaines. Bruxelles. Guyot. 1866, pp. 141 à 180.

(2) Robert Bruck, major du génie belge, né à Dirkirch (Luxembourg), est mort à Ixelles, le 21 février 1870. Il est l'auteur de : *Electricité ou Magnétisme du Globe terrestre.* Bruxelles, Delevingne et Callewart, 3 vol. gr. in-8 ; *L'Origine des Etoiles filantes.* Bruxelles, Guyot, 1868, gr. in-8 ; *Etude sur la physique du globe.* Bruxelles, Macquardt, 1869, gr. in-8 ; *L'Humanité, son développement, sa durée.* Bruxelles, 1864, 2 vol. gr. in-8. (Note de l'éd.)

annuelles, quadriennales, seizennales, quinquaséculaires, etc.

Ces courants ont une action très marquée sur l'intensité de la vie végétative, animale, intellectuelle ; cette influence est rendue évidente par des observations en nombre presque infini, *et l'histoire démontre que là où passe le courant magnétique à vitesse maxima, la civilisation et la puissance des peuples dont il active le sol atteignent aussi leur plus grand développement.*

Chaque 520 ans environ, la domination passe chez les blancs, d'un peuple à l'autre, en suivant les lois de remplacement par lesquelles a passé la race tout entière.

Une nation qui parcourt le cycle complet de ses destinées met 520 ans à atteindre sa période la plus haute d'élévation et 520 ans à redescendre progressivement.

Chaque période de 520 ans comprend 32 périodes de 16 ans, plus 2 périodes de 4 ans, une au commencement, l'autre à la fin du cycle.

Ces périodes de 16 ans correspondent aussi à des changements dans la distribution des dominateurs de l'humanité blanche, et, par suite, à des luttes meurtrières plus ou moins intenses entre eux.

Mais n'anticipons pas et laissons parler le major Bruck.

L'électricité circule dans les couches superficielles du globe, avec la vitesse magnéto-électrique des aimants. Ses accumulations la rendent plus libre ; l'influence des milieux où elle se concentre et surtout celle des conducteurs qui aboutissent à ces milieux, influent beaucoup sur sa liberté d'action et d'expansion, et modifient considérablement ses caractères et ses mouvements.

J'ai indiqué dans quelles conditions l'électricité devient galvano, magnéto et nervo-électricité. C'est en cette dernière qualité, comme fluide vital, c'est-à-dire comme cause première, principale, physiologique, agissant sur le monde moral, religioso-philosophique et politique, qu'elle joue son rôle principal. L'étude de ce rôle constitue l'*Humanité*.

Le corps de l'homme n'est, à proprement parler, qu'une machine ou un instrument entretenu par la circulation du sang et par celle du fluide nerveux. Quel est le propulseur du sang et de la circulation nerveuse ? Ce propulseur, dit le *Magnétisme*, doit être indépendant de la volonté de l'homme, puisque celui-ci vit matériellement quand il dort.

Le propulseur du sang, c'est le cœur agissant comme pompe aspirante et foulante, dit la *Physiologie*. Je le voudrais bien, mais il me semble d'abord que cette petite pompe aspirante et foulante possède un pouvoir d'injection si puissant, qu'il serait difficile de ne pas y soupçonner quelque chose de *vital*. Ensuite, admettant la pompe, je demanderai où est le pompier ? La respiration, dites-vous, fait fonctionner la pompe ; alors, qu'est-ce qui fait respirer ? La pompe ! c'est un cercle vicieux. Si la pompe fait respirer, la respiration ne fait pas pomper. S'il y a action réciproque, va et vient, oscillation ou mouvement de balancier. il faut un agent moteur ou propulseur pour entretenir le mouvement.

C'est le système nerveux qui fait fonctionner la machine humaine ; le magnétisme terrestre est le propulseur. Voilà ce qu'établit scientifiquement le *Magnétisme du globe* et ce que prouvera historiquement l'*Humanité*.

Cette dernière établira, jusqu'à l'évidence, que l'humanité s'est développée par périodes quinquaséculaires, et que ces périodes sont précisément celles de la révolution du système magnétique séculaire.

La période quinquaséculaire humanitaire-historique.

Depuis les temps historiques, il y eut toujours un peuple au premier plan de l'humanité, un peuple initiateur ou civilisateur, exerçant pendant une période d'environ cinq siècles une action prépondérante et dominante, physique et morale, sur tous ses voisins.

Ce peuple et ses voisins forment le noyau de l'humanité ; sa capitale en est le centre d'action principale, celui de la civilisation de la période.

Les peuples qui occupèrent ainsi successivement la première place comme *conducteurs* ou *chefs* furent : 1º les Babyloniens ; 2º les Egyptiens ; 3º les Juifs-Phéniciens ; 4º les Grecs ; 5º les Romains ; 6º les Franks ; 7º les Catholiques-Monacaux (1) ; 8º les Français ou Gallicans.

Ces peuples débutèrent vers — 2284 et terminèrent leurs huit périodes en 1830. Divisez 2284 + 1830 par huit, et vous obtiendrez *cinq cent quinze ans pour la durée de chaque période de civilisation*, c'est-à-dire à un an près, la durée de la période magnétique quinquaséculaire de 516 ans.

Le chiffre 2284 étant historiquement peu sûr, prenez — 750 pour la fondation de Rome, ajoutez-y 1830, fin de la période française : divisez 750 + 1830 = 2580 par cinq, et vous aurez cette fois très exactement la période séculaire magnétique de *cinq cent seize ans*.

---

(1) Papauté.

: Examinez attentivement l'histoire, et vous verrez que la période a été de même durée pour tous les peuples-chefs. Cela devait être ainsi !

Je vous donnerai tous les éclaircissements désirables sur ce point, si vous voulez bien me suivre un instant.

Les apogées des périodes humanitaires.

Chaque période de civilisation a un apogée parfaitement établi par l'histoire. Ces apogées sont si ressemblants, que l'on peut appliquer à tous la description de l'un d'eux. Ils signifient puissance physique et morale, grandeur et splendeur !

Les apogées des périodes de civilisation connues, eurent tous lieu à la même époque magnétique séculaire, celle du passage du pôle séculaire sur la capitale, ou mieux, sur le centre des possessions du peuple-chef ; ils ont duré autant que ce passage.

C'est là, je pense, un fait remarquable et concluant, qui fixera peut-être plus sûrement et plus irrécusablement la période politique de la civilisation, qu'elle ne l'a été précédemment. Voici un tableau historique à l'appui de ce que j'affirme. A représente les peuples-chefs ; B, les capitales ; C, les chefs politiques des apogées ; D, les dates réelles du centre des apogées ; E, les différences entre deux apogées successifs ou la durée de la période de la civilisation ; F, la date correspondance périodique quinquaséculaire du centre du règne ; G, la date du passage du pôle magnétique séculaire sur la capitale.

A	B	C	D	E	F	G
1. Babyloniens.	Babylone.	Sémiramis.	— 2012		1600	1598
2. Egyptiens.	Thèbes.	Sésostris.	— 1474	538	1622	1613
3. Juifs.	Jérusalem.	Salomon.	— 981	493	1599	1611
4. Grecs.	Athènes.	Périclès.	— 436	545	1628	1624
5. Romains.	Rome.	Vespasien, Trajan.	93	529	1641	1631
6. Franks.	Metz.	Clotaire II.	613	520	1645	1646
7. Catholicité.	Rome.	Pascal II. Honorius II.	1115	502	1631	1631
8. Francs.	Paris.	Louis XIII (1), Richelieu.	1627	512	1627	1631
9. Francs.	Paris.	Louis XIV (2), Colbert.	»	»	1663	1663
(3)		Moyennes		529	1628	1628

(1) La participation de la France à l'apogée européen ou l'apogée gallicano-européen.

(2) L'apogée français pur.

(3) En étudiant ce tableau, on remarque d'abord que le centre de civilisa-

Le centre du règne de Salomon est en avance de douze ans sur le passage du pôle sur Jérusalem et correspond au passage du pôle sur le centre des possessions juives plutôt qu'à son passage sur leur centre d'action, qui en occupe la limite occidentale.

Le puissant apogée romain, plus occidental qu'oriental, s'allongeant, est un peu en retard.

Le règne énormément et anormalement allongé de Louis XIV (72 ans), dépasse de 32 ans la durée ordinaire des apogées qui est de 40 ans.

Louis XIV commence exactement avec l'époque de l'apogée, en 1643, mais cette époque ne s'étend que jusqu'à 1683, année de la révocation de l'Edit de Nantes.

Voilà les seules irrégularités insignifiantes qu'offre la marche parallèle des apogées des civilisations et des passages des pôles, irrégularités que ces passages expliquent d'ailleurs immédiatement.

La moyenne durée 520 ans qui sépare les apogées, comprend la période de 516 ans, plus le déplacement du centre d'action d'une période à la suivante.

Le centre moyen des règnes d'apogée correspond exactement au passage moyen du pôle magnétique sur les centres de civilisations.

Voilà pour les apogées politiques.

Voici maintenant comment se présentent les apogées philosophiques :

En supposant que A représente le centre du règne ou le milieu de la vie du chef philosophe de la période, B, la date correspondante, et C, le passage du pôle séculaire magnétique, on formera le tableau suivant :

	A	B	C
Salomon	981	1599	1611
Socrate	433	1631	1624
Saint Jean	83	1631	1631
Saint Grégoire le Grand	597	1629	1631
Saint Bernard	1111	1627	1631
Pierre de Cluny	1123	1629	1631
Abeilard	1111	1627	1631
Descartes	1623	1623	1631

tion se déplace en suivant la marche du Soleil par rapport à la Terre, c'est-à-dire d'Orient vers l'Occident, ensuite que l'apogée de la civilisation et de la puissance, pour un peuple, correspond à l'arrivée du pôle magnétique sur sa capitale.

En poursuivant ce tableau, établi sur la période de 520 ans, on voit que le prochain très grand changement de capitale de civilisation arrivera vers l'an 2140 ou 2147, environ.

Voici les chefs historiens :

Thucydide	433	1634	1624
Tacite	97	1645	1631
Grégoire de Tours	570	1602	1631
Suger	1119	1635	1631
Bossuet	1665	1665	1663

Le *Christ* avait *trente ans*, *l'année exacte*, 30 (1578), du passage du pôle sur l'axe de la vallée europo-asiatique, où il prêchait.

Thucydide et *Socrate* avaient chacun *trente ans*, en — 441 (1623) *l'année centrale* du passage du pôle sur Athènes.

Tacite avait *trente ans* en 83 (1631) *l'année centrale* du passage du pôle sur Rome.

Suger avait *trente ans* en 1115, *l'année centrale* de l'apogée catholico-monacal.

Bossuet avait *trente ans* en 1657, année du passage du pôle sur Paris, si l'on fait abstraction du déplacement par périodes seizennales.

Quatre des cinq chefs-historiens des cinq dernières périodes humanitaires avaient trente ans l'année du passage du pôle sur le centre de la civilisation dont ils étaient les représentants. Le cinquième appartient à la période perturbée ou anormale des Franks, qui est elle-même une exception, c'est-à-dire une civilisation *teutonique* égarée au milieu des civilisations *celtiques*, comme on le verra plus loin.

Si c'est là du hasard, il faut convenir que le hasard est parfois bien étrange.

Les chiffres cités plus haut, leur correspondance avec les apogées, la coïncidence de ceux-ci avec les passages du pôle magnétique, établissent irrécusablement la liaison intime et la dépendance des mouvements magnétiques et des mouvements humanitaires.

L'*Humanité* développe et détaille cette liaison, et en tire des conclusions. Elle établit toutes les phases et toutes les époques marquantes de la période séculaire, avec leurs tempéraments et les conséquences de ces tempéraments : les esprits, les caractères, les aptitudes, les allures et les tendances qui se reproduisent identiquement et invariablement de période en période.

Les régions terrestres placées sous le passage du pôle magnétique séculaire, sont momentanément sous l'influence de la circulation magnétique la plus énergique ; c'est-à-dire de celle qui est à la fois la plus dense et la plus active ; c'est donc l'énergie ou la puissance magnétique qui fournit au peuple et à l'humanité l'énergie, la puissance physique et morale.

C'est là un premier fait incontestable.

Un second fait, aussi peu sinon moins contestable, est la durée de la durée de la période de civilisation.

Troisièmement, *un peuple-chef ne gouverne et ne dirige l'humanité que durant une période de civilisation quinquaséculaire*. Quand cette période est finie, le rôle initiateur de ce peuple-chef cesse, et il doit céder la place à un autre, quoi qu'il fasse, car nulle puissance humaine ne peut s'opposer aux forces et aux lois physiques, non plus qu'aux forces et aux lois morales du monde.

L'accord des mouvements magnétiques qui dominent toutes les forces physiques de la terre avec les mouvements moraux, historiques, politiques et religioso-philosophiques, prouve jusqu'à l'évidence que les forces physiques sont à la disposition de l'esprit du monde.

L'ÉPOQUE DE RÉNOVATION ET D'ORGANISATION, ET LA GRANDE PHASE HUMANITAIRE.

Les apogées humanitaires sont précédés, à un siècle de distance, d'une époque magnétiquement aussi remarquable et peut-être même plus remarquable que les apogées ; c'est l'arrivée du système quinquaséculaire dans sa position initiale ou fondamentale colombo-asiatique ; c'est l'arrivée du pôle et du méridien principal par 98°30' de longitude orientale, en coïncidence avec le faîte méridien principal colombo-asiatique ou *avec l'épine dorsale du globe*.

Le système magnétique séculaire occupant cette position, la circulation gagne universellement la plus grande activité, et cette plus grande activité, qui dure trente-deux ans, de 1509 à 1541, fournit à l'humanité et aux peuples la plus grande activité physique et morale.

L'époque de la plus grande activité physique et morale, l'époque *initiale*, est celle de toutes les rénovations et de toutes les organisations. Elle est foncièrement religieuse, enthousiaste, ascétique, puissamment intelligente, révélatrice, et créatrice. Elle dure deux périodes seizennales.

L'humanité lui doit *toutes ses idées*, comme elle doit *toutes ses œuvres* à l'apogée.

La phase (1541-1610) qui sépare ces deux époques puissantes à la fois d'action et d'intelligence, propage les idées de la *rénovation*, que l'*apogée* doit consacrer. Telle est la grande phase humanitaire encadrée entre les deux époques historiques, religioso-philosophiques et politiques les plus fortement accentuées de la période quinquaséculaire, en coïncidence avec la principale phase magnétique comprise entre les deux principales situations et circulations du système quinquaséculaire. L'étude de cette phase prouve, *que l'activation magnétique prédispose à l'activité physique et morale, et que l'énergie physique prédispose à l'énergie et à la puissance physique et morale.*

Epoques et phases humanitaires, périodes seizennales et quadriennales.

La coïncidence des situations morales et politiques, bien déterminées avec les positions magnétiques importantes, dont je viens de montrer les deux principales, se soutiennent à travers toute la période séculaire de civilisation, dans laquelle il existe d'autres époques bien marquées, en dehors de celles de la rénovation et de l'apogée... Les modifications sont *seizennales* et *quadriennales*.

Les situations morales et politiques se règlent si bien sur le mouvement magnétique seizennal, que celui-ci fait généralement disparaître et remplacer les chefs politiques tels que les empereurs, les papes, les rois ou princes régnants quelconques.

Comme le vrai est quelquefois invraisemblable, et que ce qui précède peut paraître extraordinaire ou paradoxal, je dois m'expliquer catégoriquement.

Les derniers mouvements magnétiques seizennaux **1831**, **1847** et **1863** nous sont les mieux connus par les faits et seront les premiers reconnus exacts.

En partant du centre **1847** vers l'avenir et en remontant vers le passé on établit le mouvement seizennal général suivant :

1847 ; 1863 ; 1895 ; (1379) ; 1395 ; 1411 ; 1427 ; 1443 ; 1459 ; 1475 ; 1491 ; 1507 ; 1523.

1847 ; 1831 ; 1815 ; 1799 ; 1783 ; 1767 ; 1751 ; 1735 ; 1719 ; 1703 ; 1687 ; 1671 ; 1655 ; 1639 ; 1623 ; 1607 ; 1591 ; 1575 ; 1559 ; 1543 ; 1527 ; 1511 ; 1495.

En montant et en descendant avec le mouvement seizennal, à partir de **1847** vers la position initiale, on arrive à **1507** et à 1511, parce que la période quinquaséculaire de 516 ans contient trente-deux périodes seizennales, plus une période quadriennale qui doit se perdre. Elle se perd en avant de la position initiale de **1491** à **1495**, ou de 1507 à 1511. Pour cette raison, ces deux périodes quadriennales d'ouverture de la période quinquaséculaire et d'entrée dans la rénovation et dans la grande phase d'action humanitaire, sont fortement perturbées.

Cela étant, voici le mouvement politique de la dernière période humanitaire gallicane, dirigé et dessiné par les règnes des rois du peuple-chef ou de la France :

A, représente le début réel du règne, B, la correspondance quinquaséculaire, C, les mouvements magnétiques quadriennal, biquadriennal ou seizennal, soulignés par un, deux ou trois traits.

	A	B	C
Louis X	1314	1830	1830
Jean Ier	1316	1832	1831
Philippe V	1316	1832	1832
Philippe VI	1328	1844	1843
Jean II	1350	1866	1867
Charles V	1364	1880	1879
Charles VI	1380	—	1379
Charles VII	1422	—	1423
Louis XI	1461	—	1459
Charles VIII	1483	—	1483
Louis XII	1498	—	1499
François Ier	1515	—	1515
Henri II	1547	—	1547
François II	1559	—	1559
Charles IX	1560	—	1559
Henri IV	1589	—	1591
Louis XIII	1610	—	1611
Louis XIV	1643	—	1643
Louis XV	1715	—	1715
Louis XVI	1774	—	1775
Napoléon Ier (Consul)	1799	—	1799
Id. (Empereur)	1804	—	1803
Louis XVIII	1815	—	1815
Charles X	1824	—	1823
Louis-Philippe	1830	—	1831
Louis-Napoléon (Président)	1848	—	1848
Id. (Empereur)	1852	—	1852

Dans ce tableau, la coïncidence des mouvements politiques avec les mouvements magnétiques est irrécusable et évidente.

Les dates 1421, 1525, 1631 et 1660 sont magnétiques fondamentales, comme 1267 (1783) et 1315 (1831).

Les dates *fondamentales magnétiques* sont *centrales* pour les règnes principaux, comme ce fut le cas pour la dernière période de civilisation, pour les règnes de François Ier, de Louis XIII — Richelieu et de Louis XIV — Colbert.

Les dates qui ouvrent et terminent ces règnes sont fondamentales, comme leurs centres, bien que les trois règnes ci-dessus de la dernière grande phase humanitaire, ceux de François Ier, de Louis XIII et de Louis XIV, soient tous les trois en retard de quatre ans ou d'*une période quadriennale* sur le mouvement seizennal général.

Pour couper court aux objections du sophisme et de l'empirisme, écartons toutes les dates fondamentales d'entrée dans les règnes principaux et, par conséquent, les preuves les plus évidentes de la coïncidence du mouvement politique avec le mouvement magnétique ; ne conservons que les coïncidences *seizennales générales*, il restera dans le tableau précédent *dix* changements de règne en coïncidence avec le mouvement magnétique seizennal général. Un mouvement seizennal comprenant souvent *trois* années, celle du mouvement, celle qui finit la période précédente et celle qui commence la période suivante, le nombre des coïncidences *probables* des changements de règnes avec ces mouvements triennaux est de 3/16 ou de *quatre* pour les 22 règnes du tableau précédent.

Ainsi, en réalité et en dehors des dates magnétiques fondamentales et principales, le mouvement triennal de la période seizennale magnétique amène dans la dernière période séculaire *dix* changements de règnes au lieu de *quatre* changements probables.

C'est le hasard qui produit ces coïncidences, disent le sophisme et l'empirisme !

Singulier hasard, en vérité, qui se *reproduit aussi nettement et dans les mêmes proportions dans toutes les périodes séculaires catholique franke, etc., comme sur tous les trônes, sur ceux des empereurs d'Allemagne et d'Orient comme sur le siège pontifical, et sur le trône de tous les souverains héréditaires ou électifs de tous les temps historiques et de toutes les régions européennes.*

Si le lecteur n'est pas convaincu qu'il examine encore le tableau suivant :

	Dates réelles	Dates magn
Traité de Madrid	1526	1527
— de Crépy	1542	1543
— de Cateau-Cambrésis	1559	1559
— de Monçon	1626	1627
— de Bernwald	1631	1631
— de Prague	1635	1635
— des Pyrénées	1659	1659
— d'Aix-la-Chapelle	1668	1667
— de Westminster	1674	1675
— de Nimègue	1678	1679
— de Ryswyck	1697	1695
— d'Utrecht	1713	
— de Bade	1714	1715
— des Barrières	1715	
— de la Haye	1717	
— de Vienne	1738	1739
— de Belgrade	1739	
Paix honteuse de Paris	1764	1763
Traité de Paris	1783	1783 (1)

Ce tableau renseigne tous les traités de paix de la dernière période séculaire depuis le centre de la rénovation jusqu'à celui de la *transformation*. Or nul ne contestera que les traités de paix exercent une influence sur les allures politiques des peuples et qu'assez généralement ce sont des actes qui ont pour objet, soit d'ouvrir, soit de fermer une période d'action.

---

(1) En poursuivant la liste de ces dates données par la période de 16 ans, nous obtenons : 1783-1799-1815-1831-1847-1863-1879-1895-1911-1927-1943.

Chacune de ces périodes de 16 ans étant composée de quatre périodes de 4 ans, nous obtiendrons, en partant de 1863, les dates suivantes : 1863-1867-**1871**-1875-1879-1883-1887-1891-1895-1899-1903-1907-1911-**1915**-1919-1923-1927-1931-1935-1939.

Les grands changements dans l'équilibre des humanités composant la race blanche se produisent à l'une de ces époques.

Six traités sur *seize* changent les allures politiques du peuple-chef de la dernière période séculaire durant les mouvements magnétiques *seizennaux-généraux*, tandis que les trois seizièmes des probabilités n'exigent que *trois* coïncidences. Le rapport des coïncidences réelles à celles probables est aussi fort pour les traités de paix que pour les changements de règnes.

Trois des *seize* traités ci-dessus appartiennent aux trois dates *absolument fondamentales* 1525, 1631 et 1783. *Le traité de Troyes en* 1420 complète la coïncidence pour les *quatre dates fondamentales ou initiales*, comme suit :

Troyes	en 1420	1421
Madrid	en 1526	1525
Bernwald	en 1631	1631
Paris	en 1783	1783

Voilà les quatre dates fondamentales politiques et magnétiques de la dernière période séculaire rigoureusement coïncidentes ; ce sont celles des doubles passages rigoureux du méridien magnétique principal séculaire sur les faîtes méridiens colombo-asiatique et europo-polynésien ; ce sont les dates de l'arrivée du système magnétique quinquaséculaire dans ses positions fondamentales et initiales.

La mise en évidence par l'histoire de l'influence physiologique, religioso-philosophique et politique du magnétisme terrestre et de ses mouvements, prouve d'abord que, tous tant que nous sommes, pape, empereur, roi, prince, philosophe, moraliste, historien ou législateur, nous sommes aussi impuissants à provoquer ou à arrêter un mouvement magnétique de la physique générale du globe. L'homme n'est pour rien dans aucune situation ; il trouve les situations toutes faites, et ne peut que hâter ou retarder leur marche, faciliter ou gêner les solutions et rendre celles-ci plus ou moins complètes.

L'*Humanité* est une étude du tempérament, de l'esprit, des tendances et des aptitudes de toutes les époques et de toutes les phases de la période séculaire, dont elle dessine ainsi toutes les situations morales et politiques.

La mise en évidence par l'histoire des conséquences physiologiques, religioso-philosophiques et politiques des mouvements magnétiques, donne à l'analyse de ces mouvements, c'est-à-dire au *Magnétisme du globe* et à l'*Humanité*, une importance telle, que leur étude doit être placée au premier rang. Elle donne à l'histoire même une valeur scientifique, en projetant un jour nouveau sur les faits qu'elle signale et sur les événements dont elle recherche la cause ou juge les effets.

La mise hors de contestation par l'histoire de l'influence et des conséquences physiologiques des mouvements magnétiques, corroborerait et rendrait évident ce que j'ai dit de l'origine des épidémies.

Les pestes sont des accompagnements constants des grands mouvements magnétiques et politiques, et elles ont pour compagnons inséparables les famines, les guerres, les convulsions politiques et les perturbations physiques, les tremblements de terre, les éruptions volcaniques, etc. Les époques les plus puissantes et les plus splendides sont celles des plus grandes convulsions et des plus grandes perturbations ; ce sont les apogées. Aucun apogée ne le prouve mieux que le dernier, celui de 1631.

Cependant les apogées grec, romain, frank, et catholique ne furent pas sous le rapport volcanique moins remarquables que le dernier apogée français. Celui-ci commença en 1610 avec une *colossale* éruption de l'Etna, prolongée sans interruption pendant *dix ans*. Son année centrale, 1631, fut signalée par le principal fait volcanique européen connu, par la réouverture quinquaséculaire du Vésuve, resté muet pendant toute la période catholique et qui reprit ses fonctions l'année même de l'arrivée du pôle dans la position initiale méridienne d'Europe dont le Vésuve et l'Etna font partie, *après cinq siècles de silence et après six mois de secousses violentes*.

L'Etna, qui avait ouvert l'apogée européen en 1610, le ferma en 1643, après avoir signalé le passage central par une *éruption quadriennale* en 1634. Ces éruptions de l'Etna sont toutes signalées comme *colossales*.

En 1138 (1654), le mouvement seizennal de clôture de l'apogée catholique fut signalé par une éruption du Vésuve également renseignée comme *colossale*.

Dans l'année 1631, déjà citée, le peuple-chef et la tête momentanée septentrionale de l'humanité, s'unissent à Bernwald, pour accomplir *la mission de la période*, l'affranchissement définitif de l'idée chrétienne au premier, deuxième et troisième degré, la *suprématie du gallicanisme*, *l'indépendance de l'anglicanisme* et la *tolérance du teutonisme*, trois conquêtes arrachées par les armes au *catholicisme*, qui reçut un coup mortel et recula de cinq siècles en même temps que l'empire d'Allemagne, deuxième terme teutonique qui devait finir avec la période, fut tué. Cette mission fut accomplie la même année centrale dans les plaines fatidiques du teutonisme, à Leipzig, par celui qui était alors le chef moral et militaire de l'Europe, par Gustave-Adolphe, au milieu de la plus épouvantable peste européenne que l'histoire ait enregistrée.

C'est vers cette même année que Descartes débuta (*Traité du monde*, 1633) et que Galilée produisit son œuvre capitale : *les quatre dialogues sur les systèmes du monde de Ptolémée et de Copernic*.

Les apogées catholique et frank nous sont moins connus ; il est probable cependant que l'on trouverait des faits analogues si on compulsait les chroniques vers 1115 et 599.

Quant aux accompagnements obligés des apogées dans les périodes grecque et romaine, on les trouve parmi les faits principaux enregistrés par l'histoire, et qui sont :

La destruction d'Herculanum et de Pompéi et la mort de Pline, l'un des deux chefs moraux de l'apogée romain (1) ouvrant avec Titus la période quadriennale centrale 79-83 (1627-1631) de cet apogée, au milieu d'une peste effrayante.

La peste qui enleva Périclès, en — 429 (1635), clôtura la période quadriennale centrale de 425-429 (1631 à 1635), la deuxième année de la guerre du Péloponèse au centre des splendeurs morales et de la toute-puissance grecque.

Ainsi :

Herculanum-Pompéi et la peste de Rome en ..	79	1627
La principale éruption connue du Vésuve et la peste européenne en		1631
La peste d'Athènes en	— 429	1635

marquent le mouvement quadriennal du passage du pôle magnétique sur l'axe du faîte méridien central européen et des apogées européens depuis vingt-cinq siècles, depuis la période grecque jusqu'à nos jours.

SITUATION GÉNÉRALE DE L'HUMANITÉ ET SES CONSÉQUENCES.

La situation générale de l'humanité, la position relative des peuples qui la composent, les principes rationnels d'histoire, de religiosophilosophie et de politique, c'est-à-dire des règles de conduite positives pour ces peuples, résultent directement du développement et du dépérissement des peuples destinés à se succéder comme initiateurs, civilisateurs et dominateurs à la tête de l'humanité.

Le développement de ces peuples se fait en deux périodes quinquaséculaires que j'appelle *le premier terme* ; leur dépérissement lent, mais incessant et continu, dure le même temps ; je l'ai appelé *deuxième terme*, et l'histoire lui a donné le nom de *Bas-Empire* ;

---

(1) Les deux chefs moraux romains en dehors du mouvement chrétien sont Pline et Tacite.

Rome a fait ses deux termes complets : le premier à Rome et le deuxième à Byzance.

Les Teutons également ont fait leurs deux termes complets : le premier, frank, à *Metz* et le deuxième, allemand, à *Nuremberg*.

La Rome catholique commence sa quatrième et dernière période.

La France a commencé sa troisième période ou a débuté dans son deuxième terme, en 1848.

L'Angleterre entre dans sa deuxième et principale période celle de l'initiation et de la conduite de l'humanité.

La Prusse fait son entrée en première période (1).

Telle est la situation générale de l'Europe aujourd'hui. Elle précise la règle de conduite de chacun.

La première période de la Rome païenne de — 750 (1830) jusqu'à Zama en — 202 (1862), fut celle de son développement préparatoire. Sa deuxième période depuis — 202 (1862) jusqu'en 330 (1878) fut celle de son gouvernement universel.

Dans sa troisième période (première comme empire d'Orient) l'empire gréco-romain d'Orient lutta avec avantage contre la destruction par dissolution.

Dans sa quatrième et dernière période, la destruction par dissolution de l'empire gréco-romain d'Orient marcha rapidement.

Dans chaque période séculaire-humanitaire, quatre peuples se trouvent donc en présence. Les numéros *un*, *deux*, *trois* et *quatre* en *première*, *deuxième*, *troisième* et *quatrième* périodes. Ces peuples constituent le noyau actif de l'humanité durant la période. Tout ce qui se passe en dehors de ce noyau n'a qu'une importance secondaire.

Le numéro *un*, hardi et agressif, cherche le mouvement et l'action, et ne rêve que bouleversements.

Le numéro *deux*, calme et fort, puissant et orgueilleux, égoïste et impérieux, rapporte tout à lui, ne voit que lui, domine et impose sa domination au loin par la force, si on lui résiste ; son rôle d'initiateur l'y oblige.

Le numéro *trois*, bien que plus calme, partage la domination et la mission initiatrice avec le numéro deux, auquel il reste supérieur en beaucoup de points, surtout dans le développement des intérêts matériels, au moins durant la première moitié ascendante de la période. La supériorité du numéro *deux* ne se manifeste définitivement qu'à travers la grande phase humanitaire et ne devient évidente qu'à l'apogée.

---

(1) On voit que Bruck a pu annoncer, dès 1866, les victoires certaines de la Prusse.

Le numéro *quatre*, provocateur comme le numéro un, ne rêvant que guerre et carnage, reçoit tous les coups et sort mutilé de toutes les bagarres de la période, à la fin de laquelle il disparaît.

C'est le numéro *deux régnant* qui tue le numéro *quatre*. Il est secondé dans sa tâche par les numéros *un* et *trois*.

Un nouveau numéro *un* se prépare durant la période, pour être prêt à prendre la place du numéro *quatre*, au moment de la sortie de ce dernier du mouvement politique universel.

Les peuples *un* et *deux* en premier terme *gagnent*, et les *trois* et *quatre* en deuxième terme *perdent* forcément dans toutes les comotions (sic) politiques ou dans les luttes à main armée. Ces luttes développent et fortifient les peuples *un* et *deux*, en premier terme ; elles épuisent et détruisent les peuples *trois* et *quatre*, en deuxième terme.

Les peuples jeunes et vigoureux cherchent querelle aux vieux, par tempérament. Ils ont le sentiment de leurs destinées ; ce sentiment leur donne une grande confiance dans l'avenir. Ils semblent pressentir que les résultats définitifs leur seront favorables.

Modérer le besoin d'action du numéro *un* et l'orgueil du numéro *deux* ; maintenir intactes le plus longtemps possible les forces physiques et morales du numéro *trois* ; adoucir la chute du numéro *quatre*, en amortissant les effets de cette chute : *tels sont les principes essentiels de la politique rationnelle.*

Les quatre peuples qui ont successivement formé le noyau de l'humanité sont :

Dans la période : 1	2	3	4
Grecque.	Rome.	Grèce.	Juifs.	Egyptiens.
Romaine.	Franks.	Rome.	Grèce.	Juifs.
Franke.	Catholiques.	Franks.	Rome.	Grèce.
Catholique.	France.	Catholiques.	Allemands.	Gréco-Romains.
Française.	Angleterre.	France.	Catholiques.	Allemands. (*Autriche*)
Anglaise.	Prusse.	Angleterre.	France (1848).	Catholiques (1).

(1) Le peuple russe est appelé à entrer en ligne et à occuper dans le tableau des évolutions la place chiffrée par le nombre 1.

Cet événement se produira quand la papauté sera sur le point de disparaître, quand l'Angleterre aura été vaincue par l'Allemagne, alliée soit à la France, soit plutôt à la Russie.

L'écrasement de l'Angleterre marquera l'entrée de la Russie en pleine activité.

Il faut donc ajouter les deux lignes suivantes au tableau ci-dessus :

Dans la période :	1	2	3	4
Prussienne	Russie	Prusse	Angleterre	France
Russe	France et Union latine	Russie	Prusse	Angleterre

D'après les prophéties, en effet, la France, unifiée par l'Union latine, doit refaire encore un nouveau et très brillant cycle. Cf. Papus : *Le conflit Russo-Japonais et les nombres magnétiques*, 1904.

La Grèce effaça les derniers vestiges égyptiens.
Rome dispersa les derniers débris juifs.
Les Franks commencèrent la destruction de la Rome païenne hellénisée.
La catholicité détruisit l'empire d'Orient.
La France détruisit le deuxième terme teutonique allemand.
L'Angleterre détruira la catholicité politique.
Voilà les grands traits de l'histoire.

La marche régulière de l'humanité exige l'accord des numéros *deux* et *trois*, c'est-à-dire de ses principales forces physiques et morales.

L'univers entier ne peut rien contre le peuple *deux*. Il ne pourra donc rien, à plus forte raison, contre *deux* et *trois* ligués ensemble.

Les phases d'action.

Les chocs des numéros *deux* ou *trois* produisent les effets les plus terribles et les époques les plus troublées et les plus violentes. Ces époques se sont représentées avec la même périodicité que les rénovations et les apogées ; elles s'étendent de 1543 à 1610 et les dates correspondantes antérieures. Leurs années centrales, 1575 ou 1578, milieux des grandes phases humanitaires, comptent parmi les années les plus perturbées, physiquement et physiologiquement de la période.

La grande phase juive fut celle de David ; elle eut pour centre la date de la peste de — 1005 (1575).

La phase grecque fut celle de Miltiade, Thémistocle, etc., ou la lutte des Grecs contre les Perses.

La phase romaine fut celle des Tibère, Caligula, Claude, Néron ; des Agrippine et des Messaline, et des persécutions des chrétiens.

La phase franke se termina par la lutte entre Frédégonde et Brunehaut.

La phase catholique fut remplie par Grégoire VII, Henri IV d'Allemagne, la comtesse Mathilde, les Guelfes et les Gibelins.

Dans la dernière phase, la lutte entre le gallicanisme et le catholicisme fut plus accentuée que la précédente entre le catholicisme et les Allemands.

Charles IX, Henri III et Henri IV d'un côté, Philippe II, Médicis, Marie Tudor, les Guises et le duc d'Albe furent des chefs d'action qui ne reculèrent pas devant l'emploi de la force.

C'est la phase de l'action, mais de l'action violente, préparant la puissance, la grandeur et la splendeur de l'apogée.

La période humanitaire est ascendante jusqu'à l'apogée et descendante de l'apogée à la fin. La demi-période ascendante est spiritualiste ; son spiritualisme grandit avec son intelligence et développe ses forces physiques aussi bien que ses forces morales jusqu'à l'apogée.

Les phases de la réaction morale.

La demi-période séculaire descendante est matérialiste et sensualiste. Le matérialisme et le sensualisme, avec toutes leurs conséquences, atteignent un maximum de développement vers le centre de la demi-période descendante.

L'époque de ce maximum est la contre-partie de l'apogée ; c'est celle de la *subversion morale* et de la *dissolution* ; celle du libertinage et de la débauche, des cruautés et des crimes ; c'est une époque encyclopédique, empirique, verbeuse, inintelligente, destructrice des forces physiques et morales. Elle commence aux dates correspondantes à 1703, atteint son centre en 1745 et finit en 1783.

Elle eut pour représentants et produisit : dans la période juive ; — Achab, Jézabel, Joram, — 876 (1704) ; Joram, Athalie et Joas — 831 (1749). — *Baalisme*.

Dans la période grecque : — le joug macédonien, la guerre lamiaque, etc. vers 318 (1746) — *épicurisme*.

Dans la période romaine : — Commode, 180 (1728) ; Sévère, 293 (1741) ; Caracalla, 211 (1759) ; Héliogabale, 218 (1766). Persécution principale de Sévère : *gnosticisme* ; *philosophisme subversif Alexandrin* (*Marcion, Montanus*, etc.).

Dans la période franke. — Les rois fainéants, la débauche monacale, les ténèbres épaisses de la superstition, la verbosité légendaire, Justinien, Léonce, Absimare, — Tibère, Philippique et Anastase II, 713 (1745). — *L'Iconoclastie*.

Dans la période catholique. — Les Albigeois, les Stadings, les Dominicains ; la superstition, les crimes et les cruautés ; la débauche des templiers ; le redoublement de la débauche monacale universelle ; les galanteries ; les cours d'amour ; la Reine Blanche et le comte de Champagne ; la révolte de Couci contre Louis IX. Le retour périodique du manichéisme et du baalisme albigeois et du *satanisme* des Stadings, 1229 (1745).

Dans la période française. — Louis XV, Pompadour, Dubarry, Terray, Maupeou, Law. — Inintelligence, irréflexion, verbosité ; esprit antiphilosophique et irréligieux ; incapacité. Dissolution générale par le libertinage et la débauche. Défaites honteuses des meilleures armées, par incapacité de généraux désignés par des favorites. — Etalage ostensible de tous les vices publics et privés. — Démolition morale par Voltaire et Rousseau. — Abjection philosophique de Condillac et d'Helvétius au-dessous de tout ce que l'empirisme, le scepticisme et le cynisme des périodes antérieures avaient pu produire. — Matérialisme et sensualisme universels dans toute leur plénitude et avec toutes leurs conséquences (1745).

On peut se demander si, abstraction faite de toute idée théorique, et en ne tenant compte que de la période humanitaire, historique, clairement indiquée et nettement établie par les apogées des différentes périodes de civilisation, c'est le hasard qui fait ainsi correspondre rigoureusement époque pour époque et année pour année toutes les vertus et toutes les grandeurs humaines ?

Si c'est le hasard qui accumule ainsi dans une même phase de trois périodes seizennales 1719, 1735, 1753 et 1767, tous les vices, toutes les faiblesses, toutes les lâchetés, tous les crimes, toutes les cruautés et toutes les abominations, aussi bien que toutes les aberrations, toutes les subversions : le matérialisme et sensualisme, le libertinage et leur sœur la débauche ?

Si c'est le hasard, enfin, qui a produit toutes les correspondances du tableau suivant :

(1) A		B	
Salomon	1611	Baalisme	1734
Socrate	1628	Epicurisme, scepticisme et cy-	
Saint Jean	1631	nisme	1753
Titu	1631	Gnosticisme et Manichéisme	1745
Saint Bernard	1631		
Pierre de Cluny	1631	Albigeois et stadings ; Baalisme	
Abeilard	1631	et Manichéisme	1745
Suger	1631		
Descartes	1623	Libertinage, débauche et ency-	
Bossuet	1665	clopédisme irréligieux, sceptique et cynique	1745

Est-ce encore par hasard que Lamoignon appartient à 1647 et Maupéou à 1743 ; que Rocroi, Fribourg, Condé et Turenne appartiennent à 1643 et Soubise et Rossbach à 1757 ; que Colbert est de 1642 et Terray de 1747 ?

Est-ce le hasard qui a amené Luther, L'Hospital, Copernic, et Michel-Ange en 1525 ; Bacon, Képler, Galilée, Descartes, Richelieu, Molé, Poussin, Lesueur, Rubens, Vélasquez, etc., en 1631 ?

N'en croyez rien, cher Lecteur. Ces mêmes hommes, ou au moins leurs esprits, avaient paru à toutes les époques exactement corres-

---

(1) A, apogée ; B, phase de la dissolution et de la subversion.

pondantes des périodes humanitaires antérieures ; ils reparaîtront à toutes les époques correspondantes futures, pour créer, développer et proclamer les principes, les idées et tous les produits des civilisations successives. Ces hommes, il y a vingt-deux siècles, s'appelaient Pythagore, — 539 (1525), Socrate, Thucydide, Zeuxis, Phidias, etc., en — 433 (1631).

Ces mêmes hommes furent toujours suivis à un siècle de distance, par des démolisseurs et des destructeurs, nécessaires pour achever les périodes courantes, et amener leur disparition et leur remplacement. C'est, en effet, dans la phase de la dissolution que se prépare le mouvement rétrograde des quatre peuples actifs : que le *numéro quatre* reçoit le coup de grâce (1) ; que le *numéro trois* recule (2) ; que l'organisme du *numéro deux* est détruit et préparé par le deuxième terme, et que le *numéro un* se fortifie et se prépare définitivement pour sa mission, comme *numéro deux*.

En même temps que le *numéro quatre* reçoit le coup de grâce, le *numéro futur* se dessine. Dans la dernière période, le futur numéro *un* s'est préparé dans la guerre de *sept ans*, laquelle se fit aux dépens du *numéro quatre*.

Le mouvement rétrograde de la dernière période de civilisation est aussi simple que complet.

Tous les systèmes et organismes politiques dissous dans la phase de la démolition sont transformés, et le mouvement rétrograde est effectué, immédiatement après la phase, par l'époque de *transformation* de 1767, 1783, 1799 et par le tremblement de terre général, politique et guerrier, qui suit cette époque et qui occupe la période seizennale 1799 et 1815.

Je le répète, ce qui précède est indépendant de toute idée théorique et ressort d'une étude attentive de l'histoire ; mais il est bien certain que les véritables situations politiques étant connues par leurs causes, les dates centrales et les durées rigoureuses des époques et des phases et l'esprit de celles-ci étant établies scientifiquement et *a priori*, les convictions acquièrent plus de force et de précision, et les idées plus d'étendue et de netteté. Certaines parties de l'histoire de l'humanité ne peuvent même être éclaircies que par l'intervention du magnétisme et du géologo-magnétisme terrestres.

Il n'existe et il n'a jamais existé de hasard, pas plus dans le monde moral religioso-philosophique et politique que dans le monde physique.

Le scepticisme de la dernière dissolution qui, sous prétexte de

---

(1) Guerre de la succession d'Autriche (1741-1748) et de sept ans.
(2) Quadruple alliance contre l'Espagne et destruction des Jésuites.

détruire la superstition, a supprimé toute espèce de loi morale, n'est pas plus judicieux que l'empirisme qui, de crainte d'aberration théorique, a banni l'idée des sciences, prétendant tout appuyer sur des lois, et rejetant *a priori* le moyen de les découvrir.

On admet que les perturbations physiques, atmosphériques et terrestres sont réglées par des lois, et l'on voudrait que le hasard seul dirigeât les convulsions politiques et les crises morales des peuples ! Cela n'est pas logique.

Epoques et phases de la période humanitaire.

Les principales phases et époques de la période humanitaire sont

L'époque de constitution (1)............	1830-1848-1865
— de préorganisation (2).........	1405-1421-1437
— d'organisation (3)............	1509-1525-1541
— d'apogée (4)................	1610-1631-1651
— de transformation (5).........	1767-1783-1799

Ces époques sont séparées par des phases dont les principales sont :

La phase d'action de...................	1541 à 1610
La phase de la réaction ou de la subversion.	1707 à 1767

Comment se fait-il que quand une époque arrive, elle amène invariablement avec elle son chef politique doué de toutes les qualités requises pour accomplir sa mission ?

Pourquoi cela s'est-il vérifié dans tous les temps et dans toutes les régions ?

Comment se fait-il que dans les monarchies héréditaires le chef politique naît tranquillement près du trône ?

Comment se fait-il que ce chef naît à point pour avoir l'âge nécessaire au début de l'époque, et qu'il dure exactement autant que cette époque ? Ce fut le cas pour François Ier (1515 + 32 = 1547) et

---

(1) Passage du méridien principal quinquaséculaire sur la vallée europo-asiatique par 57°30' de longitude orientale. Les faits historiques établissent très bien les phases et les époques. Les développements considérables que contient l'*Humanité* à ce sujet ne peuvent pas se condenser suffisamment pour trouver place ici.

(2) Passage du pôle secondaire quinquaséculaire sur le faîte méridien central européen.

(3) Position initiale, ou arrivée du pôle dans la position initiale d'Asie.

(4) Passage du pôle sur le faîte européen.

(5) Arrivée du pôle dans la position initiale colombienne.

Louis XIII (1610 + 32 = 1643), qui occupèrent rigoureusement les deux périodes seizennales qu'ont duré les époques de *rénovation* et d'*apogée*, c'est-à-dire les deux époques principales de la dernière période séculaire.

Comment se fait-il que, quand le chef politique est électif, *il arrive plus difficilement* que quand il est héréditaire ; que l'élection tâtonne et que généralement les hommes des situations quelque peu difficiles ne réussissent qu'après plusieurs élections faites dans des convulsions et des perturbations politiques qui, enlevant les premiers élus, ne s'arrêtent que devant les hommes de la situation ? Cela est si vrai que les élections des chefs et les circonstances politiques sans lesquelles ces élections se font, indiquent mieux les époques des grandes perturbations physiques et physiologiques que l'observation des phénomènes immédiats qui en résultent.

L'esprit ou l'âme du monde a fourni à l'humanité :

Comme constituants. — Lactance, Scot Erigène, Occam, Constantin et Napoléon III.
Comme préorganisateurs. — Saint Ambroise, saint Augustin, d'Ailly, Théodose et Charles VII.
Comme organisateurs. — Samuel, Daniel, Pythagore, saint Benoît, Gerbert, Luther, Clovis et Théodoric.
Comme chef des apogées. — Moïse, Salomon, Socrate, saint Jean, saint Grégoire le Grand, Pierre de Cluny, saint Bernard, Descartes, Bossuet, Ramsès, Périclès, Titus-Trajan, Godefroy de Bouillon, Gustave Adolphe et Richelieu.
Comme dissolvants et destructeurs. — Athalie, Commode, Sévère, Héliogabale, Absimare-Tibère, les Dominicains, Pompadour, du Barry, etc.
Comme dernier grand éclat. — Valérien, Charlemagne, Boniface VIII et Napoléon Ier.

Ainsi l'esprit du monde modifie régulièrement toutes les périodes seizennales simples, doubles ou triples, renverse les idées, enlève et balaie les hommes et leurs systèmes !

Qui pourrait soutenir après cela que cet esprit est étranger aux affaires humaines, au développement et à la transformation de la société ?

L'humanité atteint périodiquement toute sa hauteur morale spiritualiste avec Socrate, saint Jean et Descartes à l'époque de sa plus grande énergie physique ; un siècle après cette époque elle plonge périodiquement dans les bas-fonds fangeux du matérialisme, du sensualisme et se dégrade dans sa plus grande faiblesse physique et morale.

Le matérialisme et le sensualisme et toutes leurs conséquences vicieuses, produits de l'égoïsme et de l'individualisme exagérés sont des infirmités dissolvantes de l'humanité aussi rigoureusement périodiques que les vertus des hauteurs morales, spiritualistes, socratiques et cartésiennes.

Le lecteur trouvera cette démonstration complète et définitive dans l'*Humanité*, où il pourra la dégager de toute idée théorique et ne la juger que par les faits historiques.

L'humanité doit s'appuyer sur les principes et les faits de ses grandes phases humanitaires, morales et spiritualistes qui correspondent à 1510-1647, et surtout sur ceux des apogées qui, correspondant de 1610 à 1652, clôturent cette phase. Elle doit répudier tous les produits de la phase de la réaction morale et n'accepter l'héritage de la transformation que sous bénéfice d'inventaire.

Telle est l'une de ses principales règles de conduite positives en religioso-philosophie et en politique.

But et action de la grande phase humanitaire de la dernière période.

La *première année* 1510 de la dernière grande phase humanitaire débuta par la réforme. Si ses débuts eurent lieu à l'époque opportune, ils se présentèrent aussi sur le terrain le mieux choisi. Ce sont les chefs moraux du peuple-chef, c'est le *clergé gallican* ou *français*, réunis en concile à Tours et à Lyon, qui ont ouvert la réforme, en reprenant l'œuvre des conciles de Constance et de Bâle et en suspendant le pape.

Durant l'époque *religieuse* d'organisation et de rénovation, 1510, 1525, 1543 et 1547, l'*Europe tout entière était animée de sentiments favorables à la réforme* (1).

Le clergé d'Allemagne acclama les résolutions des conciles de Tours et de Lyon.

Durant l'époque religieuse de rénovation, la catholicité monacale ne souffla mot. Elle savait d'instinct que les circonstances ne lui étaient pas favorables ; aussi s'opposa-t-elle à la réunion des conciles, *jusqu'à la dernière année de l'époque* signalée par la disparition de François 1er, de Henri VIII et de Luther. C'est cette même année que le concile de Trente ouvre la carrière aux Jésuites ; l'action commence ; elle grandira rapidement, et bientôt ses conséquences apparaîtront. La période seizennale 1543-1559 qui suit la rénovation, prépare la

---

(1) Moins l'Espagne et l'Italie qui sont les vieilles régions catholiques.

lutte qui éclatera dans la période seizennale 1559-1575. La recatholisation agit avec fureur dès la fin de cette période seizennale et durant toute la période suivante (1575 à 1591), qui est celle de la lutte à outrance. La recatholisation occidentale finit avec la période à *Arques* et à *Ivry*.

C'est la période seizennale centrale (1567-1583), formée des deux moitiés 1567-1575 et 1575-1583, qui est la plus perturbée, la plus violente et la plus sanglante ; cette période comprend la Saint-Barthélemy et le sac d'Anvers.

La lutte définitive reprend ; mais cette fois sous le méridien fondamental central de l'Europe, sur le plateau méridien et non sous le méridien de la civilisation courante ; elle reprend dès le début de l'apogée, au moment où le méridien magnétique séculaire, arrivant dans la position initiale fondamentale européenne, anime extraordinairement le plateau méridien central, comprenant : l'Italie, l'Helvétie, la Souabe ou la Vallée du Rhin avec ses affluents de Bâle à Mayence, la vallée du Wéser, le Thuringe, les Hesses, le Brunswick, le Hanovre, le Danemark et la Scandinavie.

La principale action se manifeste dans les régions septentrionales danoises et scandinaves du plateau (les plus rapprochées du pôle) et durant la période seizennale centrale 1623 à 1639. Danoise à son début, avec Chrétien IV, elle devient française et suédoise par la plus grande activité morale unie à la plus grande énergie morale et physique du moment, et elle prend pour chef Gustave-Adolphe, le héros, le Godefroy de Bouillon de la période séculaire française.

L'époque de la rénovation avait fourni les idées et montré le but ; la phase d'action brisa les obstacles ; l'apogée atteignit le but, consacra les idées et conquit le progrès de la période. La *dernière année* de l'apogée européen restreint (1631 + 16 = 1647), le but universel européen de la dernière période de civilisation française est atteint et réglé par le traité de paix de Wesphalie, premier monument du droit public européen.

Quel était ce but ?

Pour le savoir, consultons les peuples en présence qui étaient : 1º L'Angleterre ; 2º La France ; 3º la catholicité ou papauté, et 4º le deuxième terme teutonique ou allemand.

Le *numéro quatre*, l'empire d'Allemagne, est brisé et sa dissolution est préparée.

Le *numéro trois* est battu, supplanté par le numéro deux, et prend définitivement ses plus belles possessions, ses dernières conquêtes ; il subit une première amputation, après de graves échecs.

Le *numéro deux* gagne de toute façon et prend la suprématie ; sa qualité de peuple-chef devient évidente.

Le *numéro un* fait son organisation définitive pour son compte particulier.

L'avènement du futur *numéro un*, de la Prusse, est préparé.

Tel est le mouvement politique ; il est sinon accompli, au moins préparé ; il se terminera par une décomposition lente d'un peu plus d'un siècle, et pendant ce temps, les secousses ébranleront le vieux noyau, dessineront et faciliteront le mouvement qui doit s'accomplir dans la transformation 1767-1799 et dans la période seizennale 1799-1815 de la grande secousse universelle qui règlera les comptes définitifs.

L'esprit et le progrès moral et matériel de l'humanité.

La grande phase humanitaire est, avant tout, puissamment morale. Elle est formée par les deux principales époques de la période séculaire, l'époque religieuse et révélatrice de la rénovation (1) et celle plus philosophique, plus réfléchie, plus déductrice et plus inductrice de l'apogée (2), réunies l'une à l'autre par la phase religioso-philosophique d'action (3).

L'idée de l'œuvre de la période est donc religieuse, l'action est religioso-politique et religioso-guerrière, et elle s'accomplit religioso-politiquement.

L'apogée des peuples-chefs est puissant parce qu'il est vertueux et moral. La puissance morale donne la puissance physique.

Le développement de l'humanité est avant tout moral ; le développement matériel n'est qu'une conséquence forcée du progrès moral.

Tous les mouvements politico-guerriers *humanitaires* ont un but moral *religioso-philosophique* ; souvent ce but est peu apparent ; là où il n'existe réellement pas, les mouvements n'ont pas l'importance qu'on y attache.

Qu'est-ce qu'une conquête ?

Avant de dire quelques mots du but moral religioso-philosophique des mouvements guerriers, je vais essayer de montrer ce qu'est une conquête ou une extension territoriale.

Les races humaines, les sous-races et les moindres subdivisions

---

(1) Zwingle, Luther, Mélanchton, Calvin, Knox.
(2) Descartes, Bacon, Képler, Galilée.
(3) Bèze et Montaigne.

naturelles des populations sont assises dans des régions limitées par des lignes géologo-magnétiques, et ces lignes bien définies et scientifiques, aussi bien qu'historiques, ne ressemblent généralement guère à celles créées par la fantaisie et par l'intérêt national.

Les races occupent des fractions des grandes subdivisions géographiques, elles sont séparées par les faîtes méridiens et parallèles.

Les sous-races sont établies dans les vallées des fleuves, ont pour limites les arêtes de partage des eaux de ces fleuves. Les moindres subdivisions des races et des sous-races occupent les vallées des rivières et des ruisseaux. Les faîtes ou les crêtes de partage des eaux séparent les races, les sous-races et les moindres subdivisions des populations, *que ces faîtes soient ou ne soient pas prononcés, qu'ils soient ou ne soient pas difficiles à franchir.* Ces dernières considérations sont de très faible importance ; la question des races est *géologo-magnétique* ; c'est une question d'égale vitalité. Souvent même l'action vitale égale n'est pas limitée par le faîte apparent sinueux ou contourné des premiers soulèvements, c'est l'expansion magnétique souterraine directe en forme d'arc de grand cercle du globe productrice du faîte dans les derniers soulèvements qui forme limite.

Les faîtes se rencontrent et forment des *régions nodales* qui jouent un rôle aussi important qu'intéressant dans la marche des peuples et de l'humanité. On trouvera quelques indications sur ces régions dans l'*Humanité* ; mais leur développement complet appartient au *Géologo-magnétisme*, qui suivra probablement de près l'*Humanité*.

C'est dans les régions nodales que naissent les hégémonies.

Les principales régions nodales européennes sont :

1º La Sabino-romaine du Gransasso ou des Abruzzes (1) ;

2º La Franke du Fichtel (Cobourg-Nuremberg) ;

3º La Souabe ou Allemande de la Rauhe-Alp (de Hohenstauffen et Hohenzollern) ;

4º Les régions helvétiques du Mont-Blanc (Savoie), du Gothard (les quatre cantons) et du Bernina (Lombard) ;

5º La région saxonne du Harz (Brunswick, Hesse, Anhalt) ;

6º Celle également Saxonne de Brunswick-Lunébourg et la tête holsteinoise (d'Eutin et de Gottorp).

Le principal faîte de séparation des races humaines est un parallèle qui s'étend, sans solution de continuité autre que les Dardanelles, de l'océan Atlantique à l'océan Pacifique. On l'appelle aujourd'hui, en partie au moins, le seuil indo-européen.

---

(1) Le Cavallo (Napolitain), la Corse et la Sardaigne.

Ce seuil pénètre en Europe par Constantinople, suit les Balkans, les Alpes illyriennes, les grandes Alpes, le Jura jusqu'aux ballons d'Alsace ; de ces ballons jusqu'à Boulogne, il sépare les eaux belges de l'Escaut, de la Meuse et de la Moselle, de celles des fleuves français la Seine et le Rhône. Au delà de Boulogne, le seuil indo-européen longe le sud de l'Angleterre jusqu'à Landsend.

La partie de ce seuil qui s'étend de Constantinople à Landsend partage l'Europe en deux : la partie septentrionale teutonique, et la partie méridionale ou celtique ; la partie européenne du seuil indo-européen est donc celto-teutonique. Elle est puissamment en relief à l'orient et faiblement à l'occident, parce que tout le dernier soulèvement se rattachant à l'arête méridienne colombo-asiatique, a dû s'amoindrir en s'éloignant de cette arête.

Les deux races européennes sont subdivisées en orientales, centrales et occidentales.

Les Celtes sont Pélasges à l'est du Pinde et Ibères à l'ouest de l'arête ibérique.

Les Teutons sont Slavons à l'est du Pinde prolongé, c'est-à-dire dans les vallées de la Theiss et de la Vistule ; ils sont Bretons à l'ouest de l'arête de Moorlands, prolongement de l'arête ibérique, avec laquelle elle forme l'arête méridienne occidentale ibéri-bretonne. Cette dernière longeant la côte de France, sépare la Bretagne du plateau celtique ou français. La Bretagne est bretonne-celtique,

Quel changement les expansions guerrières nombreuses, les débordements celtiques et les contre-débordements teutoniques ont-ils produit dans les possessions territoriales des deux races ?

Qu'ont-elles gagné depuis près de deux mille ans que César a franchi pour la première fois le seuil celto-teutonique à Soissons, au pied de son revers méridional, et définitivement aux bords de la Sambre, au pied du revers teutonique, où il rencontra l'énergique résistance des Nerviens ?

Qu'ont conquis les Celtes depuis Soissons, en —57, jusqu'au dernier refoulement dans ses limites de la dernière expansion guerrière et du dernier débordement celtique à Waterloo, en 1815 ; après trois périodes séculaires celtiques (romaine, catholique et française) et une période teutonique (franke) ?

La race celtique occupe le plateau-seuil à l'occident, couvert de champs de batailles dont l'ensemble formé un vaste *champ de sang*, qu'elle a conquis pied à pied, à travers son apogée et son maximum d'expansion physique et morale, politique et guerrière. C'est le résultat de l'expansion qui vient de finir, et qui fut celle de la plus grande force d'expansion du plateau celtique.

Outre la partie du plateau-seuil celto-teutonique d'occident, la France a deux dépendances teutoniques belges du nœud mixte celto-teutonique des Ballons : la Lorraine et l'Alsace.

Les Teutons occupent à peu près la même position à l'orient que les Celtes à l'occident.

Le champ de sang, limite septentrionale et occidentale des Celtes et des Teutons, ou le plateau-seuil gagné pied à pied dans la dernière période séculaire par les Celtes sur les Teutons, par leur force d'expansion momentanément supérieure, est limité dans le nord par les champs de Gravelines, de Cassel, de Bouvines, de Lens et de Denain ; son axe est tracé par Azincourt, Saint-Quentin, Rocroi, Wattignies, Valmy, et ses limites méridionales comprennent les champs de Crécy, de Soissons, d'Arcis-sur-Aube, et de la Fère Champenoise.

Un champ de sang, une bande de terrain mixte, un plateau de séparation de quinze à vingt lieues de largeur et de cinquante lieues de longueur, où les races se touchent, et qui appartient à l'une ou à l'autre selon que l'une ou l'autre est prépondérante ; voilà comme extension territoriale ou conquête le résultat définitif de vingt siècles de luttes et de nombreuses batailles sanglantes, livrées surtout dans la dernière période séculaire humanitaire, celle du maximum du pouvoir expansif du plateau celtique, et par conséquent du maximum d'action exercée sur la partie abaissée occidentale du seuil celto-teutonique pendant les cinq derniers siècles.

. Le *Magnétisme du globe* a établi en dehors de toute préoccupation historique, philosophique ou politique : 1° que la circulation magnétique atteint sa *plus grande énergie annuelle le 18 juin* et qu'elle se maintient ainsi jusqu'au 22 juin, jour où le déchargement commence ; or, c'est le 18 *juin*, jour où la plus grande énergie physique et morale de l'année est atteinte, qu'eut lieu la bataille de Waterloo, et c'est le 22 *juin*, dernier des cinq jours de la plus grande énergie physique et morale de l'année, que tout fut consommé par l'abdication. C'est singulier dira-t-on ?

Le *Magnétisme du globe* a établi également (page 401, tableau LIV du 2ᵉ Volume) que *le 9 novembre* est le jour de la transformation de la circulation de novembre, comme *le 22 juin* est celui de la transformation de juin ; ou, en d'autres termes, que *le 9 novembre* est le jour de la *moindre circulation magnétique*, et de la *moindre énergie physique et morale* de l'année, comme le 22 *juin* est celui de *la plus énergique* circulation. Or le 9 *novembre* ou le 18 *brumaire*, est le début du premier consul, et le 22 *juin* est la date qui marque la fin de l'empire. Si c'est du hasard, le hasard est cause aussi que le 18 brumaire appartient à l'*année seizennale* 1799, et que le 22 juin appartient à *l'année seizennale* 1815 ; c'est-à-dire que le 18 *brumaire* est le *jour même* de l clôture de l'époque de transformation et d'ouverture de la *période* seizennale du dernier grand éclat (de la dernière période séculaire française) et que le 22 *juin* est le *jour même* de la clôture de cette période seizennale, l'avant-dernière de la période séculaire française. Ainsi le chef politique et guerrier du dernier grand éclat français prend les rênes dans un mouvement convulsif, le *premier jour* de la période seizennale qui lui est dévolue et finit par abdiquer le *dernier jour* de cette période : il s'impose le jour de la *moindre énergie physique et morale* et tombe le jour de la plus *grande énergie physique et morale* des deux années seizennales 1799 et 1815, qui encadrent la période seizennale de la dernière et plus grande expansion morale et matérielle, politique et guerrière de la période séculaire humanitaire française.

On trouvera peut-être ces coïncidences trop remarquables pour les attribuer exclusivement au hasard, d'autant plus que les chefs des derniers grands éclats sont assez rares et que celui de la dernière période séculaire étant le plus grand et le plus providentiel, devait être mieux en règle vis-à-vis des temps et des lieux qu'aucun de ses antécédents.

Après le 9 novembre 1799 et le 22 juin 1815, il serait difficile peut-être de trouver des rencontres *fortuites* plus remarquables. L'histoire cependant offre sinon mieux, au moins aussi bien. L'époque de rénovation (1525) est celle de l'ascétisme, de l'enthousiasme religieux, des réformes, des révélations, des inspirations, des conversions et de tout ce qui tient aux mouvements religieux et à l'activité morale ; cependant l'année centrale 1525 n'est pas la plus remarquable de cette époque. Les années *seizennales* 1527 et 1528 lui disputent la première place ; ce sont les années les plus religioso-politiques de la période séculaire. Dites-moi maintenant s'il vous plaît, lecteur, si vous croyez que c'est le hasard qui a placé en 536 (1528) et en 496 (1528) *les deux faits religioso-politiques principaux de l'histoire* : la conversion de Cyrus au *judaïsme* et l'introduction de celui-ci dans toutes les possessions asiatiques des anciennes civilisations [pour préparer le terrain au Christ *une période séculaire avant son arrivée*], et la conversion de Clovis, lequel implanta le christianisme dans les possessions européennes des civilisations futures *une période séculaire après l'arrivée du Christ* ? Croyez-vous aussi que le troisième fait historique de même nature et à peu près de même importance, la conversion de Constantin, tombe par hasard en 312 (1860), l'année centrale même de l'époque de reconstitution romaine et de constitution du catholicisme ? Si vous croyez cela, vous avez une forte dose de néo-arianisme.

Quoi qu'il en soit, la *situation respective territoriale actuelle des Celtes et des Germains, après vingt siècles de luttes sanglantes, prouve qu'au point de vue exclusivement territorial, le terrible jeu des batailles est un jeu d'autant plus sot, d'autant plus inique et d'autant plus cruel, qu'il ne conduit à aucun résultat définitif de quelque importance ou de quelque durée.* Elle prouve que l'esprit de conquête est une manie, quand il ne provient pas d'un excès d'énergie physique et morale, destiné à produire un résultat moral humanitaire. Il prouve que l'*annexionisme* n'est qu'une dangereuse maladie.

Un coup d'œil impartial jeté sur l'histoire, en dehors de toute préoccupation théorique, prouve que les nations ont vécu et vieilli comme les hommes.

Il montre que la nation qui a fait ses premières périodes quinquaséculaires a atteint son apogée sous tous les rapports ; qu'elle a fini sa période quinquaséculaire comme tête humanitaire ; qu'elle commence son deuxième terme, dans lequel aucun peuple n'a jamais fait de conquête territoriale. Un peuple qui finit son premier terme est d'ailleurs généralement assez grand, assez puissant, assez glorieux, pour ne plus rêver ni agrandissement (qui serait un danger pour lui), ni puissance (qui ne vaudrait plus celle qu'il a possédée), ni gloire (dont il est saturé).

Le peuple qui commence son deuxième terme a d'ailleurs bien autre chose à faire que de songer à l'extérieur ; il doit atténuer dans son sein les effets moraux délétères de sa dernière phase de dissolution, effets que jusqu'à présent on n'est parvenu à détruire entièrement nulle part. Il doit empêcher le rhéteur et le sophiste de multiplier à l'excès et de détruire le fond moral que la dernière époque de corruption a laissé subsister.

Aucune puissance n'est éternelle. Le peuple, quand sa mission est terminée, doit aussi bien que l'homme qui a fini la sienne, céder sa place. Le peuple qui se met hors du mouvement naturel et qui pêche contre les lois morales, est puni aussi bien que l'homme qui transgresse ces mêmes lois. Le peuple est puni, fût-il le plus puissant de la terre ; eût-il des millions de soldats, et ses soldats fussent-ils les plus aguerris du monde. Si ces soldats n'ont plus de rivaux en organisation tactique et stratégique, si leurs victoires antérieures doublent leurs forces par la confiance qu'ils ont en eux et dans leurs chefs ; si leur prestige seul décourage les plus solides de leurs adversaires ; le champ est là ! Qu'il s'appelle *Marathon, Capoue, Morgarten, Sempach, Granson, Morat, Bouvines, Orléans, Denain, Valmy, Leipzig, Quatre-Bras, ou Waterloo,* il saura tremper les nerfs et multiplier la valeur du faible, énerver et paralyser le fort ; il donnera la victoire à l'un pour humilier l'orgueil de l'autre et punir son iniquité. Le champ du châtiment touche à celui du crime. Dieu punit le fort comme le faible ; il en a les moyens physiques ; il les emploie à l'heure et au lieu choisis. Le hasard n'est pour rien dans le monde moral, pas plus que dans le monde physique ; dans l'un comme dans l'autre, la réaction répond à l'action ; tel acte, telle récompense. Obéissance à la loi divine, chrétienne, de la fraternité universelle ou gare l'heure et le *champ* !

Si l'on songe que ceci fut écrit il y a une quarantaine d'années, ces dernières paroles apparaîtront comme véritablement prophétiques. En fait, on ne récolte que les graines que l'on a semées, avec de larges intérêts. Si l'on sème une mauvaise graine, il ne faut pas accuser le ciel quand la graine se multiplie dans les fruits et infecte le champ du bon grain (1).

---

(1) Signalons qu'un autre officier belge, le colonel Millard a repris et complété en 1902 et 1918 les recherches de Bruck. Dans son dernier ouvrage : *Le Destin de l'Allemagne,* le colonel Millard écrit : « Le xxe siècle verra bientôt l'écroulement de l'empire fondé par Bismark et le recul de l'Allemagne provoqué par la France et l'Angleterre soutenues par les Etats-Unis d'Amérique ». (Note de l'éd.)

CHAPITRE XII

LES NOMBRES ET LA MUSIQUE

Les Nombres ont des rapports étroits avec la musique ; ce que Platon a démontré harmoniquement dans l'accord des quatre éléments qui composent l'âme et dans la cause de cette symphonie réciproque entre des natures si dissemblables.

Un auteur plus moderne, le chevalier d'Eckartshausen a écrit dans ses ouvrages sur *Les Nombres* des pages vraiment caractéristiques sur le sujet. En voici deux passages :

La Musique est la plus belle image des lois de progression de la nature.

L'accord parfait nous donne l'image de cette unité, de laquelle tout vient, qui vivifie tout, qui conserve tout d'après des lois éternelles, dans le plus bel ordre ininterrompu.

Tous les tons de l'accord parfait joués ensemble donnent l'image la plus splendide de l'unité divine, dans laquelle tous les tons sont également harmoniques, — la source de toute harmonie.

La permutation de plusieurs tons, d'où naissent plusieurs accords, est montrée par les permutations de plusieurs nombres, qui ont différents résultats, pourtant toujours d'après les lois de l'unité.

L'accord parfait reste toujours invariable ; comme l'unité dans les nombres, quoiqu'ils aillent dans l'infini.

L'accord, qui a eu lieu, est le plus parfait ; il contient tout l'harmonique, comme l'unité contient tous les nombres.

Les 3 premiers tons dans la manifestation de l'accord parfait sont l'image de la 3ᵉ force. Ils sont séparés par deux intervalles de différentes tierces, qui sont quoique différentes pourtant liées entre elles.

La tierce est suivie de la quarte, qui a sa plénitude dans l'octave. Cette octave est la répartition du ton principal.

Nous voyons que la quarte est l'agissant dans l'accord. Elle se trouve entre deux tierces, pour administrer, pour ainsi dire, l'action et la réaction.

Avec un mot, le penseur trouve que l'harmonie des tons se règle sur la loi de progression comme tout. Elle est l'image sublime qui ouvre au penseur un espace immense dans les profondeurs des secrets de l'éternité (1).

. . . .

Le corps de l'harmonie est le ton, l'âme du ton est l'harmonie, immortelle, spirituelle et restante. Harmonie voilée dans le ton, agissante sur l'oreille est de la musique, l'harmonie agissante sur l'œil est de la beauté ; donc harmonie pour tous les sens, 5 expressions sensuelles, harmonie est donc le fond de tout ce qui est agréable et beau, type de l'ordre éternel, seule durante, résout toutes les dissonnances dans l'octave, symbole des proportions de l'ordre, où le petit est aussi important que le grand, le repos aussi nécessaire que de s'appuyer sur une note. Différentes notes du ton le plus bas jusqu'au plus haut, tous définis d'après les lois, toutes importantes, liberté noble, mais d'après des lois harmoniques, une égalité noble, mais d'après différents points de vue, chaque note, notation nécessaire, mais l'un plus haut que l'autre, chacune assignée à sa place, d'où elle ne peut se déplacer sans détruire l'harmonie, image de la moralité et constitution fondamentale des Etats (2).

Plus récemment J. Ed. Crœgaerts, directeur de musique à Anvers, a étudié, lui aussi, la même idée. Nous extrayons de son œuvre, les passages suivants :

Parmi les mouvements que nos sens enregistrent et dont nous évaluons la rapidité au moyen des nombres, les moins rapides sont les mouvements *apparents*, ceux que nous pouvons suivre de l'œil ;

---

(1) Von Eckartshausen, *Zahlenlehre der Natur*. Leipzig, 1794, pp. 237-238. Extrait inédit.
(2) Von Eckartshausen. *Ausschlüsse zur Magie*, t. IV. Munich, 1792. *La Magie Numérale*, extrait (cf. *L'Initiation*, 20ᵉ année, n° 11, août 1906, p. 175.

les plus rapides sont ceux que notre œil perçoit sous forme de lumière (1).

Entre ces deux termes extrêmes nous percevons deux termes moyens : les vibrations *acoustiques*, et les vibrations *caloriques*.

Les mouvements que nous pouvons suivre de l'œil sont nécessairement ceux qui vont et viennent à la même place, car si un corps animé d'une certaine vitesse ne revenait pas à sa situation première, il quitterait le champ de notre observation visuelle et disparaîtrait à la vue. C'est ce va-et-vient qu'on nomme « *oscillation* ou *vibration* ».

Pour l'obtenir dans un corps, deux conditions contraires sont requises : 1º que le corps soit libre d'aller où le mouvement le conduit ; 2º qu'il soit maintenu à la même place afin d'être obligé de revenir dans sa position première. Cette double condition est remplie par le pendule et par les verges vibrantes.

Lorsqu'on meut dans un sens le fil libre d'un pendule ou l'extrémité libre d'une verge élastique, le mouvement de va-et-vient s'établit en deux sens opposés par l'effet de l'élasticité ou de la pesanteur. Les vibrations sont donc doubles par leur nature. Chaque vibration complète se compose de quatre mouvements distincts, deux allers et deux retours. Pour évaluer la rapidité des mouvements vibratoires nous la rapportons naturellement à celle des mouvements vibratoires de notre être, c'est-à-dire à notre *pouls*, dont la durée moyenne égale à peu près celle de la *seconde moderne* (1/75 de la minute actuelle).

La limite extrême de la rapidité du mouvement apparent est théoriquement fixée par le son le plus grave du diagramme musical. Ce son résulte de 16 vibrations complètes par seconde. En effet, la distinction des sons commence dès que la genèse des rapports numériques entrant dans la constitution du système total est complète.

Ces rapports sont au nombre de sept : *l'octave* 1 : 2, la quinte 2 : 3, la quarte 3 : 4, la tierce majeure 4 : 5, la tierce mineure 5 : 6, la seconde 8 : 9 ou 9 : 10 et l'unisson altéré (diminué ou augmenté) 24 : 25, 15 : 15, 24 : 27 ou 25 : 27.

Les cinq premiers sont choisis parmi les éléments primitifs du système génétique de rapports fournis par les nombres dans leur succession naturelle :

$$1 : 2$$
$$2 : 3 \qquad 3 : 4$$
$$4 : 5 \quad 5 : 6 \qquad 6 : 7 \quad 7 : 8$$
$$8 : 9 \quad 9 : 10 \quad \text{etc...}$$

---

(1) J. ED. CROEGAERTS, *Traité complet de la tonalité* (Harmonie et contrepoint), basé sur des données positives. Anvers, J. Mécs, 1884.

L'octave représente l'identité primitive des éléments de ce système. La quinte et la quarte leur diversité primitive.

L'octave, la quinte et la tierce majeure sont les éléments soumis à des conditions d'existence identiques, ils reproduisent le caractère de l'élément fondamental aux divers degrés de son évolution. Nous les appelons pour cette raison *rapports téléologiques*, en observant qu'ils entrent seuls comme éléments *organiques nécessaires* dans la constitution du système tonal.

La quarte et la tierce mineure reproduisent également le caractère de l'élément fondamental, mais sous des formes diverses. Ils appartiennent encore à la catégorie des rapports téléologiques nécessaires, quoique déjà ils n'entrent plus que comme éléments *fonctionnels* dans la constitution du système.

Les secondes (rapports 8 : 9 et 9 : 10 suivant qu'elles résultent ou de la différence entre la 5e et la 4e ou de la différence entre la 4e et la 3e majeure) appartiennent encore à la catégorie des rapports téléologiques. Elles sont nécessaires à la constitution du système, la première comme élément organique, la seconde comme élément fonctionnel.

L'unisson altéré (rapports 15 : 16, 24 : 25, 24 : 27, ou 25 : 28 suivant qu'il représente la différence de la 3e majeure à la 4e, de la 3e mineure à la 3e majeure, de la 2e organique à la 3e mineure ou de la 2e fonctionnelle à la 3e mineure), n'appartient pas à la catégorie des rapports téléologiques. Il n'entre dans la constitution du système qu'à titre d'élément *contingent*.

La genèse des sept rapports que nous venons d'étudier est complète dès le 3e degré d'évolution.

	Vibrations perceptibles à l'œil			Vibrations perceptibles à l'oreille
	1er degré	2e degré	3e degré	4e degré
Rapports nécessaires { Octave 1 : 2	2 : 4	4 : 8	8 : 16	16 : 32
Quinte	2 : 3	4 : 6	8 : 12	16 : 24
Quarte	3 : 4	6 : 8	12 : 16	24 : 32
3e majeure ou organique		4 : 5	8 : 10	16 : 20
3e mineure ou fonct^{lle}		5 : 6	10 : 12	20 : 24
2e organique			8 : 9	16 : 18
2e fonctionnelle			9 : 10	18 : 20
Rapport contingent : unisson altéré			15 : 16	30 : 32
				24 : 25 (24 : 27, 25 : 27)

Le nombre 16 est donc le premier terme de la série des rapports numériques perceptibles à l'oreille. Il est la base de *l'organisation tonale des sons*.

Le nombre 24 est le premier terme perceptible des rapports numériques entrant dans la constitution du système tonal à titre contingent. Il est la base du *fonctionnement tonal des sons.*

Le secret de l'organisation et du fonctionnement tonal des sons gît dans la puissance des nombres.

La puissance des nombres se manifeste dans la genèse de leurs rapports naturels ; à chaque nouveau degré d'évolution de cette genèse la puissance du nombre 2 — terme conséquent du premier des rapports engendrés — atteint un degré supérieur.

$$2^1 = 2 \; ; \; 2^2 = 4 \text{ (carré)} \; ; \; 2^3 = 8 \text{ (cube), etc...}$$

Or, nous savons que dans toute évolution créatrice les deux premiers degrés forment une étape naturelle. Les trois premières puissances de tout nombre forment donc également une étape naturelle dans l'extension indéfinie de la puissance de ce nombre.

Les nombres 16, 256 (16^2) et 4096 (16^3) sont donc les termes de la puissance organisatrice de la musique dans les nombres.

Les nombres 24, 576, (24^2) et 13824 (24^3) sont les termes de la puissance fonctionnelle de la musique dans les nombres.

Les premiers sont des nombres neutraux. Ils peuvent être ramenés à l'unité par addition et réduction théosophique. Au point de vue absolu ils ne représentent qu'un terme unique : l'unité UT. Les seconds sont des nombres utraux. Ils peuvent être ramenés à 3 ou à 9 (par réduction et addition théosophiques $24 = 6 = 3$, $576 = 18 = 9$, $13824 = 18 = 9$). Au point de vue absolu les deux derniers diffèrent du premier mais ils ne diffèrent pas l'un de l'autre. Pour parvenir à les distinguer d'une manière absolue à leur tour nous devons envisager les rapports dans lesquels chacun d'eux se trouve vis-à-vis des autres.

Or, les nombres dont nous nous occupons sont entre eux dans les rapports où se trouvent les valeurs musicales UT, RÉ, SOL, LA.

Le nombre 567 ramené à 9, est au nombre 24 ramené à 3 comme RÉ à SOL, c'est-à-dire en rapport de quinte descendante (si l'on ne tient pas compte de la différence d'octave) : *rapport immédiat*. Il est à 1... comme RÉ à UT — rapport de seconde majeure descendante (si l'on ne tient pas compte de la différence d'octave) : *rapport immédiat.*

Le nombre 13824 ramené à 9, est au nombre 24 ramené à 3 comme RÉ à SOL — rapport de quinte descendante : *immédiat*. Il est à 1 comme LA à UT — rapport de sixte majeure (3e mineure renversée) : *rapport médiat*, obtenu *au moyen* du renversement.

Le nombre 576 se rapporte donc *immédiatement* aux nombres

ramenés à 3 et à 1, tandis que le nombre 13824 ne se rapporte *immédiatement* qu'au seul nombre 24.

Ces distinctions faites, nous reconnaissons sans peine dans les quatre nombres en question les éléments constitutifs du type primitif de la réalité. Le terme UT est l'élément téléologique *neutral* de la tonalité ; RÉ en est l'élément téléologique Utral ; SOL, l'élément autothétique ; LA, l'élément autogénétique.

De ces quatre éléments découlent, comme de leurs sources, toutes les déterminations de la raison musicale créatrice. Ce sont les *quatre fleuves du paradis* de la science musicale.

On voit que la Science des Nombres est intimement liée — et cela va de soi — à la musique qui, en tant que science du rythme, agit sur les rythmes physiques et psychiques de l'homme et peut le placer dans des conditions propres à lui faire pénétrer le côté occulte de la nature. Tel était chez les anciens le rôle profond de la musique. C'est pourquoi Platon considère cette science comme indissolublement liée à la constitution de la République ; c'est ce qui explique les prodiges symboliques et réels de la lyre d'Orphée, c'est ce qui donne la raison des effets magiques du son de la flûte et du chant des Corybantes.

LES TEXTES

CHAPITRE XIII

LES NOMBRES ET L'OCCULTE

Nous pensons avoir fourni au chercheur studieux tous les éléments nécessaires à la compréhension de la Science des Nombres. Il nous reste à lui procurer une documentation sur l'interprétation de laquelle il devra exercer sa sagacité.

Dans ce but, nous lui soumettrons tout d'abord les principaux passages consacrés à l'objet qui nous occupe par quelques-uns des maîtres de la Science Occulte : le profond mystique d'Eckartshausen ; Wronski, ce prodigieux savant qui fut le maître d'Eliphas Lévi ; le grand penseur occultiste que fut Balzac ; le chiromancien Desbarrolles, l'astrologue Eugène Ledos (1) et le voyant Louis-Michel, de Figanières.

La compréhension de ces pages puissantes nécessitera de longues heures méditatives, aussi est-ce dans le but de faire travailler par eux-mêmes les étudiants que nous avons cru bon de donner ces thèmes d'étude.

---

(1) C'est E. Ledos que Huysmans a mis en scène dans son roman magique *Là-Bas*, sous le nom de Gevingey.

I

D'ECKARTSHAUSEN

Le nombre du Quaternaire (1)

Le nombre de la force 4, ou le nombre du quaternaire est le plus nécessaire pour la connaissance des nombres ; il montre la progression de la force dans le monde corporel, cela veut dire :
chaque force est 1
cette force a un effet, force et effet, 2.
chaque effet a une suite, force, effet et suite est 3
la suite a une réalisation, force effet et suite dans sa réalisation 4.

Tout étant réalisé dans l'univers, 4 est nommé le nombre de la force, qui constitue le grand quaternaire de toutes les choses.

De ce nombre naît 10 ; ou le nombre de l'univers, parce que 10 est contenu dans 4. Je l'explique par un exemple.

```
force ................................ 1
effet et force ........................ 2
suite, effet et force ................. 3
réalisation de la suite, effet et force ... 4
                                    1 2 3 4
                                    ─────
                                      10
```

10 considéré comme image est la proportion de la force à la périphérie 1 à 0 — du point à la ligne circulaire et est nommé 10 ou *Numéris universalis*, parce que tout ce qui existe consiste dans la proportion de l'énergie à l'extension.

9 est nommé le nombre de la ligne circulaire ou de l'extension, et la cause en est parce que la force forme dans l'extension le cercle naturel.

Pour en avoir des idées plus claires, il ne faut se laisser tromper par le cercle ordinaire ; le cercle mécanique ou géométrique se distingue beaucoup du cercle de la nature.

Le cercle de la nature se forme par le mouvement d'une force vers l'extension.

Là où l'énergie de la force cesse, la circonférence commence :

---

(1) D'Eckartshausen, *Zahlenlehre der Natur*. Leipzig, 1794, in-8°, pp. 221 à 225. Ces pages sont en première traduction française.

Je l'explique par un exemple.

Si je jette une pièce à l'eau, un cercle se forme ; celui-ci est proportionnel à la force du coup et à la grandeur de la pierre ; toutes les deux, la force du coup et la grandeur de la pierre, réunies donnent le point de chute, l'énergie de l'extension. Des lignes droites émanent de suite du point d'après la proportion de l'énergie ; où celle-ci cesse, là le commencement de la ligne circulaire se trouve.

Le cercle de la nature nous donne l'image de la manifestation des premières forces ; l'action et la naissance de la réaction.

Tout ce qui a de l'extension, se règle sur la loi du cercle.

Par l'extension de la force et par la rentrée en elle-même le mouvement de toutes les choses provient.

La force de l'extension est la première dans la nature ; celle-ci rentrant en elle-même est nommée force d'attraction ; si elle s'étend de nouveau, force de répulsion.

Il n'y a donc qu'une seule force, dont toutes les autres sont des modifications.

Du nombre 4, il est encore à remarquer qu'il est le nombre de ce qui est sensuel et corporel.

La Géométrie réduit tout ce qui est mesurable est à ce nombre, car tous les triangles ne sont considérés que comme des parties du carré ou comme ce qui forme la base du quaternaire.

On ne peut pas trouver dans la géométrie la superficie d'un plan sans l'avoir divisé auparavant en carrés.

On ne peut calculer la superficie des carrés, dans lesquels on a divisé, sans les diviser en triangles, en multipliant le diamètre avec la moitié de la base.

Ainsi je ne peux calculer d'après la nature aucune réalisation ou aucun phénomène corporel sans classer auparavant la 3e force, effet et suite, qui sont contenus dans la réalisation comme 4.

Donc, chaque nombre qui produit un être, est le nombre qui forme la mesure, de cet être.

Trois progressions produisent tout ce qui forme la base du sensuel ; donc tout ce qui forme la base du corporel est mesuré ou calculé par trois.

Quatre progressions produisent tout ce qui est sensuel et corporel donc, il faut que toutes les choses sensuelles et corporelles soient mesurées et calculées par 4.

De cette observation des lois de progression nous voyons qu'il y a aussi un quaternaire intellectuel, qui se règle de même sur la force, effet, suite et réalisation, car il n'est pas nécessaire que la réalisation reste toujours corporelle ; par exemple :

pensée	1
volonté	2
action	3
fait	4

Le fait ne reste pas corporel, mais il est la réalisation de la pensée, volonté et de l'action, et a donc le nombre du quaternaire pour le calculer.

Cette analyse des nombres est plus importante pour le salut des hommes que celle des nombres, qui ne sont que sensuels, car par eux nous découvrons les erreurs dans nos jugements.

Nous observons que la pensée et la volonté font le fait.

Que chaque fait est un nombre dont les parties sont l'action, la volonté et la pensée, et que pour faire le fait, la progression doit se trouver entièrement dans le fait ; ainsi par ex : il ressort d'un mauvais fait :

de penser mal	1
de vouloir mal	2
d'agir mal	3
de faire mal	4

Cette progression composée doit devenir le nombre comme :

penser mal	1
penser et vouloir mal	2
penser vouloir et agir mal	3
résultat, le mauvais fait	4

. . . .

Nous avons assez montré que la mesure d'une chose est aussi son nombre, que la force et l'énergie se règlent sur son nombre, et par cela tout l'objet peut être épuisé (1).

L'énergie du nombre 4 dans la nature est trouvée par la multiplication avec soi-même.

L'arithmétique appelle la multiplication d'un nombre avec soi-même le nombre carré.

La racine carrée, le nombre continuel qui a été multiplié avec soi-même.

Par suite de l'arithmétique chaque nombre peut être multiplié avec soi-même, donc chaque nombre a son nombre carré, dont il fait la racine carrée.

La doctrine des nombres de la nature s'y distingue de l'arithmé-

---

(1) *Ibid.*, pp. 229 à 231.

tique qu'elle n'accepte qu'un seul vrai nombre carré, dont il n'existe qu'une seule racine carrée.

Comme la doctrine des nombres recherche le cercle dans la nature, elle recherche de même le nombre carré et sa racine dans la nature.

Le seul vrai nombre carré dans la nature est 16, la vraie racine 4, car elle forme le nombre carré en 4 progressions, dont chacune a de nouveau 4 nombres.

Les autres nombres arithmétiques qu'on appelle carrés, ne sont regardés dans la doctrine des progressions des nombres de la nature que comme des proportions de nombres au nombre carré et la racine arithmétique n'est organisée que comme une racine de nombres par rapport à la racine carrée : p. ex. :

$3 \times 3 = 9$; 9 est un nombre carré arithmétique, dont 3 est la racine ; le nombre carré 9 considéré à l'égard du nombre carré de la nature 16 montre la proportion de 9 à 16, comme la racine carrée arithmétique 3 montre la proportion à la racine carrée de la nature 3, la proportion de 3/4-9/16.

Un seul nombre est donc comme nombre carré une seule racine comme racine carrée proportionnée à l'unité ; tous les autres nombres et racines carrées arithmétiques ne peuvent être regardés d'après la loi des progressions comme des nombres carrés, parce que leur proportion à l'unité ne sera jamais quadruple.

Chaque nombre multiplié avec soi-même donne une moyenne proportionnée entre l'unité et le produit ; donc le produit du nombre multiplié avec soi-même est à la racine ce que la racine est à l'unité :

p. ex. : $4 \times 4 = 16 \quad \dfrac{16}{4} = \dfrac{4}{1}$.

On en voit assez, que chaque nombre multiplié avec soi-même peut être nommé nombre-racine, mais nullement nombre carré, parce qu'il n'y a dans la nature qu'un seul nombre carré et qu'une seule racine carrée.

Le nombre 4 dirige dans chaque multiplication le tout, car nous avons aussi dans la progression arithmétique l'unité ; le premier facteur, le second et le résultat, ou le produit qui naît par l'action commune des deux facteurs.

. . . .

L'extraction de la racine carrée donne l'image de la force produisante (1).

Le nombre multiplié avec soi-même est l'image de l'accord de

---

(1) *Ibid.*, pp. 233 à 235.

tous les produits du nombre produisant avec leur nombre racine s'il est considéré dans la proportion.

L'Unité se révèle par sa force trine dans le premier quaternaire qui multiplié avec soi-même donne 16 comme nombre-carré, dont 4 est le nombre-racine.

Ces 4 progressions constituent le grand quaternaire, qui donne par les lois de progressions les explications sur les choses les plus hautes.

L'Unité est elle-même sa propre racine, son propre nombre considéré comme unité ; aucun calcul n'a lieu à l'égard d'elle ; seulement dans la manifestation de ses forces, le premier quaternaire se fait par sa force trine.

Seulement dans le composé de ce qui est réellement dans la progression, les lois du nombre ont lieu, parce qu'ils sont justement ce qui constitue la progression ou la composition.

Je pose donc le quaternaire d'après la loi de progression, et j'ajoute l'explication qui reste à faire.

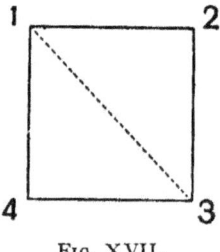

Fig. XVII.

La première ligne du carré considéré comme image et progressivement montre donc la base, le fondement et la racine des autres nombres.

L'unité de laquelle tout naît, qui est la source de toutes les choses, d'où vient tout, qui conserve tout ; qui se révèle dans toutes les choses sensuelles, sans être sensuelle elle-même, qui ne change jamais, qui remplit tout, qui est partout présent, et se manifeste dans une 3e force.

La deuxième ligne du carré considérée comme image progressivement nous représente cette deuxième cause, agissante et parlante de toutes les choses.

Par cette deuxième cause agissante et parlante dans le règne des esprits naissait de même que dans le monde sensuel.

La cause en est cette parole de Dieu, qui est le fondement et la force de toutes les choses.

Mais je ne veux pas expliquer plus amplement cette image spirituelle de la deuxième ligne du carré, parce que des hommes, qui ont pensé peu sur la grandeur des choses religieuses, peuvent trouver la chose ridicule.

Le troisième côté du carré contient comme image tous les résultats et les sensibles et les corporels.

Le premier à la force, le deuxième l'effet, le troisième la suite pour objet, car tout ce qui forme la base du sensuel et corporel a le 3ᵉ nombre pour fondement, comme nous avons déjà dit plus circonstancieusement en expliquant les nombres.

    1 donne le point,
    2 la ligne,
    3 la superficie, d'où enfin 4 naît.

Les nombres constituants le nombre 4 seront nommés d'après l'état des choses, les principes ou les commencements originaires de chaque chose.

. . . .

Je calcule, sur l'homme, considéré comme un être réalisé, 4. Son nombre est donc 4 ; un être composé, d'esprit et de corps. L'esprit réuni à l'âme donne 2, l'âme réunie au corps 2, donc 4 — son nombre — $\frac{22}{4}$ (1).

Il peut être considéré comme :

$$13 - 4$$
$$22 - 4$$
$$31 - 4$$

22 fait sa composition matérielle; 13 en forme la base. $\frac{13}{22}$ cela veut dire : l'esprit a la loi de l'unité, qui se manifeste en 3 — force $\frac{\frac{1}{2}}{3}$.

Son corps $\frac{\frac{3}{2}}{5}$ la proportion de la matière — 4, qui est de nouveau réunie à une unité, qui est au-dessus de lui, et qui se manifeste par la 3ᵉ force $\frac{\frac{13}{22}}{35}$.

---

(1) *Ibid.*, pp. 238 à 242.

Il a une double jouissance, la spirituelle en pensant, voulant et agissant 3|5 ; la sensuelle par l'usage de ses cinq sens ;

$$\begin{array}{c} 1 \quad 3 \\ \times \\ 2 \quad 2 \\ 5\text{———}3 \\ \hline 3 \mid 5 \end{array}$$

L'unité dans sa progression lui donne le type de sa 3ᵉ force ; cette 3ᵉ force dans la réalisation au corporel : les cinq sens.

Au-dessus de lui, il n'y a pas de loi, au-dessous de lui sa destination.

$$\begin{array}{l} 13 - 4 \text{ force } 1 \\ 22 - 4 \text{ effet } 2 \\ 31 - 4 \text{ suite } 3 \end{array}$$

La loi montre ses rapports avec l'unité, son $\overset{1}{\text{penser}}$, $\overset{2}{\text{vouloir}}$, $\overset{3}{\text{agir}}$ doit devenir un d'après la loi de l'unité, qui constitue sa première essence spirituelle $\dfrac{13}{4} = 4$.

Le nombre au-dessous de lui montre sa destination $\dfrac{\begin{smallmatrix}22\\31\end{smallmatrix}}{5/3}$.

Les sens lui donnent l'expérience, la force de son âme lui ordonne de penser, composer, juger.

Nous appliquons la même progression à un autre objet, fait par exemple — 4.

Chaque réalisation est 4, comme nous l'avons déjà dit, donc chaque réalisation est considérée d'après les mêmes lois.

Si je pose donc le fait — 4, j'ai de nouveaux les mêmes proportions de 4 comme :

$$\begin{array}{l} 13 - 4 \\ 22 - 4 \\ 31 - 4 \end{array}$$

donc le fait ; considéré comme réalisé, ou comme $4 - \dfrac{22}{4}$.

Les parties du fait y consistent, l'intérieur montre 13.

Il faut que l'intérieur ait un être simple pour objet ; il faut que cet être simple puisse penser, vouloir, agir $\dfrac{\begin{smallmatrix}13\\22\end{smallmatrix}}{3/5}$.

L'être simple constitue la force ou le penser, vouloir et agir, 3 ; penser, vouloir et agir n'est porté à l'expression que par 5, ou la sensualité.

La réalisation du fait a $\dfrac{\frac{22}{32}}{5/3}$ ou le résultat sensuel comme 5 pour objet ; mais la proportion de ce résultat se rapporte de nouveau à 3, ou à la force, le vouloir et l'agir ; par exemple je joue au billard, le coup qui a réellement eu lieu, qui détermine la bille est 4 ; avant le coup, il y a la force, la volonté, l'action ou :

1

la force de pouvoir faire un coup

2

vouloir faire le coup

3

faire ce coup réellement.

Alors suit le coup comme réalisation, 4.

Ce coup est proportionné à la force, au vouloir, à l'action, ceux-ci déterminent le coup qui se fait de cette manière et non autrement, et sont sa loi.

Après le coup la bille lancée reçoit sa détermination conformément à la première volonté et action, et se règle de nouveau sur les 3 forces qui ne sont que l'expansion de la première ; par conséquent la proportion dans la nature est :

13 force et manifestation,
22 réalisation
31 effet selon la manifestation de la première force

13 me donne donc une image représentative qui est auparavant 1 ou la force et puis 3 ou la manifestation de la force par la volonté, l'action, le fait, cela donne donc 13.

Le nombre 22 me montre que dans la réalisation la force et l'effet, l'action et le fait se divisent toujours 2 à 2 ; force et effet constituent l'intérieur, l'action et le fait l'extérieur ; ceux-ci réunis donnent donc 22.

Maintenant la doctrine des progressions me donne un autre nombre 31 ou l'image représentative de l'effet, qui suit une force qui se manifeste dans l'intérieur par 3 ; c'est par avoir la force de faire un coup, par vouloir faire un coup, et par faire un coup réellement, mais dans l'extérieur par 1 ou le coup qui a eu lieu. Le tout se règle de cette manière.

Action		force, — force du coup effet, — proportion de la volonté, effet de l'habilité suite, — faire un coup
Fait		coup qui a eu lieu, force — force de la bille, force ou coup
Réaction		Effet, — effet de l'habilité Suite, — suite, détermination de l'entier

. . . .

Nous voyons que d'après la loi des progressions de la nature, l'imagination est une des forces les plus magnifiques de l'esprit humain (1).

Elle crée du multiple le simple et le livre à la faculté d'avoir des connaissances, et à la raison.

On la nomme force d'i-magination, la force de puiser de plusieurs images, UN. Elle assimile, réunit. Si l'imagination est proportionnée à l'ordre des choses, elle est l'inventrice des plus hautes vérités, mais si elle est proportionnée au désordre, de manière qu'elle n'a pas de base juste, elle est la source de toutes les erreurs et rêveries.

Une âme qui est en ordre a une imagination en ordre, une âme en désordre a une imagination en désordre ; — là est la source du vrai et du faux, des suites du bien et du mal.

Nous voyons donc clairement que le faux et le mal qui est au monde, doit être né par un désordre dans le règne des esprits ; ce désordre se forme par la dérivation de l'ordre, dont le mal est la suite au monde.

L'âme étant un être simple, elle ne peut pas recueillir la multiplicité des images ; il faut qu'elle soit une force, qui porte le multiple à l'unité. Cette force est l'imagination : la faculté de faire plusieurs images UN. Seulement le point touche le point, le simple, le simple.

Telle est la marche des représentations par l'imagination à l'âme ; celle-ci réunit tout. La réunion devient juste si les images lui sont livrées d'après l'ordre de la nature ou de la vérité, — et mesure et nombre ou l'expérience et la progression sont la base sûre de la juste connaissance.

L'imagination fut considérée sous différents points de vue. Le sens intérieur de l'homme est ce sensorium commun dans le corps, ce qui est l'imagination dans l'âme. Tout s'enchaîne, et va de la multiplicité à l'unité. Ainsi mille nerfs se relient entre eux dans le corps humain ; ceux-ci se rattachent à un nerf principal, qui s'enlace à tous d'après la même loi des progressions.

---

(1) *Ibid.*, pp. 268 à 272.

Tant que l'âme humaine est dans le corps très longtemps ses effets sont progressifs. Action sur les organes et réaction constituent ses effets. Mais sans corps elle se comporte tout autrement ; ses manifestations progressives passent à une unité.

L'imagination, le jugement, l'intelligence, la mémoire, les souvenirs, la force de penser ne sont rien autre chose que des progressions d'une seule force d'âme qui est nécessaire à l'âme pour le commerce avec le corps humain, car elles se règlent toutes sur les lois successives du temps et de la « pluvalité » des images ; là, où le temps et les images cessent, elles rentrent à leur source, l'intention et la connaissance restent alors à l'esprit. Ainsi les couleurs de l'arc-en-ciel disparaissent et se perdent dans une lumière, dont elles n'étaient que des progressions dans le règne des phénomènes.

Ce qui était donc chez l'homme la force de penser, la mémoire, l'intelligence, le jugement, l'imagination, c'est dans l'esprit une intuition unique, et constitue son essence.

Dans cette intuition est sa béatitude, car elle détermine son grade dans le monde des esprits d'après la ressemblance de son essence plus proche ou plus loin de Dieu ou se sépare entièrement de son essence.

Là est la récompense éternelle et la punition éternelle d'êtres pensants.

Les différentes actions bonnes ou mauvaises nous suivent et nous forment à cette unité de l'esprit qui nous restent éternellement.

Ici dans le pays de la « pluvalité » nous serons, expliqués, ôtés, ajoutés, changés ; mais le temps disparaît et que le décompte de nos faits soit fait, l'éternité fait l'addition et le résultat est un chiffre heureux ou malheureux, qui restera éternellement.

Nous retournons aux lois des progressions, d'après lesquelles nous voulons encore considérer l'homme.

Nous apercevons dans l'homme un extérieur et intérieur. Un extérieur qui dépend de l'intérieur, en ce qu'il est dirigé par l'intérieur.

L'homme vit et meurt ; le changement dans la mort se fait dans l'intérieur ; dans l'extérieur, l'effet de la force qui vivifie l'homme dans l'intérieur cesse ; le corps reste comme une masse inanimée.

La force qui vivifie l'homme doit être dans l'intérieur et ne doit être liée avec l'extérieur qu'en agissant... \

Nous apercevons dans l'homme qu'il vit, qu'il a la faculté de penser, l'intelligence, le jugement et l'imagination ; toutes ces facultés nous ne les apercevons plus dans le corps mort : ces facultés doivent être des qualités de l'intérieur non de l'extérieur, car sans cela elles existeraient encore après la mort.

Cet intérieur se distingue donc essentiellement de l'extérieur comme il a des qualités tout-à-fait différentes de lui, et les qualités constituent l'entier d'une chose. Ce qui est dans l'intérieur doit être une force, et chaque force est essentiellement différente de la matière, parce qu'elle n'a ni divisibilité sensuelle, ni extension sensible.

Cette force de vie intérieure dans l'homme est donc âme, et est essentiellement différente du corps.

. . . .

Autrefois l'homme se trouvait au milieu entre le quaternaire spirituel et le temporel, pendant qu'il est maintenant à la fin du quaternaire du temps (1).

Il avait donc une vue vaste et embrassante, pendant que maintenant la distance et l'erreur sont sa part.

Si l'on veut calculer une chose d'après le quaternaire, qu'on observe d'abord, si ce qui doit être calculé est un objet :

Métaphysique
ou géométrique
ou seulement corporel et physique, pour poser les nombres du quaternaire.

1	2	3	4	10
point,	ligne,	plan,	profondeur,	mathématiques
1	2	3	4	10
sagesse,	faculté,	multiplicité,	mouvement,	nature

1	2	3
force du germe,	développement naturel,	forme simple,

4	10
forme composée	production de la nature

1	2	3	4	10
être,	être là,	force et vertu,	action,	métaphysique
1	2	3	4	10
intelligence,	justice,	pouvoir,	modération,	morale
1	2	3	4	10
chaleur,	sécheresse,	humidité,	froid,	qualités
1	2	3	4	10
printemps,	été,	automne,	hiver,	année

---

(1) D'Eckartshausen, *Ausschlüsse zur Magie.* Munich, 1792, t. IV. A paru dans l'*Initiation*, 72° vol., juillet 1906, n° 10, p. 52 à 59.

Si on a observé cela, on réfléchit combien de fois la chose peut-être permutée pour trouver les rapports mutuels.

Savoir combien de fois la chose peut-être permutée en elle-même, ensuite avec un côté du quaternaire auquel elle appartient, et enfin tout le quaternaire et la racine.

. . . .

La pensée (1).

Que se passe-t-il, si je pense ? Mon âme touche l'objet, ou l'image, que l'expression de pensées divines laissa en moi. Mon âme, comme elle pense des pensées de Dieu, touche donc pour ainsi dire le bord du vêtement de Dieu, et chaque attouchement d'une pensée plus haute, plus proche de Dieu éveille des forces émanantes plus proches de Dieu, qui agissent sur nous selon les lois de l'esprit.

Chaque pensée devient dans l'homme une force, qui reste dans l'homme et qui sommeille pour ainsi dire et attend son développement. Je peux penser mille pensées, des millions de pensées, toujours le même objet de nouveau, sans que l'image s'éteigne dans mon âme : quelle mer de forces spirituelles !

Chute de l'homme et destination.

1

L'homme appelé à l'intuition et non pas à la jouissance corporelle, était à Eden.

2

Il ne lui était pas défendu de regarder l'arbre, mais de manger les fruits.

3

Le fruit était sensuel ; pour le manger, il lui fallait des organes sensuels ; il voulut le manger et ainsi il fut soumis au détenteur du sensuel et devint mortel.

---

(1) D'Eckartshausen, *Ausschlüsse zur Magie*. Munich, 1792, t. IV. A paru dans l'*Initiation*, 72ᵉ volume, août 1906, nº 11, p. 176 à 179.

4

La destination de l'homme est ascension de l'homme, animal sensuel, à l'homme esprit, donc sa chute était une descente de l'homme-esprit à l'homme-animal sensuel.

Somme = 10

AGES DE L'HOMME.

1

Le premier âge de l'homme est l'enfance ; il nourrit son corps et oublie ses ans à mesure qu'il vieillit.

2

Après l'enfance, le deuxième âge vient et l'homme fait usage de sa mémoire.

3

Puis, le troisième âge vient, et la nature donne à l'homme la faculté de produire des enfants et d'être père.

4

Le quatrième âge, il le destine aux affaires, il agit selon ses désirs, tantôt bien, tantôt méchamment et le plus souvent selon ses passions.

5

Dans le cinquième âge, l'homme, après le travail et la fatigue, s'approche des années grises et ressent le besoin du repos.

6

Dans le sixième âge, il tombe dans la faiblesse et les maladies, un enfant des maladies et de la mort.

Somme = 6

Années de l'homme-esprit.

1

L'homme-esprit se nourrit dans son premier âge de bons exemples, de l'incitation de la vertu, de la société, des livres, de l'histoire.

2

Dans le deuxième âge, il voit la caducité du temporel, il aspire à des choses supérieures, il cherche, il examine, il est dirigé par la grâce et s'approche des lois éternelles.

3

Dans le troisième âge, l'homme soumet son âme à l'esprit et fait l'alliance avec la vertu et la sagesse.

4

Dans le quatrième, il vit selon les règles de cette sainte alliance et réconforte son esprit avec des forces divines.

5

Dans le cinquième, il jouit de la paix et du repos intérieur et vit sous les lois invariables du royaume de Dieu et de la sagesse.

6

Dans le sixième, il se renouvelle complètement ; il commence la vie de l'esprit et reçoit la forme pure de cette image, d'après laquelle il a été créé.

7

Dans le septième, il est en possession du royaume divin, et son cœur devient le temple de la divinité, et ainsi que la mort est la fin de la vie de l'homme-animal, la vie éternelle devient la fin de l'âge de l'homme-esprit.

Somme = 7

. . . .

II

HOËNÉ WRONSKI

**Système architectonique de l'Algorithmie
d'après la Loi de Création** (1)

A) *Théorie* ou *Autothésie* ; ce qu'il y a de *donné* dans le savoir de l'homme pour établir l'Algorithmie.
  a) *Contenu* ou *Constitution* algorithmique.
    a2) Partie *élémentaire*. = ALGORITHMES ÉLÉMENTAIRES (au nombre de sept).
      a3) Eléments *primitifs*. = ALGORITHMES PRIMITIFS.
        a4) Elément *fondamental* ; génération *neutre* des nombres. = REPRODUCTION (I).
          α) *Progressive*. = MULTIPLICATION.
          β) *Régressive*. = DIVISION.
        b4) Eléments *primordiaux*.
          a5) Génération *discontinue* des nombres, en n'impliquant que l'idée du *fini*. = SOMMATION (II).
            α) *Progressive*. = ADDITION.
            β) *Régressive*. = SOUSTRACTION.
          b5) Génération *continue* des nombres, en impliquant l'idée de *l'infini*. = GRADUATION (III).
            α) *Progressive*. = PUISSANCES.
            β) *Régressive*. = RACINES.
      b3) Eléments *dérivés*. = ALGORITHMES ORGANIQUES.
        a4) Eléments dérivés *immédiats* ou *distincts*. = ALGORITHMES IMMANENTS.
          a5) La Sommation combinée avec la Reproduction. = NUMÉRATION (IV).

---

(1) HOËNÉ WRONSKI, *Messianisme ou Réforme absolue du Savoir Humain*, t. I. Réforme des Mathématiques, Paris, 1847, in-folio, p. 65 à 68.

Nota. — Le cas particulier forme les NUMÉRALES.

b5) La Graduation combinée avec la Reproduction. = FACULTÉS (V).

Nota. — Le cas particulier forme les *factorielles*.

b4) Eléments dérivés *médiats* ou *transitifs*. = ALGORITHMES TRANSCENDANTS.

a5) Transition de la Numération aux *Facultés* ; la Sommation faisant fonction de *Graduation*. = LOGARITHMES (VI).

b5) Transition des Facultés à la *Numération* ; la Graduation faisant fonction de *Sommation*. = SINUS et COSINUS (VII).

b2) Partie *systématique*. = ALGORITHMES SYSTÉMATIQUES (au nombre de quatre).

a3) *Diversité* dans la réunion systématique des éléments primordiaux.

a4) Influence *partielle* :

a5) Influence de la *Sommation* sur la Graduation dans leur réunion systématique. = CALCUL DES DIFFÉRENCES ET DES DIFFÉRENTIELLES (I).

b5) Influence de la *Graduation* sur la Sommation dans leur réunion systématique. = CALCUL DES GRADES ET DES GRADULES (II).

Nota. — Voyez l'*Introduction à la philosophie des Mathématiques*, pour saisir le sens de ce nouveau Calcul algorithmique, découvert par la présente application de la loi de création, ainsi que plusieurs autres algorithmes suivants, dont on ne se doutait pas auparavant.

b4) Influence *réciproque* de ces éléments primordiaux ; *harmonie* systématique entre la Sommation et la Graduation par leur *concours téléologique* à la génération des nombres. = CALCUL DES CONGRUENCES (III).

Nota. — Le type de cette téléologie algorithmique est :

$$x^m = x \qquad (Module = M).$$

C'est Gauss qui le premier en a conçu le problème ; mais cet illustre géomètre n'a pu le résoudre que pour le cas simple des *résidus quadratiques*, et cela, même dans des bornes très resserrées.

b3) *Identité* finale dans la réunion systématique des éléments dérivés distincts ou des algorithmes immanents de la Numération et des Facultés, par le moyen de l'élément neutre ou de l'algorithme de la Reproduction, qui leur est commun. = CALCUL DES ÉQUIVALENCES (IV).

Nota. — C'est là ce qu'on nomme la *Théorie des équations algébriques de différents degrés.*

b) *Forme* ou *Comparaison* algorithmique.

  a2) Dans la partie *élémentaire*. = RAPPORTS.

    α) Rapport dépendant de l'algorithme *neutre* de la Reproduction. = RAPPORT (dit) GÉOMÉTRIQUE.

    β) Rapport dépendant des algorithmes *primordiaux* :

      α2) De la *Sommation*. = RAPPORT ARITHMÉTIQUE.
      β2) De la *Graduation*. = RAPPORT DE SALTATION.

  b2) Dans la partie *systématique*. = ÉQUATIONS.

    α) Equations dépendant de la susdite *diversité* systématique :

      α2) De la diversité *partielle* ;

        α3) Equations aux DIFFÉRENCES et aux DIFFÉRENTIELLES.
        β3) Equations aux GRADES et aux GRADULES.
      β2) De la diversité *réciproque*. = ÉQUATIONS DE CONGRUENCES (Equations indéterminées en général).

    β) Equations dépendant de la susdite *identité* systématique. = ÉQUATIONS D'ÉQUIVALENCES.

B) *Technie* ou *Autogénie* ; ce qu'il *faut faire* pour l'accomplissement de l'Algorithmie.

  a) Dans le *contenu* ou dans la *Constitution* algorithmique.

    a2) Dans la partie *élémentaire* de cette Constitution.

      a3) Pour la *mesure* des quantités par les éléments *immédiats* ou *distincts* ; accomplissement des algorithmes *immanents*. = ALGORITHMES TECHNIQUES DU 1er ORDRE.

    a4) Accomplissement de la *Numération*.

— 155 —

a5) Avec prépondérance de la *Sommation*; instrument technique *primordial.* = SÉRIES.

b5) Avec prépondérance de la *Reproduction*; instrument technique *secondaire.* — FRACTIONS CONTINUES.

b4) Accomplissement des *Facultés.*

a5) Avec prépondérance de la *Graduation*; instrument technique primordial. = FACULTÉS EXPONENTIELLES.

b5) Avec prépondérance de la *Reproduction*; instrument technique *secondaire.* = PRODUITES CONTINUES.

b3) Pour la *détermination* des quantités par les éléments *médiats* ou *transitifs*; accomplissement des algorithmes *transcendants.* = ALGORITHMES TECHNIQUES DU 2e ORDRE.

a4) Accomplissement des *Logarithmes.* = ORDRES SUPÉRIEURS DE LOGARITHMES.

Nota. — Ce sont là les logarithmes des *quantités idéales* (faussement dites *imaginaires*), comme l'est, par exemple, le logarithme par lequel Jean Bernouilli est parvenu à déterminer, d'une manière finie, le célèbre rapport π de la circonférence au rayon du cercle; rapport qui, au reste, peut en définitive être déterminé ainsi par les seuls *algorithmes primitifs*, comme nous l'avons fait dans l'expression finie que voici :

$$\pi = \frac{4\cdot\infty}{\sqrt{-1}} \cdot \left[\left(1 + \sqrt{-1}\right)^{\frac{1}{\infty}} - \left(1 - \sqrt{-1}\right)^{\frac{1}{\infty}} \right];$$

expression qui donne conséquemment la solution finale du fameux problème de la quadrature du cercle.

b4) Accomplissement des *Sinus* et *Cosinus.* = ORDRES SUPÉRIEURS DE SINUS ET COSINUS.

Nota. — Pour se former une idée de ces ordres supérieurs de Sinus et Cosinus, constituant de nouvelles fonctions périodiques, qui sont demeurées inconnues aux géomètres, voyez l'*Introduction à la Philosophie des Mathématiques*, aux marques (53) à (59), et la Note de la page 513 dans le second volume de la *Philosophie de la Technie algorithmique.*

b2) Dans la partie *systématique* de cette Constitution.

a3) Pour l'accomplissement de *l'harmonie préétablie* ou de la *préformation primitive* dans les deux éléments primordiaux ; *raisons suffisantes* pour la détermination des quantités par leurs conditions systématiques, c'est-à-dire, par les valeurs de leurs différences ou différentielles, et par celles de leurs Grades ou Gradules. = INTERPOLATION.

b3) Pour l'Accomplissement de *l'identité primitive* des deux éléments primordiaux ; *universalité absolue* dans la génération des quantités. = LOI SUPRÊME DE L'ALGORITHMIE.

Nota. — Le type de cette loi suprême est :

$$Fx = A_0.\Omega_0 + A_1.\Omega_1 + A_2.\Omega_2 + A_3.\Omega_3 + \text{etc. etc.}$$

Le célèbre théorème de Taylor, qui en est le cas le plus particulier, a été le premier essai de cette génération universelle des quantités.

b) Dans la *forme* ou dans la *Comparaison* algorithmique.

a2) Dans la partie *élémentaire* de cette Comparaison ; accomplissement des *rapports* algorithmiques, en vue de l'*uniformité* de la génération des quantités ; *règle* de cette génération uniforme. = CANON ALGORITHMIQUE.

Nota. — La Théorie des *fonctions génératrices* de Laplace en présente un cas particulier.

b2) Dans la partie *systématique* de cette Comparaison ; accomplissement des *équations* algorithmiques, en vue de l'*identité finale*, ou de la génération universelle des quantités. = PROBLÈME-UNIVERSEL de L'ALGORITHMIE.

Nota. — Le type de ce Problème-universel est :

$$0 = fx + x_1.f_1 x + x_2.f_2 x + x_3.f_3 x + \text{etc. etc.}$$

Le célèbre théorème de Lagrange, qui en est le cas le plus particulier, a été le premier essai de la solution de ce Problème universel des Mathématiques.

III

H. DE BALZAC

Le Nombre (1).

« Vous croyez au nombre, base sur laquelle vous asseyez l'édifice des sciences que vous appelez exactes. Sans le nombre, plus de mathématiques. Eh bien, quel être mystérieux, à qui serait accordée la faculté de vivre toujours, pourrait achever de prononcer, et dans quel langage assez prompt dirait-il le nombre qui contiendrait les nombres infinis dont l'existence vous est démontrée par votre pensée ? Demandez-le au plus beau des génies humains, il serait assis mille ans au bord d'une table, la tête entre ses mains, que vous répondrait-il ? Vous ne savez ni où le nombre commence, ni où il s'arrête, ni quand il finira. Ici, vous l'appelez le temps ; là, vous l'appelez l'espace ; rien n'existe que par lui ; sans lui, tout serait une seule et même substance, car lui seul différencie et qualifie. Le nombre est à votre esprit ce qu'il est à la matière, un agent incompréhensible : est-ce un être ? est-ce un souffle émané de Dieu pour organiser l'univers matériel où rien n'obtient sa forme que par la Divisibilité, qui est un effet du nombre ? Les plus petites comme les plus immenses créations ne se distinguent-elles pas entre elles par leurs quantités, par leurs qualités, par leurs dimensions, par leurs forces, tous attributs enfantés par le nombre ? L'infini des nombres est un fait prouvé pour votre esprit, dont aucune preuve ne peut être donnée matériellement. Le mathématicien vous dira que l'infini des nombres existe et ne se démontre pas. Dieu est un nombre doué de mouvement, qui se sent et ne se démontre pas. Comme l'Unité, il commence des nombres avec lesquels il n'a rien de commun. L'existence du nombre dépend de l'unité qui, sans être un nombre, les engendre tous. Dieu est une magnifique unité qui n'a rien de commun avec ses créations, et qui néanmoins les engendre. Pourquoi, si vous croyez au nombre, niez-vous Dieu ? La création n'est-elle pas placée entre l'infini des substances inorganisées et l'infini des sphères divines, comme l'unité se trouve entre l'infini des fractions que vous nommez depuis peu les décimales, et l'infini des nombres que vous nommez les entiers ?

---

(1) H. DE BALZAC, *Séraphita*. Paris, Calmann-Lévy, s. d. in-12, p. 129 à 133.

Vous seuls sur la terre comprenez le nombre, cette première marche du péristyle qui nous mène à Dieu, et déjà votre raison y trébuche. Eh quoi ! vous ne pouvez ni mesurer la première abstraction que Dieu vous a livrée, ni la saisir, et vous voulez soumettre à votre mesure les fins de Dieu? Que serait-ce donc si je vous plongeais dans les abîmes du mouvement, cette force qui organise le nombre ? Que serait ce si j'ajoutais que le mouvement et le nombre sont engendrés par la parole. Ce mot, la suprême raison des voyants et des prophètes qui jadis entendirent ce souffle de Dieu sous lequel tomba saint Paul, vous vous en moquez, vous, hommes de qui cependant toutes les œuvres visibles, les sociétés, les monuments, les actes, les passions procèdent de votre faible parole, et qui, sans le langage, ressembleriez à cette espèce si voisine du nègre, à l'homme de bois... Vous croyez donc fermement au nombre et au mouvement, force et résultat inexplicables, incompréhensibles ?.... Poursuivons. Vous vous êtes approprié une place dans l'infini du nombre, vous l'avez accommodée à votre taille en créant, si toutefois vous pouvez créer quelque chose, l'arithmétique, base sur laquelle repose tout, même vos sociétés. De même que le nombre, la seule chose à laquelle ont cru vos soi-disant athées, organise les créations physiques, de même l'arithmétique, emploi du nombre, organise le monde moral. Cette numération devrait être absolue, comme tout ce qui est vrai en soi ; mais elle est purement relative, elle n'existe pas absolument ; vous ne pouvez donner aucune preuve de sa réalité. D'abord, si cette numération est habile à chiffrer les substances organisées, elle est impuissante relativement aux forces organisantes, les unes étant finies, et les autres étant infinies. L'homme, qui conçoit l'Infini par son intelligence, ne saurait le manier dans son entier ; sans quoi, il serait Dieu. Votre numération, appliquée aux choses finies et non à l'infini, est donc vraie par rapport aux détails que vous percevez, mais fausse par rapport à l'ensemble que vous ne percevez point... ainsi vous ne rencontrez nulle part, dans la nature, deux objets identiques ; dans l'ordre naturel, deux et deux ne peuvent donc jamais faire quatre, car il faudrait assembler des unités exactement pareilles, et vous savez qu'il est impossible de trouver deux feuilles semblables sur un même arbre, ni deux sujets semblables dans la même espèce d'arbres. Cet axiome de votre numération, faux dans la nature visible, est également faux dans l'univers invisible de vos abstractions, où la même variété a lieu dans vos idées, qui sont les choses du monde visible, mais étendues par leurs rapports : ainsi, les différences sont encore plus tranchées là que partout ailleurs. En effet, tout y étant relatif au tempérament, à la force, aux mœurs, aux habitudes des individus qui ne se ressemblent jamais entre eux, les moindres objets y représentent des sentiments personnels. Assurément, si l'homme a pu créer des unités, n'est-ce pas en donnant un poids et un titre égal à des morceaux d'or ? Eh bien, vous pouvez ajouter le ducat du pauvre au ducat du riche, et vous dire au Trésor public que ce sont deux quantités égales ; mais, aux yeux du penseur, l'un est certes moralement plus considérable que l'autre ; l'un représente un mois de bonheur, l'autre représente le plus éphémère caprice. Deux et deux ne font donc quatre que par une abstraction fausse et monstrueuse. La fraction n'existe pas non plus dans la nature, où ce que vous nommez un fragment est une chose finie en soi... Le nombre, avec ses infiniment petits et ses totalités infinies, est donc une puissance dont une faible partie vous est connue, et dont la portée vous échappe. Vous vous êtes construit une chaumière dans l'infini des nombres, vous l'avez ornée d'hiéroglyphes savamment rangés et peints, et vous avez crié : Tout est là ! »

IV

A. DESBARROLLES

Les Nombres (1).

Le système des nombres enseigné par Pythagore, qui le tenait évidemment des prêtres d'Egypte, fut propagé par ses élèves.

« L'essence divine, disaient-ils, étant inaccessible aux sens, employons pour la caractériser, non le langage des sens, mais celui de l'esprit ; donnons à l'intelligence ou au principe *actif* de l'univers le nom de monade ou d'unité, parce qu'il est toujours le même ; à la matière ou au principe *passif* celui de dyade ou de multiplicité, parce qu'il est sujet à toutes sortes de changements : au monde enfin celui de triade, parce qu'il est le résultat de l'intelligence et de la matière (2).

Quelle que soit la manière dont le système est présenté, c'est toujours Kether, Binah et Chocmah.

C'est toujours la lutte du principe actif et du principe passif donnant le mouvement, source de la vie.

Le sens des leçons de Pythagore sur les nombres est que les nombres contiennent les éléments de toutes les choses et même de toutes les sciences. Pythagore appliqua le système des nombres aux mondes des esprits et résolut des problèmes parfaitement inconnus à notre arithmétique actuelle. Voici ce qu'a dit un savant à ce sujet, il y a plus de deux siècles :

« Le grand système du monde repose sur certaines bases d'harmonie, dont l'être, la forme et l'action de toute choses, aussi bien spéciales que générales, sont une suite naturelle. Ces bases d'harmonie sont appelées nombres. Celui qui les connaît, connaît les lois par lesquelles la nature existe, la comparaison de ses rapports, le genre et la mesure de leur effet, le lien de toutes les choses et de tous les faits, la physique et la mécanique du monde. Les nombres sont les vases invisibles des êtres, comme leurs corps en sont les vases visibles, c'est-à-dire qu'il existe un double caractère des choses, un visible et l'autre invisible, le visible est la forme visible : le corps, la forme invisible, c'est le nombre. Et tout ce qui se présente et se manifeste est le résultat

---

(1) Ad. Desbarrolles, *Les Mystères de la main révélés et expliqués*. Paris, Dentu, 1860, in-12, p. 299 à 313.

(2) *Voyage d'Anarchasis*. Paris, 1809, t. III, p. 181.

d'une énergie intérieure, et cette énergie est le dégorgement d'une force. Les forces plus ou moins grandes proviennent des nombres réels, et l'énergie plus ou moins grande des nombres *virtuels*.

« Il y a évidemment des enveloppes invisibles, car chaque être a un principe et une forme : mais le principe et la forme sont deux extrêmes qui ne peuvent jamais s'unir sans un certain lien qui les attache ; c'est là la fonction du nombre. Comme les lois et les qualités des choses invisibles sont écrites sur les nombres invisibles ; ou, puisque l'on reçoit des impressions de la sensibilité de la pensée par les moyens des sens, de même notre esprit reçoit des idées lucides de la position et de la destination invisible des choses aussitôt qu'il peut les saisir. Car l'idéal a, comme le physique, nombre, mesure et poids, dont la position n'est visible qu'à l'intelligence. Les véritables nombres du monde sont, il est vrai, infinis, mais leur marche est simple et directe, car tout repose sur les nombres fondamentaux de un à dix. Leur infinité repose sur le nombre infini et indéterminé des êtres en soi, cela d'autant plus que les mêmes êtres ont plusieurs sortes de qualités. Il y a donc des nombres pour le fond et la substance des êtres, leur effet, leur durée et les degrés de leurs progrès (la progression). Toutes ces choses sont autant de stations où les rayons de la lumière divine s'arrêtent et jettent des reflets en arrière, tantôt pour représenter leur propre image, tantôt pour puiser dans ce même coup d'œil rétrograde une nouvelle vie, une nouvelle mesure, un nouveau poids. Il y a aussi des nombres réunis pour exprimer les différents rapports et les différentes positions des êtres, leur action et leur effet. Ainsi il y a des nombres centraux et des nombres de circonférence ; il y a aussi des nombres faux et des nombres impurs. Malgré leur réunion infinie, l'idée en est très simple, car tout monte du premier chiffre fondamental jusqu'à dix et les nombres simples ; et ceux-ci reposent de nouveau dans les *quatre* premiers nombres fondamentaux dont *la réunion* (l'addition) donne 10, d'où résulte aussitôt brillamment la forme estimable du quaterne qui paraît folle aux gens de nos jours, parce qu'ils ne peuvent rien y comprendre. Nous voyons ici, en quelque sorte, pourquoi le nombre 10 était si hautement sacré pour les pythagoriens, c'était leur nombre le plus révéré, un véritable ὄρρητον. Ils juraient par le nombre 4, et un serment par le saint τετράκτυς était le plus sacré que l'on pût imaginer. En lui étaient toutes les symphonies et les forces de la nature. Dix était le nombre du monde, ou le Pan (πὰν) absolu. Selon Pythagore, les nombres sont la base de l'esprit divin, et le moyen unique par lequel les choses elles-mêmes se montrent ; l'union de tous les nombres réunis des mondes, ou la base de l'accord des êtres et de leurs effets, forme l'harmonie du grand tout. C'est pourquoi Pythagore regardait l'astrologie et l'astronomie comme des branches étroitement enlacées d'une seule et même science (1).

« Pythagore fait aussi une différence entre les nombres et les chiffres qui peuvent être comptés ; les premiers sont des destinations (terminationes, ὅροι) et consistent seulement sur des grandeurs spirituelles : les seconds au contraire, ont pour objet des choses corporelles et sont l'expression visible de l'invisible. Tous les chiffres spirituels sont, d'après Pythagore, des rayons, des reflets, (emanationes) de l'unité, comme *un* ou *l'unité* est le commencement des chiffres qui peuvent être comptés. Un est aussi le nom et le caractère du plus haut, du grand principe, du seul, de l'infini. Un est le centre de tout, le fond de chaque être et de toutes les unités particulières qui ne sont pas absolues et nécessaires, mais qui sont des rayons médiats ou immédiats de l'unité absolue. Dix unités forment unité de dizaine jusqu'à cent ; dix dizaines sont l'unité de cent, et ainsi de suite ; toutes les grandes unités contiennent les petites, avec la conséquence que les petites sont contenues dans les grandes, ainsi se produit l'assemblage mutuel. Et il en est de même dans la nature. Chaque monde supérieur contient toutes les unités subordonnées où les mondes inférieurs, et les plus petites prennent réciproquement part aux mondes, sphères, figures ou créatures supérieures, étant en qualité de subordonnés contenus en eux. Dans les centaines, par exemple, sont contenus tous les nombres depuis un jusqu'à cent, et dans la catégorie de *l'animal* tous les animaux de la création : et comme tous les nombres de un à cent se rapprochent de plus en plus, alors les animaux même les plus bas placés montent de leur degré en se levant et en croissant toujours, jusqu'à ce que leurs membres les plus distingués viennent se joindre à l'homme, sans cependant pouvoir atteindre à sa hauteur.

« La déviation infinie des races d'animaux en descendant de l'une à l'autre exprime également les rapports du nombre dans le sens de l'unité éclatant en une infinité de débris. Cette méthode lumineuse venue de l'Orient correspond à celle selon laquelle les ordres les plus bas sortent des plus hauts, qui les contiennent en eux et les pénètrent (2). »

« Non seulement les plus fameux philosophes, mais même les docteurs catholiques, entre autres : saint Jérôme, saint Augustin, Ori-

---

(1) *Thionis Smyrnoi eorum quæ in mathemat. ad Platonis lectionem utilia sunt exposito.* Paris, 1646, lib. I, cap. I, p. 7.

(2) *Geschichte der magie*, von Joseph Ennemoser. Leipzig, 1844, p. 548 Traduction inédite).

gène, saint Ambroise, saint Grégoire de Nazianze, saint Athanase, saint Basile, saint Hilaire, Rabanus, Bède et plusieurs autres, assurent qu'il y a une vertu admirable et efficace cachée dans les nombres (1). »

« Séverin Boèce dit que tout ce que la nature a fait d'abord, semble avoir été formé par le moyen des nombres, car ç'à été le principe modèle dans l'esprit du Créateur ; de là est venue la quantité des éléments, de là les révolutions des temps ; c'est de là que subsistent le mouvement des astres, le changement du ciel et l'état des nombres. Il ne faut pas s'étonner, puisqu'il y a de si grandes vertus occultes et en si grand nombre dans les choses naturelles, qu'il y en ait dans les nombres, de bien plus grandes, de plus cachées, plus merveilleuses, plus efficaces, parce qu'ils sont plus formels, plus parfaits, et qu'ils se trouvent dans les corps célestes (2). »

« Tout ce qui se fait subsiste par les nombres et en tire sa vertu, car le temps est composé de nombres, et tout mouvement et action et tout ce qui est sujet au temps et au mouvement : les concerts et les voix sont aussi composés de nombres et de proportions et n'ont de force que par eux. Enfin toutes les espèces de ce qu'il y a dans la nature et au dessus d'elle dépendent de certains nombres, ce qui a fait dire à Pythagore que tout est composé du nombre et qu'il distribue les vertus à toutes choses (3). »

Agrippa, Saint-Martin, se sont occupés des nombres ; et Saint-Martin d'une façon spéciale.

Saint-Martin et l'abbé Joachim sont-ils arrivés jusqu'à la prophétie au moyen des nombres ? C'est ce que nous n'avons pas à examiner.

Nous ne chercherons pas à donner ici une idée de la méthode des nombres de Saint-Martin, puisqu'elle est toute mystique, obscure par conséquent, et demanderait par delà même de trop grands détails. Nous citerons seulement, et sans commentaires, ce qu'il dit du nombre *un* ; nous citerons Agrippa après lui.

« L'UNITÉ, dit Saint-Martin, multipliée par elle-même, ne rend jamais *qu'un*, parce qu'elle ne peut sortir d'elle-même.

« Un germe végétal qui a produit ses fruits annuels conformément au nombre d'actions qui sont comprises dans ses puissances, n'en produit plus et rentre dans son principe.

---

(1) *La Philosophie occulte* de CORNELIUS AGRIPPA. La Haye, 1727, liv. 2, p. 215 (voir l'édition de la Bibliothèque Chacornac, 1910, t. 1ᵉʳ, 2ᵉ livre, p. 217 à 219).
(2) *Idem*, p. 213 à 214.
(3) *Idem*, p. 214.

« Chaque pensée qui sort de nous est le produit d'une action de puissance qui y est relative, et qui en étant comme le germe, se termine avec la pensée particulière qui l'a produite comme ayant remplis son cours.

« Quoique la Divinité soit la source infinie, unique et éternelle, de ce qui a reçu l'être, chaque acte de ses facultés opératrices est employé à une seule œuvre et s'en tient là sans le répéter, puisque cet acte est rempli et comme consommé. Ainsi, chaque opération étant une, et chaque racine de cette opération étant neuve, il est probable que cette racine qui a agi dans son action créatrice, n'agit plus que dans son action conservatrice dès qu'elle a produit son œuvre, quoique les œuvres qui en résultent soient permanentes et immortelles, parce que les racines ne sont que comme les organes et les canaux par où l'unité manifeste et réalise autour d'elle-même l'expression de ses facultés. Or dans toutes les philosophies possibles, les moyens ne sont que passagers et la fin est stable (1).

Voici ce que dit Agrippa :

« Le nombre n'est que la répétition de l'unité. L'unité pénètre le plus simplement tous les nombres, et étant la mesure commune de tous les nombres, leur source et leur origine, elle les contient tous étant joints uniquement, demeurant incapable de multitude, toujours la même et sans changement : c'est ce qui fait qu'étant multipliée elle ne produit rien qu'elle-même. Un est le principe de toutes choses et toutes vont jusqu'à un, et après lui il n'y a rien, et tout ce qu'il y a demande un, parce que tout est venu d'un. Pour que toutes choses soient les mêmes, il faut qu'elles participent d'un, et de même que toutes choses sont allées à plusieurs par un, ainsi il faut que tout ce qui veut retourner à un quitte la multitude. Un se rapporte donc à Dieu qui, étant un et innombrable, crée cependant quantité de choses et les contient dans soi.

« Il y a *un* Dieu, *un* monde qui est à Dieu, *un* soleil pour *un* monde, *un* phénix dans le monde, *un* roi parmi les abeilles, *un* chef dans les troupeaux, *un* commandant dans une armée, Il y a *un* élément qui surpasse et pénètre tout, qui est le feu ; il y a *une* chose créée de Dieu qui est le sujet de toute admiration, qui est en la terre et dans les cieux ; c'est actuellement *l'âme végétante et minérale qui se trouve partout, que l'on ne connaît guère, que personne n'appelle par son nom*, mais qui est cachée sous des nombres, des figures et des énigmes,

---

(1) *Les Nombres*, par SAINT-MARTIN, édition autographiée. Paris, 1843, p. 80, 81, 82. Voir édition de la Bibliothèque Chacornac, Paris, 1913, in 8, p. 78 à 80.

sans laquelle l'alchimie ni la magie naturelle ne peuvent avoir leur succès. » (1)

L'unité, c'est le principe de tout : mais l'unité lumière ne peut rester une lumière sans ombre, l'unité voix ne peut rester une voix sans écho. *Un* est un principe sans comparaison ; le nombre, c'est l'harmonie, et sans harmonie rien n'est possible ; l'unité est nécessairement active, et son besoin d'action la fait se répéter elle-même ; elle se partage, ou plutôt se multiplie pour produire deux. Mais deux, c'est l'antagonisme, c'est l'immobilité momentanée lorsque les forces sont égales, mais c'est la lutte, le principe du mouvement. Saint-Martin, en désignant le nombre deux comme mauvais et funeste, a prouvé qu'il ne connaissait pas un des plus grands arcanes de la magie. La terre est évidemment un lieu de passage et d'épreuves : le nombre deux est donc une nécessité, puisqu'il représente la vie qui n'est que par l'action, par la lutte, et ne cesse d'être que par le repos. Deux, c'est donc l'antagonisme, mais *trois*, c'est l'existence. Avec trois, la vie est trouvée. Trois, c'est la pendule qui va tantôt à droite, tantôt à gauche, pour équilibrer et faire mouvoir.

Trois utilise ainsi la lutte du binaire et en tire le mouvement qui est la vie.

« Trois, dit Balzac dans *Louis Lambert*, est la formule des mondes créés, il est le signe *spirituel* de la création comme il est le signe *matériel* de la circonférence. »

Trois, c'est Dieu.

Nous ne pouvons résister au plaisir de citer quelques phrases des *Harmonies de l'être, exprimées par les nombres*, livre éminemment profond et remarquable.

L'auteur a lu dans l'Evangile de saint Jean, trois mots : *Vita, Verbum, Lux*. Vie, Verbe, Lumière. Il y voit la Trinité, examine la profondeur, la signification de ces trois mots dans plusieurs pages, et se résume ainsi :

« Disons que le Père est vie, et par conséquent puissance et force, et que le caractère spécial de cette vie c'est l'expansion.

« Que sera le Fils ? Tout le monde le sait : il est le Verbe ou la parole. Mais que faut-il entendre par le Verbe ou la parole ? Tous les philosophes s'accordent à le dire : c'est la forme...

Il nous reste donc la lumière. Comment le Saint-Esprit sera-t-il la lumière ? Essayons de le comprendre...

« La lumière n'est ni la substance ni l'intelligence, mais elle ré-

---

(1) *La Philosophie occulte* de Cornelius Agrippa, liv. 2. La Haye, 1727 p. 218.

suite de leur union ; elle n'est pas un composé des deux, elle n'est pas moitié substance, moitié intelligence, elle est quelque chose de différent de l'un et de l'autre,... qui n'en procède pas par la composition, mais qui est simple en soi-même et indivisible, qui n'est ni moindre, ni plus grand que l'un et l'autre, car la lumière est partout, et seulement où l'intelligence s'unit à la vie, et si la vie et l'intelligence sont infinies, la lumière aussi le sera. Donc la lumière différente de la vie et de l'intelligence,... sera une troisième personne, elle sera le Saint-Esprit (1). »

«... La sagesse qu'on a toujours regardée comme le Verbe divin, fils de Dieu, parle ainsi dans les *Proverbes* : « Quand il préparait les cieux, j'étais là. Quand il donnait aux abîmes une loi et une limite ; quand il établissait le firmament et qu'il distribuait avec mesure les sources des eaux ; quand il mettait un frein à la mer et posait une loi aux flots, afin qu'ils ne dépassent pas leurs limites ; quand il posait les fondements de la terre : j'étais avec lui, arrangeant toutes choses : je me délectai chaque jour, me jouant devant lui, en tout temps jouant dans l'univers, et mes délices seront d'être avec les enfants des hommes.

« N'est-ce pas la variété et la distinction des êtres ? (2).

On se rappelle que le verbe, c'est la forme.

« Quand à l'Esprit-Saint, lorsqu'il apparait, c'est pour éclairer ; c'est lui qui inspire les prophètes, qui dévoile l'avenir et ôte le bandeau d'obscurité de devant les yeux. Lorsque Dieu promet l'effusion de son esprit saint, voici les effets qu'il annonce devoir suivre : « Vos fils et vos filles prophétiseront, vos vieillards auront des songes, et vos jeunes gens des visions. *Et prophetabunt filii vestri et filiæ vestræ, senes vestri somnia somniabunt, et juvenes vestri visiones videbunt* (JOEL) (3).

Le nombre trois, c'est le mouvement qui fait équilibre en passant successivement d'un point à un autre ; le nombre QUATRE, c'est l'équilibre parfait, c'est le carré, le positivisme, le réalisme.

QUATRE, en magie, c'est le cube ; le carré. C'est l'image de la terre ; le quaternaire est la conséquence du ternaire : le ternaire, c'est l'esprit, le mouvement, la résistance, qui amènent naturellement le quaternaire : la stabilité, l'harmonie.

Pour les anciens kabbalistes, le nombre quatre renfermait les quatre éléments.

---

(1) *Les Harmonies de l'Etre*, par LACURIA. Paris, 1847, t. 1 p. 37 et 38
(2) *Idem*, t. 1, p. 40 et 41.
(3) *Idem*, t. 1, p. 41.

« Les quatre points cardinaux astronomiques sont, relativement à nous, le oui et le nom de la lumière : l'orient et l'occident, le oui et le nom de la chaleur : le midi et le nord » disent les kabbalistes.

Le nombre quatre, c'est la croix.

Les disciples de Pythagore ont cherché dans les nombres des propriétés dont la connaissance les put élever à celle de la nature : propriétés qui leur semblaient indiquées dans les phénomènes des corps sonores.

« Tendez une corde, disaient-ils, divisez-la successivement en deux, trois, quatre parties, vous aurez dans chaque moitié l'octave de la corde totale ; dans les trois quarts, la quarte ; dans les deux tiers, la quinte : l'octave sera donc comme 1 à 2 ; la quarte, comme 3 à 4, la quinte, comme 2 à 3. L'importance de cette observation fit donner aux nombres 1, 2, 3, 4, le nom de *sacré quaternaire*. D'après ces découvertes, il fut aisé de conclure que les lois de l'harmonie sont invariables, et que la nature a fixé d'une manière irrévocable la valeur et les intervalles des tons (1).

Mais comme tout est dans tout, comme la nature n'a qu'une seule loi dans le système général de l'univers, comme elle est toute harmonie et simplicité, on en vint à conclure avec raison que les lois diverses qui régissent l'univers devaient se découvrir en cherchant leur rapport avec celles de l'harmonie.

« Bientôt dans les nombres 1, 2, 3, 4, on découvrit non-seulement un des principes du système musical, mais encore ceux de la physique et de la morale, tout devient proportion et harmonie : le temps, la justice, l'amitié, l'intelligence, ne furent que des rapports de nombres, et comme les nombres qui composent le sacré quaternaire produisent en se réunissant (*en s'additionnant ensemble*) le nombre dix, le nombre quatre, fut regardé comme le plus parfait de tous par cette réunion même (2). »

Nous avons dit que le nombre quatre représente les quatre éléments reconnus par les anciens Kabbalistes : quatre, c'est donc la terre, la forme ; un est le principe de vie, l'esprit : par conséquent cinq, c'est quatre et un , cinq, c'est donc l'esprit dominant les éléments, c'est la quintessence. Aussi le pentagramme (étoile à cinq pointes) exprimait-il cette domination. Aussi le pentagramme à cinq pointes est-il le nombre de Jésus, dont le nom à cinq lettres, c'est le fils de Dieu se faisant homme, c'est Jéhova incarné.

C'est à l'aide du signe du pentagramme que les kabbalistes pré-

---

(1) *Voyage d'Anarcharsis*, t. III, p. 183. Paris, 1809.
(2) Aristotelis opera omnia quœ exstant græce et latine. *Metaph.* Parisiis, 1539, t. IV, liv. I, chap. V, p. 268.

tendent enchaîner les démons de l'air, les salamandres, les ondins et les gnomes.

Le pentagramme, c'est l'étoile flamboyante des écoles gnostiques mais c'est aussi selon que l'esprit sera plus ou moins pur pour diriger la matière, le bien ou le mal, le jour ou la nuit.

Cinq, c'est l'esprit et ses formes.

La magie noire se sert du pentagramme en mettant en l'air deux de ses pointes, qui représentent l'antagonisme du bien et du mal, l'immobilité et l'ignorance par conséquent, puisque, le pentagramme étant ainsi placé, ces deux cornes dominent le ternaire qui, représentant l'influence de l'esprit divin, se trouve renversé.

Cinq devient ainsi un nombre funeste, un nombre mauvais placé sous le nom de Géburah, qui est le nombre de l'antagonisme, de l'autonomie, de la liberté excessive, et dont l'antagonisme provoque la rigueur.

Le pentagramme représente le corps humain, dont la pointe supérieure forme la tête : si la tête est en bas, c'est le signe de la folie.

La main, qui est un petit monde, donne aussi l'explication du nombre cinq : le pouce représente l'intelligence qui domine la matière représentée à son tour par les quatre doigts qui, sans le pouce, deviendraient presque inutiles. Le pouce positif s'oppose aux doigts négatifs. Le pouce, c'est donc l'esprit, c'est l'intelligence *humaine*, donnant une valeur, une utilité aux *quatre* doigts, qui représentent la matière.

Les quatre membres qui font l'organisation de l'homme si complète sont régis par la tête comme les doigts par le pouce, c'est toujours l'esprit et ses formes ; maintenant la tête peut donner une direction bonne et mauvaise. Nous n'avons pas besoin d'en dire davantage pour expliquer le nombre Cinq.

V

E. LEDOS

Du rapport des Nombres avec les Planètes (1).

L'unité ou nombre Un est au Soleil ; ce nombre convient entièrement à cet astre Roi, qui répand la lumière et la vie sur notre monde planétaire ; et, qui comme l'unité, est le principe et la source des nombres.

Le nombre Deux est attribué à la Lune, qui est la seconde lumière éclairant notre planète, et dont l'action jointe à celle du Soleil produit les marées ; laquelle a aussi une influence particulière et considérable sur l'atmosphère et par conséquent sur le régime du temps.

Le nombre Trois appartient à Jupiter, qui est comme ce nombre, caractérisé par la vénération des choses divines et sacrées, par la raison, la modération, par l'amour de la paix et de la justice.

Le nombre Quatre appartient au Soleil, qui, par sa situation dans les points équinoxiaux et solsticiaux, partage l'année en quatre parties et règle les saisons. Ce nombre est aussi attribué à Mercure en raison des quatre éléments sur lesquels il agit tout particulièrement en s'accommodant et s'adaptant à leur nature et à leurs qualités. Le nombre Quatre est encore attribué aux quatre points cardinaux qui déterminent le régime des vents.

Le nombre Cinq qui, composé du premier nombre pair et du premier nombre impair, réunit en lui comme deux sexes le masculin et le féminin, appartient à Mercure en raison de sa nature androgyne. Cinq exprime l'intelligence et l'analyse, qualités de Mercure.

Le nombre Six, symbole de la beauté et de la perfection naturelle appartient à Vénus, qui est le type parfait de la forme et du beau. Le nombre Six qui est formé de trois multiplié par deux, montre deux triangles dont la réunion est le symbole de l'union des deux sexes et la figure du mariage et de la génération, qui naturellement se rapporte à Vénus.

Le nombre Sept, qui termine tout, qui achève tout, et qui en toutes choses est la fin et la conclusion, à laquelle succède le repos, appartient

---

(1). E. LEDOS. *Les types physionomiques associés et les phénomènes psychiques*. Paris, s. d., p. 125 à 129.

à Saturne, symbole du temps, de l'éternité, et qui marque la fin fatale des êtres et des choses.

Le nombre Sept a aussi un rapport avec la Lune à cause qu'il règle le mouvement et les phases de cette planète.

Le nombre Huit appartient à la Terre, qui représente le cube en général ; il est aussi à Vulcain, image du feu central.

Le nombre Neuf appartient à Mars, lequel représente la volonté et l'action, la force et la puissance physique, comme Vénus représente les attraits et la séduction de la beauté parfaite. En outre, Mars est l'emblème de la force qui anime et qui détruit.

Le nombre Dix est attribué à l'univers, et aussi aux astres en raison de leur mouvement circulaire.

Des Figures géométriques.

Les figures géométriques qui sont produites par les nombres ont, comme les nombres, leur puissance, leur vertu et leur symbole. Ainsi, le point et le cercle répondent à l'unité et au nombre Dix ; car l'unité est tout à la fois le centre et la circonférence de toutes choses ; et le nombre Dix étant joint à l'unité, revient à l'unité, comme à son principe, étant la fin et le complément de tous les nombres.

Ainsi donc, le cercle figure l'unité, car comme elle, il n'a ni commencement ni fin. C'est pourquoi ici le mouvement circulaire est considéré comme étant infini, non pas à l'égard du temps, mais à l'égard du lieu ; c'est pour cela que le cercle est estimé la plus noble et la plus parfaite de toutes les figures.

Les autres figures, comme le triangle, le quadrangle, le pentagone, l'hexagone, l'heptagone, l'octogone, et toutes les autres figures qui sont composées de plusieurs et différentes sections, ont des symboles, des vertus et des significations particulières, selon leur forme et les nombres auxquels elles se rapportent.

Puissances carrées et cubiques de certains Nombres

Le nombre 121, carré du nombre 11, montre les deux unités ou principes restant divisés par le nombre 2 qui représente le mal.

Le nombre 1331, cube du nombre 11. Dans ce nombre 1331, ces deux 3 par leur union forment le nombre 6, qui est un nombre de paix, d'harmonie et de perfection ; ce qui est le symbole du retour du pêcheur au bien, et le pouvoir qui lui est donné de s'élever à la perfection.

Le nombre 100, carré du nombre 10 exprime une perfection complète et il marque l'extrême limite de la conception humaine.

Le nombre 1000, cube du nombre 10, renferme la perfection d'une multitude de nombres ; il signifie la perfection consommée et absolue, l'accomplissement des choses, et la consommation des siècles.

Le nombre 144, carré du nombre 12, contient beaucoup de choses mystérieuses de l'ordre divin et de l'ordre spirituel.

Dans les choses temporelles, il marque les grands changements qui arrivent dans les sociétés humaines, dans les lois, les régimes, ainsi que dans les Empires, même aussi dans les cités. Les changements signifiés par le carré de 12 ne sont pas nécessairement mauvais, ils peuvent être bons et favorables aux hommes s'ils se gouvernent avec sagesse et prudence.

Mais le nombre 1728, cube de 12, est fatidique et fatal ; il apporte toujours des changements funestes, des malheurs et des calamités qui entraînent la ruine des sociétés et des Empires.

VI

LOUIS-MICHEL,
de Figanières.

**Mathématiques vivantes et perfectionnantes.
Mathématiques mortes (1)**

Nous désignons ainsi la science de la vie omniverselle ou science de Dieu et la science humaine. Comme tout vit, tout tombe dans la science de la vie omniverselle. Celle-ci est la science des lois et des fonctions de la vie, comprenant tout ce qui s'y rapporte dans les trois ordres de grandeur, combiné par les 4 règles vivantes, les quatre règles de la vie qui sont l'addition, la soustraction, la multiplication, et la division ; règles vivantes que Dieu seul peut exécuter et, à son exemple, l'homme, vivant du savoir de la loi divine. Nous appelons vivantes cette science et ses règles, parce qu'elles s'exécutent activement dans le cours de la vie et ne s'appliquent qu'à des objets vivants et agissants. La science des mathématiques vivantes et fonctionnantes ne fait qu'un avec la loi d'analogie divine, et cela se conçoit. Ces mathématiques agissant partout de la même manière, dans les situations semblables, représentent toujours l'analogie divine dans leurs effets ; et l'analogie divine étant le résultat, l'expression des volontés de la suprême perfection, ne sauraient être que la répétition des mathématiques vivantes et perfectionnantes de Dieu. Elles sont ainsi appelées, parce que c'est en vertu de leurs dispositions que fonctionne la vie de tout et partout, la vie omniverselle, dans les trois ordres de grandeur, dans l'ordre de l'infiniment grand, du petit ou du moyen, de l'infiniment petit.

Les mathématiques mortes au contraire, sont ainsi nommées dans la *Clé de la vie* parce qu'elles ne servent qu'à la mort. Basées sur les quatre règles numérales, abstraction, simple abstraction, fumée des mathématiques vivantes, elles ne fonctionnent qu'au profit de la science morte. Instrument de l'avare pour calculer son trésor, les mathématiques numérales servent à l'administrateur pour la gestion d'un monde mort ; elles servent d'auxiliaire à la science humaine partant de la mort pour aller aboutir à la mort.

---

(1) Louis-Michel, de Figanières, *Éveil des Peuples*, Paris, 1864, chap. X.

CHAPITRE XIV

LA PUISSANCE DES NOMBRES

On vient de lire l'enseignement autorisé de quelques initiés. Il ne sera pas sans intérêt de méditer ensuite le travail d'un savant profane qui, par sa seule intuition avait sans doute retrouvé bien des données ésotériques. Nous voulons parler de J. B. J. Dessoye. De son rare ouvrage : *Embryogénie méthodique de l'entendement de l'esprit humain fondée sur la puissance des Nombres* (1), nous extrayons les passages suivants :

I. — Prospectus Spécimen.

A. Pythagore, philosophe grec né à Samos vers l'an 600 avant Jésus-Christ, disait « Les nombres régissent l'univers ».

B. Pythagore avait raison, c'est ce que nous venons expliquer en 1857.

C. Nous avons le calcul intégral, le calcul différentiel, le calcul décimal, le calcul duodécimal et le calcul infinitésimal. Mais nous n'avons pas encore la concordance de ces 5 calculs et nous nous perdons dans les solutions qu'on obtiendrait sans difficulté si nous possédions une méthode sûre, invariable, simple et infaillible, avec laquelle ces calculs seraient ramenés à une moyenne régulatrice. De cette manière,

---

(1) Propriété de l'auteur : J. B. J. Dessoye (déposé), 7 janv. 1857. B. N. Cote : Vp. 24 815.

on n'aurait plus à s'occuper des quantités infiniment petites ; alors, toutes les quantités obtenues seraient finies.

D. La logarithmique, ou raison de nombres, nous enseigne que 0 (zéro), est le logarithme de 1, s'il en est ainsi, nous avons avec neuf chiffres et 1 zéro :

C'est-à-dire $\dfrac{0.\ 1.\ 2.\ 3.\ 4.\ 5.\ 6.\ 7.\ 8.\ 9.\ 1.\ 0.}{1.\ 2.\ 3.\ 4.\ 5.\ 6.\ 7.\ 8.\ 9.\ 10.\ 11.\ 12}$ × 12 = 144 = 9. douze signes
qui sont

placés sur douze colonnes. La table de Pythagore a été confectionnée sur le carré de 144, qui est celui de la mesure du temps.

E. Mais si l'on prend les neuf chiffres et le zéro pour les placer en sens inverse de la manière suivante, en donnant au zéro la valeur de deux unités, $2.\overset{0}{1}$; —

$$\begin{cases} 1.\ \ 2.\ \ 3.\ \ 4.\ \ 5\ =\ 15 \\ 0.\ \ 9.\ \ 8.\ \ 7.\ \ 6\ =\ 32 \end{cases} \overline{47}$$

$$\begin{array}{l} 3\|\ 11\ \ 11\ \ 11\ \ 11\ \ 44\ \text{et}\ 3.\ \ 47 \\ 3\|\ \ 2.\ \ 2.\ \ 2.\ \ 2.\ =\ \overset{*}{8}\ =\ 16.\ 94 \end{array}$$

$$\cdot\overset{\cdot}{\times}\cdot \qquad 8=17-9,\quad 7\ \ 13$$

$$2\ =\ 11.-4.$$

on obtient pour résultante le carré de 143, produit de 13 × 11.

F. Cette figure paraît nous démontrer que la raison des nombres est fondée sur la formation de doubles équerres ou de triangles au nombre de 3 dans la confection desquels on doit faire figurer le zéro pour deux unités : exemple :

$$8\ \begin{array}{|cc|} \hline 2 & 2 \\ \hline \end{array}\ \begin{array}{cc} 1 & 1 \\ \end{array}\quad \begin{array}{c} -\ 0.\ \ 1.\ \ |\ \ 2.\ — \\ \ \\ |\ \text{Zéro}\quad \overline{0-2}\ \text{et} \end{array}$$

(avec 2 en haut et en bas à gauche, 2.2. en dessous ; 8 3 unités : 5. ; 5 et 3 = 8 ; $\cdot\overset{\cdot}{\times}\cdot$)

La figure ci-dessus est l'équivalent d'un carré :

G. La loi des carrés nous démontre effectivement :

1º Que, si l'on place des nombres sous des équerres ou des triangles, et si l'on donne des numéros d'ordre aux lignes et aux colonnes,

— 175 —

c'est-à-dire transversalement et verticalement, l'addition d'une unité prise de chaque côté sur le zéro, concourt avec les nombres pour obtenir la preuve.

2º Que d'un autre côté, si les additions se font entre chaque deux nombres, c'est-à-dire d'une manière triangulaire, les nombres additionnés se résument dans un seul chiffre, précisément au numéro de la ligne transversale qui sert à obtenir la preuve. La figure que nous allons donner pour exemple, rappelle celle de l'*Abracadabra*. Il s'agit du nombre 2868 = 24 = 6.

1º Figure ou tableau explicatif de la propriété des nombres lorsqu'on donne au zéro la valeur de deux et d'une unité, dans les additions.

2º Ce même tableau fournit un exemple de la manière avec laquelle on obtient la preuve.

```
              ·X·   7.  5.  7.   ·X·
                   16. 32. 16.
     0.   1.  2.  3.  4.  5.        5.  4.  3.  2.  1.    0.
     1. ┌ 1.  2.  3.  4.  5.        6.  7.  8.  9.  0. ┐  1.
     2. │ 3.  5.  7.  9.     11.   13. 15. 17. 11.    │  2.
     3. │     8. 12. 16. 20.       24. 28. 32. 28.    │  3.
     4. │        20. 28. 37.   45. 52. 60. 60.        │  4.
     5. │            49. 65. 82.   97. 113. 122.      │  5.
     6. │               114. 147.  179. 210. 235.     │  6.
     7. │                    261. 326.  390. 446.     │  7.
     8. │                         587. 717. 837.      │  8.
     9. │                             1304. 1554.     │  9.
    10. │                                  2868.      │ 01.
    57.  12.                              24.             21.  75.
    12.                         3.   6.   3.              21.
    13.                         9.   1.   9.              31.
    14.                        17.   8.  71.              41.
    15.                              8.   8.              51.
    16.                        15.  77.  51.              61.
    17.                              3.                   71.
   132.                         6.   0.   6.             231.
   ─────────────────────────── 8.   2.   8. ──────────────────
```

On voit que, dans ce tableau, les nombres se contrôlent et se vérifient en sens inverse et réciproque. La concordance est établie sur la progression géométrique 11. 22. 44. 88. et 1. 89.

H. La raison de cette concordance repose sur un fait bien simple.

Avec le carré de 144
produit de 12 multiplié par lui-même, on obtient, par addi- ===
tion le nombre 9
mais si, au lieu de ce carré on prend celui de 13 × 11, on
obtient 143 égalés par 8
de telle sorte que l'on a pour résultante deux   8   8 = $\overline{17}$

Les calculs se contrôlent ainsi en partie double. C'est le zéro logarithme de 1 qui est l'agent de ce contrôle, dès l'instant où il sert à prendre deux unités pour faire les additions.

II. — CHIFFRES ET RAISONNEMENT.

J. Ceci devient manifeste, lorsqu'on divise les neuf chiffres et le zéro en deux parties, afin de les transformer en proportions arithmétiques, ayant chacune trois termes et deux rapports ; nous allons démontrer qu'en formant ces deux proportions, on obtient, simultanément, une proportion géométrique.

La lettre o se partage en deux unités.

— 177 —

[Tableau disposé en rotation, colonnes de gauche à droite:]

Lettres de l'alphabet suivant ces proportions — 0. 1. 2. 8. 2. 1. 0.

1.	A.	B.	C.	D.	E.
2.	F.	G.	H.	J.	I.
8.	K.	L.	M.	N.	O.
2.	P.	Q.	R.	S.	U.
1.	T.	V.	X.	Z.	Y.

Carré de 8 × 4 = 32.

Carré de 5 × 5 = 25 = 7. 8.

0.-32-1. — Onze de 11. de Onze — 1.

5 — 32. 5. 4. 3. 2. 1. 0.

ces proportions — 0. 1. 2. 3. 4. 5. | 16. | 7.

1. 2. 3. 4. 5. | 6. 7. 8. 9. 0.
3. 5. 7. 9. | 11. 13.15.17.11.
8.12.16. | 22. | 28.32.28.
20.28. | 44. | 60.60.
49. | 89. | 122.
13. | 171. | 5. |
4. | 88. | 5.
      425.

10 × 8 = 80. Rapports et balance.

Valeur numérique des Lettres suivant ces proportions —

1.	6.	2.	4.	6.	24.
2.	6.	2.	2.	2.	18.
3.	6.	4.	8.	6.	26.
4.	4.	4.	6.	2.	20.
5.	4.	4.	4.	4.	22.

—— 8 ——

8 | 26. 20. 26. 20. 18.
11 / 110.
2 / 220.

La lettre O se partage en deux unités.

4, 4 — 2. — 4, 4

K. Soit donc comme exemple d'application cinq proportions établies, d'abord par le raisonnement, puis justifiées par les nombres A. B. C. D. E.

— 178 —

	Chiffres et Nombres.	Lettres.	ont d'égales propriétés.	B. Pour exprimer	une avec précision rigoureuse	les calculs	de la pensée et de la raison humaines.
A. Mots. Syllabes.							
244 — 12 — 34 —	82 —	32 —	84 —	353 — 16 —	42 — 110 —	38 —	146

	de la nature et les combinaisons,		seront dévoilés d'une manière certaine.	D. Le jour	où l'on aura	découvert et démontré	égalent un, deux, trois, quatre.
C. Les secrets mystérieux							
415 — 40 — 46 —	130 —	40 —	156 —	309 — 24 —	42 — 90 —	(que 0 (lettre) (zéro =	36 — 106.

664426 4 2 | 664626   E ‖ Dieu, Vérité, { Unité Réciprocité. } Justice. { Rapports et Balance. } 46644 6   } 24 24 2 2 6

Rapports ‖ Balance ‖ 36
          34

7 —— 16 —— 9   211 —— 4 —— 16 —— 28 —— 64 —— 22 —— 80 —— 30.5.—— Justice ‖ 22 = 4.

⊙ × 7 = 16 soit 8 :: 8   Preuve ‖   44
                2
                                    8 — 8   8 = 4 ×
                                    16. 16 . . . . 32 ⊙

$$\overset{0}{8} \times \overset{8}{8}$$
$$\underset{79}{} \underset{79}{}$$

E

	0.	1.	2.	3.	4.	5.	6.	7.	8.	9.	10.	11.	12.	11.	10.	9.	8.	7.	6.	5.	4.	3.	2.	1.	0.
		A.							B.									C.					D.		
1.	12.	34.	82.	32.	84.	—	16.	42.	110.	38.	146.	—	16.	28.	64.	22.	80.	—	40.	46.	130.	40.	156.	—	24.	42.	90.	36.	106.	1.
2.	46.	116.	114.	116.			58.	153.	149.	184.			44.	92.	86.	103.			87.	177.	172.	197.			66.	133.	127.	152.		2.
3.	162.	230.	230.				211.	302.	333.				136.	178.	199.				264.	349.	369.				199.	260.	279.			3.
4.	393. 462.						523. 645.						314. 377.						613. 718.						460. 540.					4.
5.	855.						1168.						691.						1331.						1002.					5.
	18.						16.						16.						8.						7.					16.
	9.						7.						7.						8.						7.					7.

16.
7.

L. La preuve de ces calculs est fondée sur les rapports qui existent entre les distances numériques, la valeur de 2. étant attribuée au zéro afin d'établir, par une sorte de règle de fausse position, la concordance des calculs décimal et duodécimal et la formation simultanée des proportions arithmétiques et géométriques, en sens inverse et réciproque, sans recourir à des fractions.

M. Tous les nombres qui entrent dans la formation des proportions concourent à la formation de la preuve. On les ramène pour cela, aux nombres premiers : 1. 2. 3. 4. 5. 6. 7. 8. 9, afin de les résumer dans un seul chiffre. Ce chiffre doit être l'expression d'un nombre avec lequel on peut revenir à la racine du carré de 144. La mesure de rapport est 32, d'où avec le zéro valant 2, on obtient $34 \times 3 = 102$, d'où 102 et 2 du zéro = 104. 7 = 34 comme 104 = 7.

Soit donc, suivant cette explication :

1° Le produit des équerres avec son zéro	2° Le produit des proportions	3° Le résumé des proportions.			4° Et la mesure de rapport.	
Deux huit 2. 8. 8. 16.	1542.	21. de trois sept.	3.	777	Cette mesure étant	
Deux sept 2. 7. 7. 14.	12.	9 de un neuf	1.	9.	34 on obtient éga-	
30. 0	3 on forme 2 fois	30. Reste	1 (un) 8.		lement 7.	14.5.
Totaux 64 ————		———— 30 ————		96 = 104	7.	

10 ————————————— 24 ——————————————10

La division de 24 par 3 donne pour produit   8. 8. 8. trois huit.

III. — Prospectus Spécimen.

N. Le nombre 104 est le produit de 13×8, or 13×2 produit 26, et avec le nombre 26, on obtient pour résumé 8. Le cercle va jusqu'à 26, au lieu de 24, parce que la valeur attribuée au zéro sert à former 26 avec le nombre 24. C'est ainsi que l'on opère dans le carré de $13 \times 13 = 169$, nombre qui se réduit à 16 et à 7. Il suit de là que le carré de 169 est une sorte d'enveloppe du carré de 144. Celui-ci se résume par 9, de telle façon que, par addition on réforme 16, de la même manière que 13 résumé par 4 reproduit 13 ; d'où 16 et 13 = 29 = 11 = 2. C'est-à-dire $\frac{2}{0}$ et 9 = 11 ce qui ramène à la progression géométrique 22. 44. 89. et 171. avec une différence de 82. Ce dernier

— 180 —

nombre est la distance de la proportion géométrique comme 13 est la proportion arithmétique. Ces deux distances réunies forment le nombre 95 = 14 = 5. Le nombre 95 est tout juste supérieur de 1 au nombre 94 ; soit 49 en sens inverse, avec lesquels on forme 13 × 2 et par conséquent 26, dont le résumé est 8 et 1 9. La pose de ces deux chiffres 8. 9, sert de preuve parce que l'on forme $\frac{17}{8}$ par addition et 17 × 2 = 34 = 7. 7 et 9 = 16 = 7. Il va sans dire que le nombre 94 s'obtient par l'addition des nombres de $\frac{1}{0}$ 1 à 13 en donnant une valeur de deux au zéro de 10, soit $\frac{1}{0.}$ 1. 2. 3. 4. 5. 6. 7. 8. 9. $\frac{2}{10.}$ 11. 12. 13 = 94 = 13 = 4 et 7 = 11 = 2 × 16 et 0 = 34.

O. La raison de la valeur attribuée au zéro est péremptoire. Toutes les proportions qui existent dans la nature ont pour point d'appui les nombres qui s'appliquent au cours du soleil et à l'action du calorique lumineux ; par conséquent à la mesure du temps. Or, le temps se divise par heures, minutes et secondes. 1 heure se compose de 60 minutes = 61, comme 1 minute se compose de 60 secondes = 61. On a ainsi 2/61 qui se résument par 7 et 7. Il suit de là que 2. nombre des 7, doit se diviser pour tout compter. Alors on a 1 et 1. C'est de la sorte qu'en n'omettant rien, on arrive à obtenir 2/8..., 8 et 8. Ces 2/8 résument le compte de 1 jour, 1 nuit, 1 heure, 60 minutes, 1 minute 60 secondes, qui égalent 124 = 7.

P. Mais pour comprendre ces détails dans une seule règle, il est bien plus simple de former une échelle de 1 à 60 comme il suit ; il en résulte que l'on aura un double contrôle qui s'exercera réciproquement par chacune des lignes sur les autres. Il y aura un retard de 4 entre 15 et 19, ce qui fera qu'à 60 on trouvera 64 et à 120 le nombre 124. Mais aussi, 60 et 60 égalent 124 en donnant au zéro la valeur de 2. Il n'y a plus d'erreur possible avec ces précautions. Les nombres se prennent en sens inverse pour la preuve.

0.	1. 2. 3. 4. 5. 6. 7. 8. 9. 10. 11. 12. 13. 14. 15.	159 = 15 = 6
1.	1. 3. 5. 7. 9. 12. 13. 14. 15. 16. 17. 18. 19.	6
2.	0. 2. 4. 6. 8. 10. 11. 21. 31. 41. 51. 61. 71. 81. 91.	
3.	3. 5. 9. 13. 17. 3. 2. 33. 44. 55. 66. 77. 88. 99. 110.	En
4.	3. 5. 9. 4. 8. 3. 2. 6. 8. 10. 12. 14. 16. 18. 4.	résumé
5.	3. 5. 9. 4. 8. 3. 2. 6. 8. 3. 3. 5. 7. 9. 4.	79

16 ———————————————————————————— 16 = 7 et 7
                                                                                                              13, 13
                                                                                                                26

— 181 —

Nous le démontrons par les 2|61. 61, auxquels nous opposons 2./16.16 ; et par conséquent 4|7.7.7.7. Ainsi le carré de 13 × 13 = 169 sert à vérifier les calculs ; car 169 = 16 et 16 = 7 d'où 7 × 5 = 35 = 8 et 8 = 16 = 7.

Q. Que si l'on nous oppose qu'il y a eu un 1|6 de doublé, sous 15 de 159, nous établissons qu'en ne le faisant pas, nous aurions eu $7\frac{6}{-}7 =$ 20 = 4. avec lesquels nous pouvons former $\frac{4}{20}$ 26 = 8, de même que 16 produit de 4 × 4. Quand on multiplie 169 par 4, on obtient

on obtient : $\quad \begin{array}{r} 676 = 19 = 10 = 3 \\ \underline{576} = 18 = 9 = 9 \\ (1251) \end{array} \Big\} \ 12 = 3$

et quand on multiplie le carré de 144, produit de 12 × 12 par le nombre 4, d'où l'on ne fait que contrôler le calcul duodécimal par une mesure de rapport, sans laquelle on s'exposerait à des erreurs, parce que l'exactitude des contrôles résulte d'une comparaison distancée qui s'opère à l'aide du nombre des zéros de $\frac{1}{0}$ à 1252.

		Ce nombre est de 238 y compris le 1er		$\frac{1}{0}$
En effet, 169 × 4˙ produit 676		19 10 3		1
		1252 10 3 3 15 6 soit 15.	....	2
de 144 à 169	144 × 4 produit 576	18 9 9	6 15.	3
distance :	Différence 100		15. 12. 30.	.... 4.
23 = 5 et 3		576. 18. 9. 9.	9.——3. 5.	8. 5.
·×·				
8	238 × 4 produit 476		17.	8. 6.
		2——— 5—12—7		
32 = 4 × 8	551. 12 551 =	11 12 = 3 = 3	16 = 22.4.4—22.	
		·×·		

R. Il importe donc de prendre le zéro pour 2 dans les calculs d'une exactitude rigoureuse. Il faut aussi former les proportions en double avec 3 termes et 2 rapports, soit 10 pour 2 proportions. Le 1er terme doit être moins élevé que le 2e. Le 3e plus élevé que le second, le 1er rapport doit être moindre que le 2e terme. Quant au 2e rapport sa quantité est indifférente.

IV. — Raison de tout par les carrés.

S. Nous terminons cette planche par deux tableaux. Le 1ᵉʳ est celui de la raison de nombres combinée avec la loi du carré des distances numériques. Le second est la raison de l'alphabet.

U. Explications.

Nous donnons le nom de la loi à la formation des deux tableaux ci-contre.

Il y a loi, en effet, dès que l'on trouve dans la nature des choses la cause suivie d'effets et de conséquences, dont les doubles rapports donnent, pour résultat, la raison du problème, d'une manière invariable, 08 signes numériques sont placés au milieu de 16 carrés formés par 2 fois 5 lignes, ce qui donne $5 \times 5 = 25$.

Loi de la formation des carrés, des distances numériques

25 se résume par 7 et 16, se résume également par 7.

2 3. 4. 5. 6. 7. 8. 9. se résument par	44
	×
Or zéro valant	2
le produit est égal à	88

Le zéro forme les signes 1 et 1, ce qui avec 1, unité, donne 3.

Raison de l'Alphabet

par 222 = 6 du nombre   596.695 = 40 = 6

						4					
0	1	2	3	4	22		4	3	2	1	0
1		5	9	6	3		6	9	5		1
2			14	15	12			15	14		2
3			29	27			27	29			3
4				56	54		56				4
5				110			110				5
6					2						6
7				2	2		2				7
8					8						8
37	10.1	—	—	—	3		3	—	—	10.1	37
					6						
	596	=	=	=	20	44	20	=	=	695	
						8					

Les 3 unités nous donnent avec 44 et 44 = 88 — 88 et 1 = 89, enfin 89 et 2 = 91. Le nombre 91 vaut 10 = 3 ; nous revenons ainsi à la progression géométrique . 1. 11. 22. 44. 89. 171. du tableau de la page 177.

88,89 et 91 forment trois nombres avec lesquels on obtient par addition 268.

par addition	268
soit	88
ou	16
résumé par	7

— 184 —

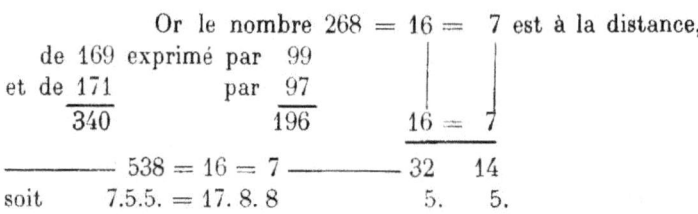

Or le nombre 268 = 16 = 7 est à la distance,
de 169 exprimé par 99
et de 171 par 97
━━━ ━━━
340 196 16 = 7

─────── 538 = 16 = 7 ─────── 32   14
soit   7.5.5. = 17. 8. 8   5.   5.

D'ailleurs 169 et 2 du zéro nous donnent juste le 171 de la progression géométrique à partir de 89. — Enfin 268, divisé par 4, nous donne 4|67. 13 × 4 = 52 = 7, ce qui nous rend
25 = 7 en sens inverse.

Ainsi 169, carré de 13 × 13 et 2 du zéro 171, sont au calcul intégral des proportions de la nature, ce que sont les dimensions que le fondeur donne à ses moules pour compenser le retrait de la matière.

Les deux soixante-huit (2|68) qui forment les nombres partagés, à droite et à gauche du carré de 25, sur lequel le zéro et 8 signes sont placés, ont été obtenus en comptant une à une les lignes de ce carré, à mesure que les chiffres étaient comptés pour aller d'une extrémité à l'autre.

N. B. Les personnes qui voudront prendre nos 5 proportions A B C D E pour un sujet d'étude s'apercevront que nous n'avons pas toujours pris le zéro pour 2.
Voici ce qu'elles constateront :

A. En résumé 856 = 19 = 10 = 3. E. 736 A. B. E. C. D.

= 16 = 7. D. 1004 = 9 d'où — 3. 7. 7. 8. 9. = 34 = 7.

Or, avec 3|8 = 24 de la preuve,
on a 1° 34 et 24 = 58 = 13 = 4.   15 = 6.

2° 24 et 7 de 34 =   31 = 4.13 et 31 = 44 = 8.

CHAPITRE XV

LA SECTION SECRÈTE DE L'ÉTUDE DES NOMBRES

On nous rendra cette justice que nous avons fait tous nos efforts pour rendre aussi claire que le permettait le sujet, cette étude sur les Nombres.

Il est bien évident toutefois que les documents livrés au public ne peuvent exposer sans voile les indications qui permettent d'aboutir à des résultats pratiques, à une action personnelle sur le Plan invisible et sur les forces secrètes de la Nature.

En Cabbale, cette section se nomme Schemamphorash et elle est presque exclusivement composée de manuscrits.

En Arithmologie pratique, c'est la clef des pouvoirs sur les forces du Plan Astral. Or, les pouvoirs ne sont donnés qu'à ceux qui les connaissent assez dans leurs Principes pour ne presque jamais s'en servir. Il en est de même en ce qui concerne certaines parties des sciences divinatoires.

Toutefois nous sommes autorisé à donner, sur ce sujet, mais *sans aucun commentaire* un document qui est livré pour la première fois à la publicité, et qui provient des archives d'une association d'Hermétistes à laquelle appartenait J. J. Bourcart (*Jacob*), l'auteur de l'*Esquisse du Tout Universel* (1). Nous ne

---

(1) Jacob. *Esquisse Hermétique du Tout Universel*. Avec préface explicative par le Dr Papus. Paris, Chacornac, 1902.

dirons pas que cette association était une section de la Rose-Croix, car ce titre a été accaparé de telle sorte que les véritables Rose-Croix ne s'appellent pas par ce titre qui était du reste pour eux un nom Exotérique.

Ceux qui seront assistés par un guide de l'autre plan parviendront à utiliser ce document, et c'est pour eux seuls que nous le publions (1).

---

(1) Nous ne pensons pas contrevenir à la discrétion que Papus a cru devoir s'imposer en donnant ici quelques indications sans lesquelles le document publié risquerait fort de demeurer incompréhensible même aux étudiants qualifiés que leurs travaux n'auraient jamais orienté vers la géomancie. En effet, les noms qui se trouvent en marge sous chaque numéro (pp. 188-203) indiquent qu'il s'agit de figures utilisées en géomancie.

* * *

A chaque numéro est donnée la signification d'une figure lorsqu'elle est placée dans chacune des 12 *Maisons* du thème géomantique.

* * *

Nous ferons encore remarquer :
1° qu'il n'y a que 16 figures géomantiques (et qu'il ne peut y en avoir que 16). Le tableau de la page 187 en donne 18.
2° qu'en géomancie une planète « directe » ou « rétrograde » (même le Soleil et la Lune) est affectée à chaque figure ce qui avec ☊ et ☋ (tête et queue du Dragon, nœuds ascendant et descendant de la Lune) fait $2 \times 7 + 2 = 16$.

Dans le tableau de la page 187, les deux figures supplémentaires proviennent de ce que ☊ et ☋ ont été considérés chacun comme directe et rétrograde, ce qui fait 2 significations en trop (par rapport à la géomancie traditionnelle).

En outre les figures géomantiques ont été envisagées dans 5 acceptions différentes, ce qui fait que chaque figure se trouve répétée 5 fois dans la liste. On remarquera que pour chacun de ces 5 groupes les significations générales ont des points de ressemblance (*note de l'Editeur*).

Tableau de la Science des nombres symboliques ou Températures astrales.

Planètes					
♄ directe.	12 Tristesse.	21 Fécondation.	34 Pauvreté.	43 Danger de mort.	67 Prison, empêchement.
rétrograde.	29 Haine.	92 Jalousie.	59 Maladie.	95 Persécution.	76 Mort.
♃ d	13 Gaité.	31 Acquisition.	35 Faveur.	53 Honneur.	68 Victoire.
r	28 Jouissance.	82 Usage.	58 Fleurir.	85 Aimable. Brillant.	86 Force.
♂ d	14 Colère.	41 Feu.	36 Blessure.	63 Poison.	69 Epée.
r	27 Querelle.	72 Dispute.	57 Décomposition.	75 Fermentation.	96 Destruction.
☉ d	15 Grande chance.	51 Succès.	37 Gain.	73 Utilité.	78 Perfection.
r	26 Petite chance.	62 Plaisir.	56 Accroissement.	65 Réussite.	87 Sûreté.
♀ d	16 Beauté.	61 Agrément.	38 Rapprochement.	83 Mélange.	79 Divorce.
r	25 Esprit.	52 Prodigue.	49 Rancune.	94 Affaibli.	97 Dégénéré.
☿ d	17 Inconstance.	71 Réunion.	39 Equation moyenne.	93 Ressemblance.	89 Union.
r	24 Légèreté.	42 Indifférence.	48 Equilibre.	84 Inertie.	98 Diversité.
☾ d	18 Vitesse.	81 Croissance.	45 Empêchement.	54 Bruit.	— Destruction.
r	23 Vétusté.	22 Pourriture naissante.	47 Pourriture.	74 Pourriture à haut degré.	— Fin d'un être.
☊ d	19 Superflu.	91 Agrandissement	46 Durcissement.	64 Révision.	— Entêtement.
r	44 Sobriété.	11 Uniformité.	33 Instinct.	88 Gestion.	— Consistance.
☋ d	55 Pauvreté.	66 Rapé.	99 Son faible.	— Usure.	— Affaiblissement.
r	22 Faiblesse.	77 Perte de sens.	— Souffrance.	— Disparaître.	— Dégradation.

En tout 81 symboles.

— 188 —

11
☿ ♎︎   1 Vie sobre ; 2 Gain au jeu ; 3 Secours de parents ;
Conjunctio 4 Gain par terrains ; 5 Mauvaise nouvelle ; 6 Maladie
♉︎   dangereuse ; 7 faux amis ; 8 Mort ; 9 Science économie ;
             10 Ambassade ; 11 lettres de protecteurs ; 12 Procès.

12
♄ ♐︎   1 Sang-froid ; 2 Pauvreté ; 3 brouille avec frères ;
Tristitia 4 désagréments avec parents ; 5 Ennuis avec enfants ;
Senectus   6 rhumatismes ; 7 Querelles en ménage ou avec ennemis ;
tarditas   8 longévité ; 8 Science théologique ou théosophique ;
             Bon vouloir de la part de prélats ou de juges ; 11 Bon
             vouloir de la part de parents vieux ; 12 désespoir.

13
♃ ♉︎   1 caractère doux et gai ; 2 Gain par bétail ; 3 affection
Lætitia   chez frères et sœurs ; 4 Héritage de parents ; 5 beaucoup
Victoria   de braves enfants, amour réciproque ; 6 santé ou con-
in amore   valescence ; 7 fidélité en hymen ou triomphe sur ses
Gaudium   ennemis ; 8 Age de quatre-vingts ans ; 9 Juridiction ;
             10 Grâce chez souverains et supérieurs ; 11 dons de
             personnes riches ; 12 dangers surmontés.

14
♂ ♏︎   1 Colère, Choléra, impétuosité ; 2 brigandage et pertes ;
Puer   3 haine de frères ou sœurs ; 4 haine de parents ; 5 fécon-
Fortitudo dation, méchants enfants, méchants serviteurs ; 6 plaies
B Colum   vénériennes ou de feu ; 7 dispute en mariage et voie de
T Salum   fait, blessures en luttes avec ennemis ; 8 Mort par bles-
             sure ; 9 chirurgie, Anatomie, aide en couches ; 10 dis-
             grâce auprès de souverains, disgrâce chez les juges ou
             tribunaux ; 11 refroidissement des bienfaiteurs ; 12 assas-
             sinat, mort violente.

15
☉   1 tempérament gai ; 2 grand bénéfice en or ; 3 Respect
Fortuna   chez ses consanguins ; 4 Trésor souterrain en or ; 5 triom-
major   phe en amour, beaux et sains enfants, fécondité ; 6 heu-
Aurum   reuse guérison des malades, des femmes en couche ;
Testum   7 hymen paisible, repos avec les ennemis ; 8 délivrance
T Salum   des dangers de mort ; 9 bonheur en chimie ; 10 Bon vou-
             loir du souverain et des tribunaux ; 11 Soutien d'amis ;
             12 délivrance de soucis.

16
♀ ♏︎   1 Susceptible, excitable, enclin à l'amour ; 2 ni gain
Puella   ni perte ; 3 Amour des sœurs ou parents féminins ;

Pulchri- 4 amour de la mère ; 5 bienveillance de l'amante, con-
tudo   ception ; 6 mal vénérien, lèpre ; 7 infidélité en mariage ;
I Colum 8 vie sauvée ; 9 Style éloquent, charme ; 10 bonheur par
T Salum intervention de femmes ; 11 bienveillance chez les vieilles
          femmes ; 12 Chagrin.

17
☿ ♎   1 léger, indécision, hésitant ; 2 perte par entreprises ;
Conjunctio Calomnies chez des parents ; 4 Calomnie par médisance
          féminine ; 5 inconstance en amour, désobéissance d'en-
          fants ; 6 maladies phlegmatiques ; 7 babillage de femmes,
          victoire des ennemis ; 8 Mort par eau ; 9 Navigation ;
          10 disgrâce à la cour ; 11 persécution par femmes ;
          12 Mort.

18
☽ ♑   1 tempérament sec ; 2 gain commençant ; 3 bon
Fortuna conseil de la parenté ; 4 espoir d'héritage ; 5 conception
Oriens sûre ; 6 cure heureuse ou couche heureuse ; 7 réconcilia-
via   tion avec ennemis, mariage paisible ; 8 guérison de ma-
          ladie ; 9 Astronomie ; 10 entrée en faveur des grands ;
          11 bienfaits ; 12 délivrance des dangers.

19
☿ ♌   1 tempérament froid humide ; 2 perte douloureuse
Fortuna inévitable ; 3 disputes avec parenté ; 4 perte d'un procès
Occidens d'héritage ; 5 Amour froid, stérilité ; 6 danger de mort
          du malade si des remèdes alcalins sont sans effet ;
          7 disputes en ménage et avec ennemis ; 8 vie courte ;
          9 Agriculture ; 10 jalousie de cour ; 11 réponse néga-
          tive de protecteurs ; 12 perte par vol.

20
21
♄ ♐   1 Mélancolie, ton triste ; 2 perte par infidélité de
Tristitia domestiques ou d'usuriers ; 3 méchantes calomnies chez
Senectus des parents ; 4 grand héritage d'anciens économes ;
Tarditas 5 Grossesse de l'amante; enfants moraux et respectueux ;
          6 maladie des pieds ; 7 infidélités de la femme ou du
          mari ; 8 Age de soixante ans ; 9 arithmétique ; 10 réus-
          site du procès ; 11 faveur chez anciens ministres et con-
          seils ; 12 perte de sens.

22
☉ ☿   1 tempérament vif ; 2 gain du commerce ; 3 bonheur
  ♌   par parents ; 4 bonheur par anciens documents ; 5 let-
Epistola tres agréables ; 6 guérisons mercurielles ; 7 correspon-

Albus   dance avec ennemis ; 8 délivrance, danger de mort ; 9 Uranologie ; 10 lettres de rois ; 11 lettres de protecteurs ; 12 perte de documents importants.

23

☽ ♉
Via

1 indifférent, froid ; 2 pertes du commerce ; 3 dommage par femmes parentes ; 4 dommage par domestiques ; 5 Avortement, disputes en amour, légèreté des enfants ; 6 crise de la maladie ; 7 infidélité en mariage ; 8 longue maladie, courte vie ; 9 Météorologie ; 10 bienveillance à la cour ; 11 faveur chez les jeunes femmes ; 12 tromperie.

24

☿ ♋
Alatus

1 mollesse, nerfs insensibles ; 2 petit voyage ; 3 méchante jalousie ; 4 calomnies chez les parents ou supérieurs ; 5 ruses en amour, tromperies de serviteurs ; 6 santé chancelante ; 7 pensées de divorce, peur de ses ennemis ; 8 prolongement de la vie de 7 ans ; 9 physiologie ; 10 poursuites de supérieurs ; 11 désaffection ; 12 dangers par l'eau.

25

♀ ♐
Amissio

1 légèreté, sans souci ; 2 perte d'argent ; 3 haine d'une jeune femme ; 4 haine d'une vieille femme ; 5 refroidissement de l'amour ; 6 mauvaises couches ; 7 jalousie en mariage, victoire des ennemis ; 8 vie courte ; 9 peinture ; 10 faveur des souverains ; 11 dons de dames ; 12 bonheur décroissant.

26

☉ ♋
Fortuna minor
Argentum

1 bon et heureux en entreprises ; 2 Gain dans le commerce d'argent ; 3 secours de parenté ; 4 héritage en capitaux ; 5 amour tiède ; 6 faiblesse du malade ; 7 victoire sur des ennemis, hymen paisible ; 8 vie longue ; 9 études financières ; 10 Honneurs ; 11 dons de faveurs ; 12 délivrance de ses persécuteurs.

27

♂ ♏
Ruber
Nocens
Lædere

1 fierté, méchant, hypocrites, faux amis ; 2 perte en négoce ; 3 désaffection des parents ; 4 désobéissance vis-à-vis de ses supérieurs ; 5 inconstance en amour, conception ; 6 fièvres dangereuses ; 7 mariage militant, victoire des ennemis ; 8 souhaits de mort, vie qui ne dure plus dix ans ; 9 chimie ; 10 défaveur en cour, perte d'un procès ; 11 reproches de protecteurs ; 12 honte.

28
♃ ♈   1 débonnaire, sensible, bienfaisant ; 2 bénéfices par
Acquisitio immeubles ; 3 Estime général ; 4 Augmentation de la
fortune ; 5 fécondité en mariage, victoire en amour,
serviteurs fidèles ; 6 pustules, éruptions, cure par épuratifs ; 7 hymen paisible, victoire sur ennemis ; 8 longévité ; 9 Historien, découverte de secrets ; 10 gain d'un
procès, réussite d'une pétition ; 11 soutien de ses amis ;
12 bonne conscience.

29
♄ ♓   1 jaloux, boudeur, nerfs grossiers ; 2 gains par procès ;
Carcer   3 procès avec parenté ; 4 procès pour héritages ; 5 préféImpedi- rence du rival en amour, dispute avec amante ; 6 fièvres
mentum froides et longues ; 7 disputes en ménage, inimitié d'un
ministre ; 8 âge au-dessus de 60 ans ; 9 Légiste ; 10 calomnies en cour ; 11 faveur des ecclésiastiques ; 12 Prison ou
jambe cassée.

30
31
♃ ♉   1 nerfs fins, tension forte, agréable, moral ; 2 gain par
Lætitia bestiaux ; 3 considéré dans la parenté ; 4 considéré
Victor par ses supérieurs ; 5 victoire en amour, amis fidèles,
in amore braves enfants surtout les fils ; 6 perte de sang, remèdes
Gaudium astringents ; 7 réconciliation avec ennemis, fidèle épouse ;
8 vie au-dessus de 70 ans ; 9 homme d'état ; 10 emploi et
faveur en cour ; 11 faveur auprès des ministres ; 12 délivrance de danger.

32
☽ ♌   1 complexion faible, inconstant, changeant souvent ;
Via   2 gain en voyage ; 3 tromperies de femmes parentes ;
4 plusieurs pertes dans la maison, dégats par l'eau ;
5 calomnies auprès de l'amante ; 6 pieds enflés, hydropisie ; 7 pourparlers de réconciliation ; 8 dangers de
mort ; 9 commerce de cuir ; 10 voyages administratifs ;
11 mauvaises calomnies ; 12 pertes par brigandage.

33
♀   1 légèreté, oubli, ingratitude ; 2 tromperie en com-
♌   merce ; 3 embûches de parents ; 4 dénonciation ; 5 vol
Alatus par domestiques, infidélité de l'amante ; 6 éruption dans
volatilis la figure, remèdes rafraîchissants ; 7 embûches des ennemis, ménage agité ; 8 encore 20 ans de vie ; 9 Architecture ; 10 promesse vide, espérance sans fondement ;
11 secours de savants ; 12 des pertes.

34

♄ ♏︎ 1 peureux, triste ; 2 pertes par bétail ; 3 dettes accu-
Tristitia mulées ; 4 achat de maisons ; 5 aversion de l'amante,
domestiques peu sûres ; 6 maux des poumons ; 7 mécontentement en mariage ; 8 âge de plus de 50 ans ; 9 vie
retirée, études théologiques ; 10 pertes d'un procès ;
11 secours d'un vieux ; 12 blessures.

35

♃ ♉ 1 tempérament sanguin, gracieux, véridique ; 2 gain
Lætitia par moutons ; 3 dons de parents ; 4 héritage ; 5 bonne
Victor nouvelle en amour, joies ; 6 foie malade ; 7 bonheur en
Gaudium mariage, entreprises sans entraves ; 8 âge de plus de
60 ans ; 9 homme d'Etat ; 10 espoir couronné ; 11 répu-
tation ; 12 bonheur.

36

♂ ♎ 1 Grossier, nerveux, entreprenant, batailleur ; 2 perte
Puer en jeu ; 3 tromperies de parents ; 4 disputes d'héritages ;
Fortitudo 5 dommage en amour ou par domestiques ; 6 Apostèmes,
B. Col. blessures ; 7 mécontentement en hymen, disputes avec
ennemis ; 8 dangers de mort ; 9 Mathématique et Pyro-
technie ; 10 colère des rois ; 11 poursuites ; 12 perte de
sang.

37

☉ 1 courage élevé, âme gaie, voyante ; 2 Gain dans et
Fortuna hors de son pays ; 3 secours de parents ; 4 acquisition de
major grandes propriétés ; 5 plaisirs avec ses enfants, succès
aurum en amour ; 6 Asphyxie, défaillances ; 7 bonheur par
femme, succès contre ses ennemis ; 8 longue et tranquille
vie ; 9 science militaire ; 10 chances à la cour ; 11 faveurs ;
12 mort paisible.

38

♀ ♍ 1 tendre, belle éducation, gai, bon vivant ; 2 gain par
Pulchri- l'autre sexe ; 3 gain par ses sœurs ; 4 gain par vieilles
tudo femmes ; 5 par concubinage ; 6 gain par prostituées ;
I Col. 7 faveur des femmes immanquable ; 8 faiblesses alternatives jusqu'à un âge avancé ; 9 pour femmes : protections
à la cour, pour filles : toilettes ; 10 secours par femmes ;
11 éloge des femmes ; 12 mort subite.

39

♀ ♎ 1 Mauvaise humeur, tempérament agité ; 2 maux par
Conjunctio marchands ; 3 maux par un parent célibataire ; 4 perte
ou héritage ; 5 amante égoïste, domestiques querelleurs ;

6 grossesse ; 7 désir de réconciliation des ennemis ; 8 guérison de sérieuses maladies de poitrine ; 9 grands voyages, connaissances géographiques, moyens de transports ; 10 calomnies de jaloux chez les supérieurs ; 11 perte d'honneur ; 12 persécution.

40

41

♀ ♍ 1 tempérament colérique à nerfs tendres, conciliànt à
Puer nerfs détendus, fou furieux ; 2 perte en agriculture ;
Fortitudo 3 mauvaises langues ; 4 pertes en logement ; 5 impureté
B. et légèreté des enfants ; 6 maux de vessies, des reins, d'hémorroïdes, de constipation ; 7 mauvaises nouvelles d'ennemis, antipathie de l'épouse ; 8 apoplexie ; 9 militaire ; 10 faveur des maréchaux ; 11 insultes de protecteurs ; 12 mauvaise consciences.

42

♀ ♎ 1 humeur malfaisante, bavard, changeant, indécis ;
☿ ♋ 2 perte d'économies et par un ancien serviteur ; 3 pertes
Conjunctio par un jeune parent ; 4 reproches et vengeance par une vieille femme ; 5 jalousie en amour, méfiance de serviteur ; 6 pesanteurs et coliques ; 7 balance entre ennemis ; 8 mauvaise cure dont on revient ; 9 Commerçant ; 10 faveurs moyennes en cour ; 11 grand progrès chez les protecteurs ; 12 toutes sortes d'entraves.

43

♄ ♐ 1 discret, pensant beaucoup, rancunier ; 2 perte de
Tristitia réputation ; 3 mauvaise réputation et haine chez parents ;
Tarditas 4 vente de champs ; 5 désagrément en amour et avec
Senectus domestiques ; 6 maladies du cou et de la bouche ; 7 tromperies de femmes hors de la maison ; 8 plus de 50 ans ; 9 mécanique ; 10 haine d'un riche ; 11 dons d'évêques ; 12 persécutions de vieilles femmes.

44

☿ ♌ 1 corps harmonique, tempérament propre, tolérant ;
Alatus 2 gain par industrie et savoir faire ; 3 amitié chez parentée ;
volatilis 4 héritage de gens influents ; 5 saignement de tête, tiédeur en amour ; 6 guérison d'hémorragies ; 7 ruses d'ennemis ou du mari ; 8 7 ans de vie après la grande maladie ; 9 Architecture ; 10 Avancement ; 11 réputation et dons honorifiques ; 12 Mort douce.

45

☽ ♒   1 caractère doux mais léger, tranquille ; 2 gain au jeu
Populus et pari ; 3 dons légers et dangereux, par amis (et timeo
garrulitas Danaos dona ferentes) ; 4 héritage de vieilles femmes ;
5 bonne grossesse, bonne condescendance de l'amante ;
6 jaunisse, ton gâté ; 7 propositions d'ennemis ; 8 danger
de mort ; 9 Agriculture ; 10 bonheur en cour ; 11 secours
de protecteurs ; 12 mort agitée.

46

☿ ♌   1 sang tranquille, âme pure ; 2 gain en pariant ;
Alatus 3 ennui par frères ; 4 disputes à cause d'héritages ;
volatilis 5 conception ou fécondation, amour constant et fidèle ;
6 guérison de maladies ; 7 brouille de ménage ; 8 Mort
prochaine ; 9 minéralogie et alchimie ; 10 calomnies de
jaloux en cour ; 11 calomnie chez les protecteurs ;
12 blessures.

47

☽ ♉   1 changeant, capricieux, bavard, querelleur ; 2 Gain
Via en argent ; 3 amitié dans la parenté ; 4 découverte d'un
secret ; 5 bonne nouvelle, amour gai, faveur des amants ;
6 guérison des phantaisies quand une bonne planète est en
opposition ; 7 propositions d'arrangements par femme ;
8 peu d'années de vie ; 9 Manufacturier ; 10 considération
à la cour ; 11 grande faveur, grande réputation ; 12 Malheur
accidentel.

48

☿ ♋   1 faux, infidèle, inconstant ; 2 pertes dans le ménage ;
Albus 3 disputes avec femmes et parents ; 4 disputes avec
Epistola vieilles femmes ; 5 disputes en amour, lettres désagréables ;
6 hypocondrie, guérison si Jupiter est en opposition ;
7 disputes en mariage ; 8 Mort certaine ; 9 Beaux Arts ;
10 vexations par les supérieurs ; 11 chagrins par protecteurs ; 12 Grand malheur.

49

♀ ♍   1 Voluptueux, ne sachant pas s'abstenir ; 2 pertes dans
Amissio les entreprises et le ménage ; 3 dommage par des parents ;
4 disgrâce chez des supérieurs ; 5 fertilité, paillardise,
enfants étourdis ; 6 Constipation ; 7 jalousie, reproches
en mariage, mépris ; 8 délivrance de dangers de mort ;
9 musique et poésie ; 10 réputation à la Cour ; 11 faveur
chez les vieilles femmes ; 12 beaucoup de chagrins, chagrins secrets.

50
51

☉ ♉
*Fortuna
major
aurum*

1 Pensées nobles, doux, aimable, discret ; 2 Gain en multiplication d'or ; 3 secours de parents ; 4 grand héritage, dons d'ecclésiastiques ; 5 chance avec amante, lettres agréables avec argent ; 6 guérison de faiblesse et vertige ; 7 victoire inmanquable sur ses ennemis, union en ménage ; 8 Age de 90 ans ; 9 connaissance des hommes ; 10 faveur chez princes et ministres ; 11 soutien dans les entreprises ; 12 délivrance de craintes.

52

♀ ♏
Amissio

1 bienfait, agréable, délicieux ; 2 disette et misère ; 3 reproches de femmes parentes ; 4 nouvelles désagréables de supérieurs ; 5 ennuis avec amantes, colère contre domestiques et enfants ; 6 maladie des reins ; 7 disputes en mariage, dommages par ennemis ; 8 vie courte ; 9 Peinture ; 10 poursuites par haut placés ; 11 défaveur d'amis ; 12 blessures.

53

♃ ♉
*Lœtitia
Victor
Gaudium*

1 beau et svelte, démarche légère, sang clair ; 2 gain dans entreprise ; 3 réputation chez ses parents, 4 lettres agréables de notables ; 5 naissance d'un fils, ou rendez-vous avec amant ; 6 fièvres persistantes et si ☉ est en opposition guérison ; 7 faveur des femmes ou retrouve les objets volés ; 8 age au dessus de 50 ans ; 9 Police ; 10, réussite de la pétition à la cour ou au tribunal ; 11 réputation générale ; 12 blessure par bétail.

54

☽ ♒
Populus

1 santé dans la jeunesse, capricieux, bavard ; 2 gain commençant ; 3 compassion fraternelle des sœurs ; 4 faveur des grands ; 5 danse, musique, amant divertissant ; 6 Rhumatismes ; 7 Mariage tranquille et de raison ; 8 Apoplexie ; 9 Arts industriels ; 10 défaveur à la cour ; 11 grande bienfaisance de la part de protecteurs ; 12 grand malheur.

55

☿ ♉
Alatus

1 intelligent, modeste, prévoyant, ami fidèle ; 2 réussite au commerce ; 3 preuves d'amitié, ; 4 gain dans le ménage ; 5 tromperie en amour, employés voleurs ; 6 plaies aux pieds et bras ; 7 pensées de divorce, mécontentement des époux ; 8 encore 20 ans de vie ; 9 moteurs hydrauliques ; 10 perte du procès ; 11 reproches désa-

— 196 —

gréables de protecteurs et d'amis ; 12 Peur, effroi, menace, danger.

56
☉ ♋
Fortuna minor

1 gai, généreux, bon, affectueux ; 2 gain par monnaie d'argent ; 3 don d'argenterie par parenté ; 4 héritage en capitaux ; 5 Amour sans dérangement, réjouissance, lettres, enfants bien élevés ; 6 langueur, sécheresse, guérison de ♀ en ♃ est en opposition ; 7 Amitié, victoire contre inimitié ; 8 encore 30 ans de vie ; 9 Agriculture ; 10 Avancement par faveur d'un ministre ; 11 secours de protecteurs ; 12 délivrance de danger mortel.

57
♂ ♏
Ruber Nocens Venator

1 colère, rancuneux, calomniateur ; 2 grand dommage en économie ; 3 procès avec parents ; 4 procès au sujet de terrains ; 5 fausseté en amour, méchants enfants, méchants serviteurs ; 6 Podagra, goutte ; 7 beaucoup d'ennemis, ménage agité ; 8 vie courte ; 9 histoire des guerres et ancienne ; 10 avancement par héros ; 11 beaucoup d'amis guerriers ; 12 poursuites par ennemis, vol.

58
♃ ♈
Acquisitio

1 bien portant, fort, actif, inoffensif ; 2 gain assuré dans toutes les entreprises ; 3 réputation chez parents et connaissances ; 4 ordre dans le ménage ; 5 heureux en amour, recouvrement du volé, nouvel espoir ; 6 petite vérole volante et autres maladies de peau ; 7 réconciliation ; 8 encore 40 ans de vie ; 9 Mythologie ; 10 obtention d'une charge ; 11 dons d'amis ; 12 sauvé de dangers.

59
♄ ♓
Carcer

1 caractère raide, profond, irréconciliable ; 2 fortune décroissante ; 3 maux par un vieux parent ; 4 pertes en ménage ; 5 danger de perdre son amante ; 6 mauvais boutons ; 7 ennemis mettant des empêchements par abus de force ; 8 Apoplexie en vieillesse ; 9 Négociation ; 10 non réussite de la pétition ; 11 faux amis ; 12 frayeurs.

60
61
♀ ♍
Pulchritudo I

1 nerfs fins, détendus, insouciant, ingrat ; 2 perte au jeu et pari ; 3 haine et vengeance d'une vieille ; 4 affaire réussissant par secours d'une vieille ; 5 faveur et soumission des amants ; 6 diarrhée, pertes de force, décomposition ; 7 amour des conjoints ; 8 maladie longue et pénible ; 9 Sage-femme médecin d'accouchement ;

10 calomnies auprès de personnages ; 11 dons princiers ; 12 mauvaise délation.

62
☉ ♋
Fortuna minor

1 courageux, hardi, heureux en action ; 2 enrichissement ; 3 secours d'un parent fonctionnaire ; 4 héritage d'oncles paternels ; 5 jouissance ou amour, bonne nouvelle ; 6 pertes de forces, fatigue ; 7 espérance de conciliation ; 8 triomphe du médecin ; 9 Politique ; 10 apprécié en hauts lieux ; 11 dons venant de loin ; 12 malheurs en voyage.

63
♂ ♅
Puer Fortitudo
B

1 tempérament colérique, violent, batailleur ; 2 pertes par chevaux et bétail ; 3 pertes par frères ; 4 défaveur de supérieurs, perte en ménage, ; 5 fausseté ou éloignement des amoureux, trahison des domestiques ; 6 gerçures et mauvaises éruptions ; 7 maux par ennemis ou par l'époux ; 8 mort par une chute ; 9 Forestier ; 10 pétition avortée ; 11 détournement d'amis ; 12 maux par feu.

64
☿ ♌
Alatus volatilis

1 pensées relevées, probe, satisfait ; 2 perte en vêtements ; 3 empêchements par parents ; 4 pertes sur champs et prés ; 5 empêchements en amour, trahison de domestiques ; 6 ligne et abcès dans le cou ; 7 empêchements agités par ennemis dans le mariage ; 8 danger de mort, vie courte ; 9 Mécanique ; 10 perte d'un emploi ; 11 perte d'un protecteur ; 12 angoisses.

65
☉ ♋
Fortuna minor

1 habile, tempérament gai, bon conseil ; 2 gain sûr ; 3 respect chez parents ; 4 héritage en argent ; 5 fidélité des amants ; 6 crampes nerveuses ; 7 mariage paisible et contentement ; 8 victoire du médecin, longue vie ; 9 Métallurgie ; 10 avancement en positions honorifiques ; 11 cadeaux de bijoux ; 12 victoire sur ses ennemis.

66
☿ ♉
Alatus volatilis

1 tempérament mélancolique, indécis, incrédule, méfiant ; 2 perte par vol ; 3 division avec parents ; 4 procès en terrain ; 5 fausseté en amour, embûches ; 6 langueur et si ☉ paraît en XII guérison ; 7 poursuite par ennemis, mensonges d'époux ; 8 guérison de longue maladie ; 9 Agriculture ; 10 en suspicion chez ses supérieurs ; 11 médit chez ses protecteurs ; 12 tristesse et maux.

67

♄ ⛎
Tristitia
Tarditas
Senectus

1 tempérament faible, paresseux, triste ; 2 gain par par usure ; 3 chagrins par parents ; 4 procès pour héritage ; 5 chagrins causés par amants, nouvelle triste, vexations contre les domestiques ; 6 crampes d'estomac, si ☽ est en XII° maison, haut mal ; 7 jaloux, jalousie permanente ; 8 Age pénible ; 9 Astronomie, astrologue, magie ; 10 les envieux intriguent des empêchements ; 11 espoir remis ; 12 pensées de mort, désespoir.

68

♃ ♉
Lætitia
Victor
Gaudium

1 corps harmonique, bonne âme ; 2 gain par mines ; 3 renommée par voyages ; 4 gain par procès de terrains ; 5 entente des amoureux, domestiques fidèles et actifs ; 6 fièvre chaude si ♄ est en opposition, guérison ; 7 réconciliation avec ennemis ; 8 encore 40 ans de vie ; 9 Théosophie ; 10 avancement en emploi ; 11 chaude amitié ; 12 dangers de mort.

69

♂ ♌
Puer
Fortitudo
B

1 nerfs grossiers, moqueur, espionnant ; 2 perte de vêtements par feu ; 3 blessures par mains parentes ; 4 nouvelle triste ; 5 victoire en amour, vol à domicile, avis de pertes ; 6 maladie vénérienne si ♀ en XII en opposition, lèpre si ♄ est en VI ; 7 violation ; 8 pensées de mort ; 9 Chirurgie ; 10 rejet de la pétition ; 11 calomnies chez les amis ; 12 dangers de blessure.

70

71

☿ ♎
Albus
Epistola

1 enclin à l'esprit, cajolant, amour-propre ; 2 perte au commerce si ♀ opposé ; si ☽ en ♌ ni perte ni gain ; 3 entente avec parents ; 4 tristesse paternelle ; 5 amour inconstant ; 6 perte de la raison ; 7 causeries féminines dérangeant le ménage ; 8 vie dangereuse ; 9 Navigation ; 10 réputation ; 11 beaucoup de protection ; 12 Malheur.

72

♂ ♏
Ruber
Nocens
Venator

1 tempérament chaud, ennemi irréconciliable ; 2 pertes en voyage ; 3 Honneur méprisé ; 4 mécontentement, méfiance en amour ; 5 conception, vol de domestiques ; 6 maladies de peau, crises naturelles ; 7 violences dues à la jalousie ou au mécontentement en mariage ; 8 ne vivra plus dix ans ; 9 Minéralogie ; 10 persécutions par guerriers ; 11 aversion des protecteurs ; 12 Mauvaise réputation.

73
☉ ♉
*Fortuna
Major*

1 éducation harmonique externe et interne, heureux en tout ; 2 le plus grand gain au monde ; 3 secours de parents et de parentes ; 4 trésors cachés ; 5 amours en sécurité et gai, enfants bien élevés ; 6 maux d'yeux, si ♂ paraît en ♏, perte de vue ; mais si ☽ en opposition, perte d'un œil ; 7 paix avec ennemis, respect du mari ; 8 vivre encore 18 ans ; 9 Financier ; 10 faveurs en cour ; 11 achat de diamants avantageux ; 12 triomphes sur dangers.

74
☽ ♉
Via

1 changeant comme le temps, achetable, incertain, boudeur ; 2 gain par voyages et usure ; 3 pertes par parents ; 4 abandon paternel et remplaçants ; 5 infidèle en amour, lettres de faux amis ; 6 phantaisies si ♄ ☞ en opposition, haut mal ; 7 persécution d'ennemis, conjoints agités ; 8 vie courte et faible ; 9 Botaniste ; 10 bonheur auprès des autorités ; 11 bonheur chez ses protecteurs ; 12 tromperies.

75
♂ ♏
*Ruber
Nocens
Venator*

1 colère, brigand, hardi, courageux ; 2 perte de biens mobiliers ; 3 reproches de parents ; 4 vol par effraction ; 5 séduction de l'amante, vol chez soi ; 6 sévir ; 7 guerre conjugale ; 8 mort par blessure ; 9 Métaux ; 10 avancement par militaires ; 11 perte d'un ami important ; 12 prison après blessure.

76
♄ ♓
*Carcer
Impedi-
mentum*

1 hypocondre, sang-froid, triste, indolent ; 2 gain par avarice et usure ; 3 tristesse à cause des embarras parmi les parents ; 4 tristesse à cause du ménage ; 5 amour dérangé par caprice, de mauvaise humeur avec amante et domestiques ; 6 cancer et chancres ; 7 causeries de vieux et de vieilles dérangent le mariage ; 8 dangers pour la vie mais sans effet ; 9 Agriculture, 10 jalousie et empêchement dans l'avancement ; 11 bons conseils d'amis ; 12 terreur.

77
☿ ♌
*Alatus
volatilis*

1 méchant au plus haut degré si ♃ ou ♀ ne sont pas en IV ; 2 gain en négoce ou avec les femmes ; 3 gain manqué à cause de parents ; 4 augmentation du nombre de champs ; 5 beaucoup de concubins, triomphe sur tous, découverte d'un vol ; 6 fracture de bras ou de jambe ; 7 mariage fécond et tranquille, paix avec ses ennemis ;

8 Mort inévitable du malade en ↦ ; 9 Géologie souterraine ; 10 commissions de rois ; 11 diminution du nombre des protecteurs ; 12 tristesse.

78
☉ ♉
Fortuna major

1 Excentrique, bienfaisant, gai donateur ; 2 gain sans trouble ; 3 honneurs, respect, réputation ; 4 trésor souterrain en or ; 5 succès énorme en amour, sauvetage de danger par domestique ; 6 maladie d'yeux et guérison certaine ; 7 bonheur imprévu par une femme ; 8 guérison et encore 18 ans de vie ; 9 Finances et art d'enrichir ; 10 gain d'un procès ; 11 dons de supérieurs ; 12 pleine sécurité.

79
♀ ☿
♊

1 sang dissous, soupe au lait, dévergondé ; 2 petit bénéfice ; 3 petit respect chez ses parents ; 4 héritage d'une vieille ; 5 jouissance en amour puis repentir ; 6 enflure au ventre et danger de mort si ♂ en ♍ opposé, 7 désagrément en mariage et avec ennemis ; 8 vivre 10 ans encore ; 9 Poète ; 10 avancement en emploi par femmes ; 11 dons de vieilles ; 12 persécution.

80

81
☽ ♒
Populus

1 complexion très irrégulière, indécis, hésitant en entreprises ; 2 gain par industrie ; 3 joie par parent ; 4 amélioration économique ; 5 amour commençant ou renoué ; 6 pour femme fleurs blanches, pour homme jaunisse ; 7 mariage paisible mais froid ; 8 encore 9 ans de vie ; 9 hydraulique ; 10 réussite de pétition par recommandation féminine ; 11 avancement par protecteurs ; 12 pertes incorrigibles.

82
♃ ♈
Acquisitio

1 tempérament chaud, humide, condescendant, honnête ; 2 gain par voies honnêtes ; 3 empêchements par parenté, mais surmontés ; 4 gain par économie ; 5 relations gênes d'amour, bonne nouvelle d'amis ; 6 éruption sur la poitrine, secours naturel ; 7 triomphe sur ses ennemis, tranquillité dans la maison ; 8 santé ; 9 Diplomatie ; 10 Considération chez ses supérieurs ; 11 apparence de défaveur ; 12 pas de danger.

83
♀ ☿
Pulchri-

1 sang extrêmement dissolu, mauvais sujet ; 2 ni gain, ni pertes ; 3 supercheries des parentés ; 4 froideur

tudo des préposés ; 5 infidélité en amour, et inconstant en
I amitié ; 6 maux vénériens ou nerveux ; 7 forte dispute entre conjoints, inimitié d'hommes ; 8 encore 22 ans de vie ; 9 Arts décoratifs ; 10 succès en pétition et entreprises ; 11 dons de femmes ; 12 Maux par femmes.

84

☿ ♋ 1 jaloux, contradicteur, mauvais ; 2 sans gain par
Albus parent ; 3 guerre avec parenté ; 4 maux par les pères ou
Epistola frères ; 5 calomnies auprès de l'amante, mais réconcilié ;
Tabitudo 6 perte de la raison, fantasque, nerveux ; 7 soupçons, violence, silence ; 8 dissolution du corps ; 9 Arithmétique ; 10 si ♄ en IV en opposition, ennuis en cour ; si ♂ en opposition, succès ; 11 secours faibles de protecteurs ; 12 malheurs dans voyages sur eau.

85

♃ ♈ 1 caractère tendre, caressant, prévenant, bien vu ;
Acquisitio 2 gain par échange ; 3 aide et secours de parents ; 4 espérances d'un âge avancé sans soucis ; 5 victoire en amour, en danger être sauvé par un domestique ; 6 fièvre pernicieuse et si ♂ en ♍ ou ☉ en ♈ en opposition, guérison ; 7 victoire sur ennemis, franchise en mariage ; 8 encore 28 ans de vie ; 9 Histoire naturelle ; 10 décrets de cour ; 11 dons ; 12 mort douce.

86

♃ ♈ 1 doué de tous les dons de la nature, raisonnable ;
Acquisitio 2 gain par commerce ; 3 gaieté en bonne société ; 4 heureux contrat d'achat ; 5 jouissance, compagnie gaie ; 6 hydropisie, gonflements, colique : ☽, ☿ ou ♂ en opposition guérit ; 7 bonheur en guerre, amour en mariage ; 8 encore 22 ans de vie ; 9 Physique expérimentale ; 10 espoir d'avancement ; 11 gloire de protecteurs ; 12 ennuis par femmes.

87

☉ ♋ 1 nerfs fins tendus, amour de l'ordre, soutien de poche ;
Fortuna 2 gain par économie ; 3 jouissance d'une renommée
minor générale ; 4 acquisition de capitaux et de champs ; 5 amour pur et candide, bons serviteurs ; 6 maladies d'oreilles et si ♂ est opposé, surdité ; 7 paix en ménage et avec ses ennemis ; 8 âge de 80 ans ; 9 exploitation de mines ; 10 réussite de l'affaire ; 11 bon vouloir ; 12 sûreté.

88

☿
Alatus
volatilis

1 agité, inconstant, moqueur, bavard ; 2 pertes au jeu et commerce ; 3 fausseté des parents ; 4 héritage d'une vieille femme ; 5 lettres d'amour ; 6 perte de la mémoire ; 7 mariage avec dispute ; 8 encore 17 ans de vie ; 9 Navigateur ; 10 lettres de noblesse ; 11 lettres d'amis et de protecteurs ; 12 événements désagréables.

89

☿ ♎
Conjunctio

1 tempérament méchant, laideur, mauvaise humeur ; 2 perte en maisons ; 3 vengeance de parents ; 4 perte d'un procès ; 5 trahison par amante ou domestiques ; 6 scorbut et pourriture dans la bouche ; 7 démon en ménage, inimitié ; 8 vie courte ; 9 Géographie, topographie, cosmographie ; 10 non réussite des entreprises ; 11 défaveur ; 12 reproches, mauvaise réputation, honte.

90
91

☿ ♌
Alatus
volatilis

1 nerfs fins, mais détendus, noble, conciliant ; 2 petit bénéfice répété ; 3 insouciance indifférente des parents ; 4 froideur des grands ; 5 amour tiède, serviteurs paresseux, enfants tapageurs ; 6 plaies à la tête, perte de cheveux ; 7 mariage froid et stérile ; 8 danger de mort et si ♃ en II sauvé ; 9 Police ; 10 empêchement d'une pétition ; 11 médisance ; 12 persécution.

92

♄ ♓
Carcer
Impedi-
mentum

1 tempérament mélancolique, corps faible, paresseux ; 2 perte certaine ; 3 haï dans la famille ; 4 procès à cause d'héritage ; 5 chagrins en amour ; 6 sang coagulé ; 7 poursuite par ennemis, fuite ; 8 Apoplexie ; 9 trésors souterrains ; 10 empêchements dans l'exploitation ; 11 ennuis d'écclésiastiques ; 12 prison, enterrement.

93

☿ ♎
Conjunctio

1 corps harmonique, orateur, amateur de l'ordre ; 2 gain au jeu et dans le commerce ; 3 disputes avec frères et sœurs ; 4 riche héritage ; 5 inconstance en amour, serviteurs infidèles ; 6 maladie de poitrine ; 7 mariage tranquille, ordre et paix ; 8 encore 12 ans de vie ; 9 Politique ; 10 difficulté d'avancement ; 11 bienfaits ; 12 danger d'eau.

94

♀ ♋
Amissio

1 tempérament sanguin, léger, sans souci ; 2 pauvreté, disette ; 3 mépris dans la parenté ; 4 séparation d'avec

— 203 —

père, mère ; 5 insulte de l'amant, perte d'enfants si ♄ en XI ; 6 phtisie ; 7 en mariage de convenance ; 8 mort du malade par absence de médecin ; 9 Apothicaire ; 10 grâce à la cour ; 11 don de femmes ; 12 blessures.

95
♄ ♓
Carcer
Impedi-
mentum

1 nerfs grossiers, insensibles ; 2 perte sur perte jusqu'à ruine ; 3 fausseté des parents ; 4 perte du procès d'héritage ; 5 tristesse des amoureux, conception, un fils ; 6 scorbut et pourriture des sens ; 7 insultes et déshonneur ; 8 maladie longue suivie d'enterrement ; 9 Métallurgie, alchimie ; 10 disgrâce à la cour ; 11 abandon des amis ; 12 brisure de bras et de jambes.

96
♂ ♍
Ruber
Nocens
Venator

1 colère, violent, sanguinaire ; 2 bonheur au jeu, envie de gain ; 3 reproches de parents ; 4 punition de supérieurs ; 5 hardi, immoral, conception ; 6 maladies contagieuses ; 7 blessure en dispute, ménage bruyant ; 8 mort par blessures ; 9 Connaissance des chevaux ; 10 avancement pour vaillance si ♃ est en IV ; 11 faveur auprès des femmes ; 12 brigandage.

97
♀ ♏
Amissio

1 caractère réveillé, joli, gai, musicien ; 2 pertes en argent et vêtements ; 3 trahison de parents rusés ; 4 voleurs dans la maison ; 5 voluptueux, enfants gais ; 6 diarrhée ; 7 encore 16 ans de vie ; 8 Médecine ; 9 soutenu par femmes ; 10 confiance chez les femmes ; 11 perte par vol ; 12 perte de l'honneur.

98
☿ ♋
Albus
Epistola

1 inconstant, mauvais sujet, menteur, trompeur, ingrat ; 2 perte inévitable ; 3 aversion dans la parenté ; 4 supérieurs prémunis ; 5 lettres d'amour, lettres de change, nouvelles d'amis ; 6 perte de la parole, enrouement ; 7 maux par ennemis, méfiance en mariage ; 8 danger de mort ; 9 alchimie ; 10 médisance chez les supérieurs ; 11 noirci chez ses protecteurs ; 12 vol.

99
☿ V
Alatus
volatilis

1 doux, bienfaisant ; 2 gain modéré ; 3 froideur des parents ; 4 gain d'un procès ; 5 agréments en amour, serviteurs prévenants ; 6 paralysie nerveuse ; 7 indifférence en mariage, ennemi de même force ; 8 encore 18 ans de vie ; 9 chimiste victorieux, amélioration des métaux, découverte des secrets ; 10 faveur des grands ; 11 dons de protecteurs ; 12 sûreté.

APPENDICE

CHAPITRE XVI

BIBLIOGRAPHIE

Afin de compléter l'œuvre posthume de Papus, nous avons crû devoir ajouter cette bibliographie, espérant que ce travail, auquel nous avons apporté tous nos soins, sera bien accueilli par tous ceux qui s'intéressent à la Science des Nombres.

Paul Chacornac.

Anonymes.

Ænigma curiosum-arithmeticum, genommen auss dem cabalistischen Zahl VII. Composiert für das Haus von Oesterreich. S. l., 1707, feuille in-folio, en vers.

Clavicules (Les) de Rabbi Salomon, traduites exactement du texte hébreu en français. Manuscrit du xviiie siècle (Bibl. Arsenal, 2346).

Dictionnaire encyclopédique des amusements de sciences mathématiques et physiques. *Paris*, 1792, in-4°, et un cah. de pl.

Explication de l'utilité des chiffres romains. *Paris*, Jean de Poix, 1652, in-12.

Harmonies comparées des sons et des couleurs. *Bordeaux*, 1861, broch. in-4°, pl.

Magie naturelle (La) ou mélange divertissant, contenant des secrets merveilleux et des tours plaisans. *Paris*, 1715, in-12.

Manuel des Sorciers (Le) ou l'arithmétique amusante. *Paris*, 1801, in-12 (carrés magiques); *Paris*, 1802.

Miscellanea philosophico - mathematica Societatis privatæ Taurinensis. *Augustæ Taurinorum*, 1759-1773, 5 v. in-4°.

Number (The) six hundred and sixty six and the name of Antechrist. *London*, 1874, in-8°.

Rara mathematica, or a collection of treatises on the mathematics and subjects connected with them, from ancient inedited manuscripts, edited by James Orchard Halliwell. *London*, 1839, in-8°, 1841.

Science (La) des Nombres. *Paris*, Setier, 1827.

Science (La) des Nombres révélée en faveur des actionnaires de la Loterie. *Paris*, 1793, in-12.

Septenaire (Le), ou louange du nombre sept de George l'apostre à son tres vertueux et docile personnage George de Maubuisson, son mecène. *Paris*, Lenocier, 1585, in-8°.

Sexte essence (La) diabolique et potentielle, tirée par une nouvelle façon d'alembiquer, suivant les préceptes de la sainte magie et

— 205 —

invocation des démons. *Paris*, 1595, in-8°.

Véritable (Le) oracle du destin, suivi de consultations particulières établies d'après la science des nombres ; par le comte (CAGLIOSTRO) (sic). *Paris*, Guyot, 1896, in-12.

ABARTIAGUE (L. d'). Essai sur les propriétés des puissances des nombres. *Biarritz*, 1897, broch. in-8°.

ABRA MELIN THE MAGE. The Book of the Sacred Magic, as delivered by Abraham the Juif to his son Lamech A. D. 1458. Translated from the original hébrew into French and now rendered in to English. Notes and magical squares of letters by L. S. MAC GREGOR MATHERS. *London*, 1900, in-4°.

ADAMS (Karem). Numerology. Up to date. A key to your fate. *London*, s. d., in-8°.

AHMAD (M. L.). Sound and Number. The law of Destiny and Design. *London*, s. d., in-8°.

— Names and their Numbers. *Id., id.* in-8°.

— Christian Names and their values. *Id., id.*, in-8°.

ALANDER (Christ) resp. Gust. POLVIANDER. De Magia Numerorum. Thèse, *Abo*, 1703, in-8°.

ALBERT (G.). Die Platonische Zalh... *Wien*, 1896, in-8°.

ALBERTI (G.-A.). J. Giochi Numerici fatti arcani (?). *Bologn.*, 1747, in-8°, planches h. t.

ALEXEJEFF (W.-G.). Ueber die Entwickelung des Begriffs der hœhen arithmologischen, Gesetzmæssig Keit in Natur und Geisterwelt, 1904, in-8°.

ALFÉGAS. Introduction aux arcanes de la Mathèse. Quelques secrets du nombre 36. Paris, *Le Voile d'Isis*, avril, juin à sept. 1913.

— Les Clefs de la Mathèse. *Id., id.*, janv., mars, juillet 1914.

— La Symbolique des chiffres. *Paris*, Chacornac, 1913, in-8°, grav.

ALLENDY (Dr R.). Le Nombre. *Paris*, Revue de l'Epoque, mai 1921.

— Le Symbolisme des Nombres. Essai d'arithmosophie. *Paris*, Chacornac, 1921, in-8°.

ALTAIR. Le Nombre. *Paris*, *Mystéria*, avril 1913.

AMAND. Nouveaux éléments de géométrie. *Paris-La Haye*, 1670, in-8° (carrés magiques).

ARBOIS DE JUBAINVILLE (H. d')., Cours de littérature celtique tome VI. *Paris*, 1894, in-8° (Les Nombres chez les Celtes.)

ARNOUX. Essais de psychologie et de métaphysique positives. Arithmétique graphique. *Paris*, 1894-1905, 3 vol. in-8°.

ASHMAD (Sheikh Haheeb). The Mysteries of Sound and Number. *London*, 1903, in-8°, 2nd edn. *London*, s. d., in-8°.

AUBER (Chanoine). Histoire et théorie du symbolisme religieux. *Paris*, 1884, t. I, p. 97-155.

AZBEL. Le Beau et sa loi. *Paris*, 1899, in-8°.

— Loi des distances et des Harmonies planétaires. *Paris*, 1903, in-8°.

BAADER (Fr. von). Ueber den Urternar, aus einem schreiben an den Grafen A. von Stourdza. *Muenchen*, 1816, in-8°.

BAHR. Symbolik der mosaischen cultus. *Heidelberg*, 1837, t. I, p. 119-208.

BALDUS (Cam). De ratione cognoscendi mores et qualitates scribentis ex ipsues epistola missiva. *Bonaniae*, 1664, in-4°.

BALLETT (L. Dow). Success through Vibration. *London*, s. d., in-8°.

— The Day of Wisdom according to number vibration. *Id., id.*, in-8°.

— The Philosophy of Number. Their tones and Colours. *Id., id.*, in-8°.

— Nature's Symphony, or Lessons in Number Vibration. *Id., id.*, in-8°.

— Number Vibration in question and answers. *Id., id.*, in-8°.

BALZAC (H. de). Louis Lambert. *Paris*, 1832, in-8° ; nombr. édit.

— Seraphita. *Paris*, 1832, in-8° ; nombr. édit.

BARADUC (D^r). Les vibrations de la vitalité humaine. *Paris*, 1904, gr. in-8°.

BARLET (F. Ch.). Les Nombres. *Paris*, Mystéria, déc. 1913.

BARTHELEMY (J. J.). Voyage du jeune Anarchasis en Grèce. *Paris*, 1830, 5 vol. in-8° (tome III).

BASCHET (Cl.-G.). Problèmes plaisants et délectables qui se font par les nombres, etc. *Lyon*, 1612, in-8° ; *id.*, 1624, in-8° ; éd. revue et aug. par A. Labosne. *Paris*, 1874, in-8°.

BELOT (Jean). Les Œuvres contenant... les sciences stéganographiques, Paulines, Armadelles et Lullistes..., etc. *Liège*, 1649, in-12 (pl.).

BENLOEW (Louis). Recherches sur l'origine des noms de nombre japhétiques et sémitiques. *Paris*, 1862, in-8°.

BERTET (A.). Apocalypse du bienheureux Jean. *Paris*, 1861, in-8°.

BOETIUS (Severians). De institutione Arithmetica. Augsburg, 1488, in-4°.
— Arithmetica duobus discreta libris adjecto commentario mystica numerorum applicationem, etc. *Paris*, 1521, in-fol. (fig.).
BONGUS (Petrus). Mysticæ numerorum significationis liber. *Bergomi*, Ventura, 1585, 2 parties en 1 vol., in-folio.
— Numerorum mysteria. Opus in quo mirus... Arithmeticæ Pythagoricæ cum divinæ paginæ numeris consensus probatur. *Bergomi*, 1599, in-8° ; *Lutetiæ*, 1618, in-4°.
— De mystica Quaternarii numeri significatione. *Venetiæ*, Hugolinus, 1585, in-8.
BONNEL (J. B.). De l'imagination dans les sciences exactes. *Tours*, 1890, in-8°, frontisp.
BOSMAN (Léon). Meaning and Philosophy of Numbers. *London*, s. d. in-8°.
BRETEAU (Mme). Grand jeu de Société. Pratiques secrètes de Mlle Lenormand. *Paris*, 1845, in-12.
BRITT (Ernest). La Lyre d'Apollon avec prélude de F. Warrain. *Paris*, 1931, gr. in-8°.
BRUCK (Robert). Manifeste du Magnétisme du Globe et de l'Humanité. *Bruxelles*, 1866, gr. in-8°.
— Electricité ou Magnétisme du Globe terrestre. *Bruxelles*, 1851-1858, 3 vol. gr. in-8°.
— L'Humanité, son développement, sa durée. *Bruxelles*, 1864, 2 vol. gr. in-8°.
— Etude sur la physique du Globe. *Bruxelles*, 1869, gr. in-8°.
— L'origine des Etoiles filantes. *Bruxelles*, 1868, gr. in-8°.
BUKATY (A.). Déduction et démonstration des trois lois primordiales de la congruence des nombres constituant la troisième loi de l'algorithmie donnée par H. Wronski. *Paris*, 1873, broch. in-8°.
BUTTE (Wilh.). Prolégomènes de l'arithmétique de la vie humaine *Paris*, 1812, in-8°, pl. et tabl.

CAHEN (E.). Théorie des Nombres. T. I : le premier binaire ; t. II : le second degré binaire. *Paris*, 1914-1924, 2 vol. gr. in-8°.
CAMPBELL (Fl.). Your days are numbered. *London*, s. d., in-8°.
CARAMUEL (Jo.). Mathesis vetus et nova. *Campaniæ*, 1670, 2 vol. in-fol.

CARDAN (Hiérosme). Les livres intitulés de la Subtilité, et subtiles Inventions, ensemble les causes occultes et les raisons d'icelles. Trad. du latin en français par R. Leblanc. *Paris*, 1642, in-8°.
CARVALLO (Jules). Théorie des nombres parfaits. *Paris*, 1883, broch. in-8°.
CASLANT (E.). Les nombres rythmiques. *Paris*, *Les Nouveaux Horizons de la Science*, juillet 1905-juill.-août-sept.-octobre 1908.
— Aperçus sur la théorie des Nombres. *Paris*, *Le Voile d'Isis*, juin 1921.
CASTEL (Le Père). Mathématique universelle. *Paris*, 1728, in-4°.
CAZALAS (Général E.). Carrés magiques au degré n. Séries numérales de G. Tarry. Avec un aperçu historique d'une bibliographie des figures magiques. *Paris*, 1934, in-8°, portr. et fig.
CHAIGNET. Pythagore et la philosophie pythagoricienne. *Paris*, 1873, 2 v. in-12.
CHAPELLE (F.). Le Nombre 77... article dédié aux curieux de la Cabale. *Paris*, *Revue Spirite*, 1895, p. 296.
— Origine géométrique des systèmes de numération décimale et duodécimale. *Saint-Etienne*, 1895.
CHARDON. Résolution géométrique du célèbre problème de la Quadrature du Cercle, ou sa rectification, tirée d'une équation indeterminée du troisième degré, qui n'est elle-même qu'un cas particulier d'une égalité de ce dernier. *Paris*, 1746, in 8°, pl.
CHARENCEY (De). Les Cités Votanides, valeur symbolique des nombres... dans la Nouvelle Espagne. *Louvain*, 1885, in-8°.
CHEASLEY (Cl. W.). Numerology, its practical application to life. *London*, 1923, in-12.
CHEIRO. Book of Numbers (Fadic System). *London*, s. d., in-4°.
CHEVKY (Hassan). Révélation astronomique résolvant les difficultés de la création. *Paris*, Chacornac, 1902, broch. in-8°.
CHRISTESCO (Stefan). Conceptions géométriques de l'espace à trois dimensions. Démonstration des axiomes d'Euclide. *Paris*, 1923, in-8°.
CHRISTIAN (P.). Histoire de la Magie, du monde surnaturel et de la fatalité à travers le temps et les peuples. *Paris*, s. d., gr. in-8° (pl.).

CHRISTIAN (P.). L'Homme Rouge des Tuileries. *Paris*, 1863, in-12.
CLARKE (J. E.). Dissertation on the Dragon, beast and false prophet of this Apocalypse, in wich the number 666 is satisfactorely explained. *London*, 1844, in-8°.
CLICHTOVEUS (Jod.). De mystica numerum significatione opusculum. *Parisis*, 1513, in-4°.
COLENNE (M.). Le système octaval. *Paris*, 1845.
COMBARIEU (Jules). La musique et la Magie. *Paris*, 1909, in-4°.
CORNAY (Dr J. E.). Mémoire sur la vie des tissus chez les espèces humaines et exposition d'anatomie comparée dans les nombres. *Paris*, 1864, in-12.
CORNEILLE-AGRIPPA. Opera omnia. *Lyon*, Beringos fratres,1531,3 vol.
— La Philosophie Occulte ou la Magie *La Haye*, 1727, 2 vol. in-8° ; *Paris*, Chacornac, 1910-1911, 2 vol. in-8°.
COSTA (L. de). La superstition et les nombres fatidiques. *Paris*, 1907, in-16.
CROEGAERTS (J. Ed.). Traité complet de la tonalité. *Anvers*, 1881, gr. in-8°.
CRUSIUS (C. A.). De vera significatione nomini tetragrammati. *Lipziæ*, 1758, in-4°.
CUGNIN (E.). Essai de psychologie appliquée aux sciences mathématiques. *Nice*, 1878, in-8°.

DANTZIG (Tobias). Le Nombre, langue de la Science, trad. par le colonel G. GROS. *Paris*, 1934, in-8°.
DAVID (Thom.). The number and names of the Apocalyptic beasts. *London*, 1848, in-8°.
DAVIS (J. T.). Colour, Sound, Form and Number. *London*, s. d. in-8°.
DECRESPE (M.). Du symbolisme des chiffres dits Arabes. *Paris, L'Initiation*, oct. 1895.
DELACROIX. La Science des Arts. Traité d'architectonique. *Besançon*, 1869, in-8°.
DÉLÉZINIER (Dr). Les Nombres. *Paris, L'Initiation*, t. 14, p. 258.
— Les Nombres. *Paris, Le Voile d'Isis*, n° 4, 23 sept. 1891.
— Les Nombres plus grands que l'infini et le théorème de Canter. *Paris, L'Initiation*, mars 1892.
— Etudes d'ésotérisme mathématique. Essai de théorie simple de quelques phénomènes électriques, comme base de mesure des effets de transformation de l'Od. *Paris*, 1892, broch. in-8°.

DESBARROLLES. Les Mystères de la Main. *Paris*, 1860, in-12.
DESCHAMPS (J.). Sur la méthode d'Eratosthène. *Paris*,1897,broch. in-8°.
DESSOYE (J. B. J.). Arithmétique de la comptabilité universelle. *Paris*, 1860, in-4°.
— Algèbre de la comptabilité universelle. *Id.*, 1862, in-4°.
— L'absolu dans un principe et une révolution dans un seul chiffre ou magie numérale. *Id.*, 1863, in-8°.
— Les preuves directes des quatre règles ou généralisation absolue. *Id.*, 1864.
— Le positif de la raison humaine. *Id.*, 1866, in-12.
— Embryogénie méthodique de l'entendement de l'esprit humain fondée sur la puissance des Nombres. Prospectus spécimen. *Paris*, 1857, in-12.
DRONIOU (J. H.). Clef de la science ou boussole de l'âme dans le voyage de la vie. *Brest*, 1840, in-8°, tabl.
DRUMMOND (M.). The Psychology and Teaching of Number. *London*, s. d., in-8°.
DU CHENTEAU (T...). Carte philosophique et mathématique dédiée à son altesse royale Mgr le duc Ch. Alex. de Lorraine et de Bar. *Bruxelles et Paris*, 1778, 3 pl., in-quarto soleil.
DUPUIS (Jean). Le nombre géométrique de Platon ; interprétation nouvelle. *Paris*, 1881, in-8°, seconde interprétation. *Paris*,1882, broch. in-8°.
DUTOIT-MEMBRINI. — La Philosophie Divine, appliquée aux lumières naturelle, magique, astrale, surnaturelle, céleste et divine. *Lausanne*, 1793, 3 vol. in-8°.

ECKARTSHAUSEN (von). Aufschlusse zur Magie. *Munich*, 1792, 4 vol. in-8° (le 4e vol. contient : *Magie numérale*, trad. française. *Paris, L'Initiation*, sept. 1903 à avril 1907).
— Eclaircissements sur la Science cachée de la philosophie et les mystères secrets de la Nature. Trad. française du tome Ier par la veuve du baron d'ORBET, s. l. (*Marseille*), 1806, in-8° (frontisp.).
— Zahlenlehre der Natur, oder : die Natur zählt and spricht, was sind ihre Zahlen, was sind ihre Worte ? Ein Schlüssel zu den Hieroglyphen der Natur. *Leipzig*, 1794, in-8°.
— Probaseologie oder praktischer Teil der Zahlenlehre der Natur.

Leipzig, 1795, in-8°. Front. et grav.

ECKSTEIN (baron d'). Le Catholique. *Paris*, 1830, 16 vol. in-8°.

ELIPHAS LÉVI. Dogme et Rituel de la Haute Magie. *Paris*, Germer-Baillière, 1856, 2 vol. in-8° ; 2e édition augm. *Id.*, *id.*, 1861 ; *id.*, Alcan, 1903 ; *id.*, Chacornac, 1930.
— La Clef des Grands Mystères. *Paris*, Baillière, 186! : Alcan, 1897.
— Histoire de la Magie. *Paris*, Baillière, 1860 ; *id.*, Alcan, 1903.
— Le Livre des Splendeurs, etc. *Paris*, Chamuel, 1894, in-8°.
— Les Eléments de la Kabbale. *Paris, L'Initiation*, t. 9, p. 193 ; t. 10, pp. 303 et 385.
— Cours de Philosophie occulte. Lettres au baron Spedalieri. T. I et II. *Paris*, Chacornac, 1932-1933, 2 vol. in-8°.

ELLIS (Robert). On numerals as signs of Primeval Unity among mankind. *London*, 1873, in-8°.

ELY STAR (Dr). Les Mystères de l'Etre. *Paris*, 1902, gr. in-8°.
— Les Mystères du Verbe. *Id.*, 1908, gr. in-8°, pl. en noir et coul.

ETCHEGOYEN. De l'Unité ou aperçus philosophiques sur l'identité de la science mathématique, de la grammaire générale et de la religion chrétienne. *Paris*, 1836, 1839-1849, 4 vol. in-8°.

EUCLIDE. Les quinze livres des Eléments d'Euclide, trad. du latin en français, par D. HENRION.*Rouen*, 1649, in-8°.

EULER. De numeris amicalibus, p. 23 et suiv., 2e vol. Opuscula varii argumenti. *Berlin*, 1746, in-4°.

FABRE (J. H.). Arithmos (Le Nombre). *Paris*, 1933, broch. gr. in-8°.

FABRE D'OLIVET. Les Vers dorés de Pythagore. *Paris*, 1813, in-8°. *Id.*, 1908 ; *id.*, 1923 ; *id.*, 1932.
— La Langue Hébraïque restituée. *Paris*, 1815, 2 vol. in-4° ; *id.*, 1905 ; *id.*, 1928.

FAULHABER (Joh.). Numerus figuratus, sive arithmetica analytica arte mirabili inaudita nova constans, s. l., 1614, in-4°.

FAX (A. M.). Des nombres mystérieux et en particulier du nombre trois. *Paris*, 1850, in-12.

FILACHOU (J. E.). Aperçus fondamentaux de la philosophie mathématique. *Montpellier*, 1860, in-8°.

FLEURY (P. H.). Le calcul infinitésimal fondé sur les principes rationnels et précédé de la théorie mathématique de l'infini. *Marseille*, 1879, gr. in-8°.

FOUCHER. Géométrie métaphysique. *Paris*, 1758, in-8°.

FOURREY (E.). Récréations arithmétiques. *Paris*, 1904, in-8°, fig.

FRANLAC. La main de Fatime. Une clef de la Kabbale orientale. *Paris, L'Initiation*, juin 1902.

FRÉVAL (G. de). Essais métaphisico-mathématiques sur la solution de quelques problèmes importans, qui sont encore à résoudre. *Amsterdam*, 1764, in-8°.

FROLOW (M.). Le problème d'Euler et les carrés magiques. *Saint-Pétersbourg*, 1884, 2 broch. in-8°, dont un atlas.
— Les carrés magiques. *Paris*, Gauthier-Villars, 1886, in-8°.

FULCO (Th.). Ludus geometricus. *Londini*, 1578, in-4°.

GADOT (Ad.). Les unités de la force décimale déterminées dans la nature de manière expérimentale physique. *Paris*, s. d., gr. in-8°.

GAUSS (C.-Fr.). Disquisitiones arithmeticæ. *Lispsiæ*, 1801, in-4°.
— Recherches arithmétiques, trad. de l'allem. par POULLET-DELISLE. *Paris*, 1807, in-4° ; *id.*, 1910.

GAY (L.). Les mathématiques du chimiste. *Paris*, s. d., gr. in-8°.

GAYVALLET (P.). Unité, Attraction, Progrès. *Paris*, 1900, in-12.

GEE. Primitive numbers. *Washington*, 1900, in-8°.

GENTILE (M.). La dottrina platonique delle idee numeri e Aristotele. *Pisa*, 1930, in-8°.

GHYKA (Matila C.). Le Nombre d'or. Rites et Rythmes Pythagoriciens dans le développement de la civilisation occidentale.*Paris*, s. d., 2 vol., gr. in-8°.
— L'esthétique des proportions dans l'art et dans la nature. *Paris*, s. d., in-8°.

GIBSON (W. B.). The Science of Numerology. What Numbers Mean to you. *London*, s. d., in-8°.

GODBOLE (Krishna Shastri). Astres et Nombres. *Paris, L'Initiation*, juin 1897.

GOSSELIN (Guill.). De Arte Magna seu de Occultâ Parte numerorum, quæ Algebra et Almacabala dicitur. *Parisiis*, 1577, in-8°.

GOUILLT. Treize et Sept. *Nice, Bull. Soc. Et. Psych.*, 1913.

GREEN (H.-S.). The number 777. *London*, The Theosophist, 1909, n° 9, p. 326.

GREMILHET. Application de l'arithmétique à l'algèbre, précédé de l'exposé analytique d'une nouvelle méthode dite des facteurs correspondants. *Paris*, 1858, in-8°.

GROSSCHEDE (J. B.). Oratio de disciplinis mathematicis. *Copenhague*, 1610, in-fol.

GUAITA (St. de). Au seuil du Mystère. *Paris*, 1891, in-8° ; 2ᵉ éd. augm., *id.*, 1895.

GUY (P. G.). Théorie toute nouvelle des nombres pairs et impairs dont la connaissance est indispensable à tous. *Paris*, 1878, in-8°.

GUYOT. Nouvelles récréations physiques et mathématiques. *Paris*, 1772, 4 vol. in-8° ; *id.*, 1786, 3 vol.

HAGELGANS (Joh.-Georg.). Sphæra infernalis mystica, das ist höllisches Spinnen-Rad, darinnen das Geheimnisz der Bosheit, der Fall Lucifers... die dahin zielenden geheimen Zalhen der Heiligen Schrift aufgelœset aus der Zaëhl und Mess Kunst,... und in der 666*ten*, Zahl gezeiget, etc. *Francf.*, 1740, in-8°.

HAPI. Le chiffre de la Bête. *Paris*, *L'Initiation*, janv. 1904.

HEILBRONNER (J.-C.). Historia matheseos universæ. *Lipsiæ*, 1742, in-4°.

HELLENBACH (Baron Laz. Von). Die Magie der Zahlen als Grundlage aller Mannigfaltigkeit und das scheinbare Fatum. *Wien*, 1882, gr. in-8° ; 2ᵉ éd., 1898.

HENRY (Charles). Rapporteur esthétique permettant l'analyse et la rectification esthétique de toute forme, avec notice et tables. *Paris*, 1887.

— Cercle chromatique présentant tous les compléments et toutes les harmonies des couleurs avec une introduction sur la théorie générale du contraste, du rythme et de la mesure. *Paris*, 1888, in-16.

HERBLAY (Noelle). Le Nombre. *Paris*, *L'Initiation*, t. 41, p. 264.

HOGENRAAD (Clio). Names and Numbers. Their power and significance. *London*, s. d., in-8°.

HULISCH (Joh. A.). Zahlenmagie in bezug auf das menschliche leben. *Leipzig*, 1924, in-8°.

HUTTON (Ch.). Recreation in mathematics and natural philosophy ; containing amusing dissertations and inquiries concerning a variety of subjects. *London*, 1814, 4 vol. in-8°, fig.

IGURBIDE (Jos. J.). Nature harmonique de l'espace. *Barcelone*, 1902, in-8°.

JACOB (P. L.). Curiosités des Sciences Occultes. *Paris*, 1862, in-12.

JACOMY-REGNIER. Histoire des nombres et de la numération mécanique. *Paris*, 1855, in-8°.

JACQUET. Mode d'expression symbolique des nombres employés par les Indiens, les Tibétains et les Javanais, s. l. n. d., in-8°, gr. planche.

JOUVIN. Solution et éclaircissement de quelques propositions de mathématiques, en autres de la Duplication du Cube et de la Quadrature du Cercle. *Paris*, 1658, in-4°, pl.

JOUX (Pierre de). Exposition succincte de la valeur symbolique des Nombres. *Paris*, *L'Initiation*, sept. 1905.

KÉPLER. Prodromus dissertationum cosmographicarum. *Francf.*, 1621 (p. 36, de l'origine des nombres nobles). *Tubingæ*, 1596, in-4°.

KERVILER. Les mesures de longueur et les nombres sacrés chez les constructeurs de monuments mégalithiques. *Paris*.

— Bachet de Méziriac. Etude sur sa vie et ses écrits. *Paris*, 1880, in-8°.

KIRCHER (A.). Ars Magna Lucis et Ombræ. *Romæ*, 1645, in-fol.

— Œdipus Ægyptiacus, hoc est universalis doctrinæ hieroglyphicæ instauratio, 1652-1653, 4 vol. in-fol.

— Arithmologia, sive de abditis numerorum mysteriis. *Roma*, 1663, in-4°.

— De la Cabale Saracénique et Ismaëlite ou, ce qui est la même chose : de la philosophie hiéroglyphique et superstitieuse des Arabes et des Turcs. Trad. du latin pour la première fois en français par JEAN TABRIS, *Paris*, Chacornac, 1895, in-8°.

KOZMINZKY (Dʳ Is.). Numbers, their magic and mystery. *London*, s. d., in-8°.

KRAÏTCHIK. La mathématique des jeux ou récréations mathématiques. *Paris*, s. d., gr. in-8°.

LACURIA (P.-F.-G.). Les Harmonies de l'Etre exprimées par les Nombres. *Paris*, 1847, in-8° ; nouv. éd., *Paris*, Chacornac, 1899, 2 vol. in-8°.

LAFONT (Ant.). Le ver luisant. Le vrai principe du mouvement des invisibles et des visibles. *Paris*, 1824, in-8°.

LAGRANGE (Ch.). Mathématique de l'Histoire (Géométrie et cinéatique). Lois de Brück. Chronologie géodésique de la Bible. *Bruxelles*, 1900, gr. in-8°, fig. et tabl.

— Sur la concordance qui existe entre la loi historique de Brück, la chronologie de la Bible et celle de la Grande Pyramide de Cheops, avec une interprétation nouvelle du plan prophétique de la Révélation. *Bruxelles*, 1895, in-8°.

LAGRÉSILLE (H.). Métaphysique mathématique. Essai sur les fonctions métaphysiques, morphologie de l'âme. *Paris*, 1878, in-12.

LATZ (G.). Philosophie des nombres ; les nombres comme arcanes (l'unité, le binaire, le ternaire, le quaternaire, le quinaire, le senaire ; des couleurs des arcanes), s. l., 1903, in-12 (extrait).

LAUGEL (Auguste). Les problèmes de la nature. *Paris*, 1864, in-12.

LA VILLIROUET (De). Recherches sur les fonctions providentielles des dates et des noms dans les annales de tous les Peuples. *Paris*, 1852, in-8°.

— Le roi Jésus, monarque universel et divin Soleil de l'Humanité, ou l'histoire considérée à un point de vue nouveau. *Rennes*, 1873, in-8°.

LAWSON (W. R.). Numerical Divination. A criticism and demonstration. *London*, s. d., in-8°.

LEBAILLY-GRAINVILLE (Fr.). Trinité Principe. — Compendium. Possibilité. Probabilité. Evidence. Vérité. *Paris*, 1833, in-4° (fig.).

LE BŒUF. De la majorité des nombres impairs. *Paris*, s. d., in-8°.

LEDOS (E.). Les types physionomiques associés et les phénomènes psychiques (Chap. VI : Les nombres, leur symbolisme avec la nature). *Paris*, 1903, in-8°.

LEGENDRE (A. M.). Théorie des Nombres, 1798 ; 1808 ; *Paris*, 1830, 2 vol. in-4°.

LE GENDRE (G. Ch.). Traité historique de l'Opinion. Tome IX. De la Cabale et des Nombres, pp. 206-246. *Paris*, 1732, in-12.

LE MARCHAND. Chimie de l'Unité, Etude comparative des mathématiques cosmiques par la science de l'Arithmétique naturelle. *Caen*, 1885, in-8°.

LEMERLE L.). Note sur les opérations théosophiques. *Paris*, *L'Initiation*, janv. 1893.

L'OLLIVIER (Emm.). La méthode de Platon. Platon expliqué par lui-même. Première partie : les Atomes. *Paris*, 1883, in-16.

LESÊTRE. Nombres in Dict. de la Bible de Vigouroux. *Paris*, 1906.

L'ESPRIT (A.). Histoire des chiffres et des treize premiers nombres au point de vue historique, scientifique et occulte. *Paris*, 1893, in-12.

LEURECHON (Jean). Récréations mathématiques, etc. *Pont-à-Mousson*, 1626, in-8°.

LINDENBERG (Petr.). De Præcipuorum tam in sacris quam in ethicis scriptis numerorum nobilitate mysterium et eminentia, liber unus. *Rost.*, 1591, in-8°.

LOGOTHETA (Is. Char.). Theologia christiana in numeris. *Francf. und Leipzig*, 1704, in-4°.

LOUVIER (J.-A.). Chiffre und Kabbala in Gœthes Faust neue beitraege zur neuen Faustforschung. *Dresden*, H. Henkler, 1897, in-8°.

LUCAS (E.). Récréations mathématiques. *Paris*, 1882-1883, 2 vol. in-8°.

— Considération nouvelle sur la théorie des nombres premiers et sur la division géométrique de la circonférence en parties égales. *Paris*, 1877, broch. in-8°.

LUCAS (Louis). La Médecine nouvelle, basée sur des principes de physique et de chimie transcendants. *Paris*, 1862, 2 vol. in-12.

— La Chimie nouvelle. *Paris*, 1854, in-12.

— L'Acoustique nouvelle. *Paris*, 1854, in-12.

LULLE (Raymond). Ars Brevis. Résumé et abrégé du grand art. Trad. pour la première fois du latin en français. *Paris*, 1901, in-16.

MAACK (Dr Ferd.). Das magische Quadrat, ins besondere eine neuentdeckte Eigenschaft desselben, die Polarisation als grundgesetz alles daseins. *Der Sphinx*, t. 17, p. 437.

— Ueber den Wert des magisch-quadratischen Polarisation für die Chemie. *Id.*, t. 18, p. 361.

M. A. E. Tables cabalistiques arithmétiques par le moyen desquelles, quelque demande qu'on puisse faire de l'avenir, on trouve toujours une réponse suivie et qui a rapport à la question proposée. *Paris*, 1742, in-4° obl.

MADROLLE (A.). Le Voile levé sur le système du Monde, recherché depuis 600 ans. Révolution dans les sciences, démonstration invincible de tout à tous par la puissance simplifiée des nombres. *Paris*, s. d., in-8°.

MADROLLE (A.). Histoire universelle inouïe des nombres 13 à 666. *Paris*, s. d., broch. in-8°.

MAGON DE GRANDSELVE. Les Rois devant le destin. *Paris*, 1885, broch. in-12.

MALFATTI DE MONTEREGGIO (Jean). Etude sur la Mathèse. *Paris*, 1849, in-8°.

MALLEMANT (Jean). Le grand et fameux problème de la Quadrature du Cercle, résolu géométriquement. *Paris*, 1686, in-8°.

MARCHAND (Abbé D.). La Science des Nombres d'après la tradition des siècles. Explication de la Table de Pythagore (première partie seule parue). *Paris*, 1897, in-12.

MARIAGE (A.). Numération par 8 anciennement en usage par toute la Terre, prouvée par les Koua des Chinois, par la Bible, par les livres d'Hésiode, d'Homère, etc. *Paris*, 1857, in-8° gr. pl.

MARQFROY. Loi des Equivalents et théorie nouvelle de la Chimie. *Paris*, 1897, gr. in-8°.

MARRE (A.). Problèmes numériques, faisant suite et servant d'application au « Triparty en la science des nombres » de Nicolas Chuquet. *Paris*, 1882, in-4°.

MARTINEZ DE PASQUALLY. Traité de la Réintégration des Etres. *Paris*, Chacornac, 1899, in-16.

MEERENS (Charles). Instruction élémentaire du calcul musical et philosophie de la musique. *Paris*, *Bruxelles*, s. d., in-8°.

MENESTRIER (Ch.-Fr.). La philosophie des images énigmatiques. *Lyon*, 1694, in-12.

MEURSIUS (J.). Denarius Pythagoricus. *Lugduni*, 1641, in-4°.

MICHEL (Louis), DE FIGANIÈRES. Réveil des Peuples. *Paris*, 1864, in-12 (chap. X).

MILLARD (Capitaine). Le Destin de l'Allemagne. *Bruxelles*, 1904, in-8° ; *id.*, 1918.

MOIGNO (Abbé). Impossibilité du nombre actuellement infini. La science dans ses rapports avec la foi. *Paris*, 1884, in-12.

MOND (L.). Causeries d'Outre-Monde (Indicat. sur la vertu et la superstition des nombres). *Draguignan*, 1877, broch. in-8°.

MOREAU DE DAMMARTIN. Origine de la forme des caractères alphabétiques de toutes les nations, des clefs chinoises, des hiéroglyphes égyptiens. *Paris*, 1839, in-fol. en long (tabl.).

MORIN (Alcide). Ténèbres. Treize nuits suivies d'un demi-jour sur l'hypnotisme. *Dentu*, 1860, in-12.

MOSS (W. W.). The Numbers in detail. *London*, *The International Psychie Gazette*, mai 1921, p. 116.

MOUREY (C. V.). La vraie théorie des quantités négatives et des quantités prétendues imaginaires. *Paris*, 1861, in-12.

MYDORGE (Cl.). Examen du livre des récréations mathématiques (du P. LEURECHON). *Paris*, 1639, in-8°.

NABOD (Val.). De calculatoria numerorum que natura sectiones IV. *Colon. Agripp.*, 1556, in-8°.

NASCIAS (de). Sur quelques particularités fort curieuses du système de l'orbite lunaire. *Paris*, 1904, gr. in-8°.

NEMZETSEG (Adam). La puissance des nombres dans ses applications à l'impuissance des bourses. *Paris et Alexandrie*, 1866, in-12.

NISSA (Karl). Du zéro à l'Unité. *Paris*, *L'Initiation*, mars 1912.

O'DONNELLY. Les vraies mathématiques aux prises avec la Pierre philosophale. *Paris*, 1855, in-8°.
— Nouvelle géométrie ou abrégé des mathématiques célestes. *Paris*, 1856, in-12.

OLIVER (Rev. George). The Pythagorean triangle or the Science of Numbers. With diagrams. *London*, 1875, in-8°.

ONCIACUS (Guill.). Numeralium locorum decas, in omni fere scientiarum genere mysticis referta propositionibus. *Lugduni*, Car. Pesnot, 1584, in-12.

ORIN (J. M. H.). Le plan astral dévoilé. Etude cosmogonique religieuse et chronologique. *Paris*, *Dinan*, 1890, in-8°.

OZANAM. Récréations mathématiques et physiques. *Paris*, 1778, 4 vol. in-8°.

PALINGENIUS. Remarque sur la notation mathématique. *Paris*, *La Gnose*, avril et mai 1910.
— Remarques sur la production des Nombres. *id.*, *id.*, juin et juill.-août 1910.

PAPUS. Clef absolue de la Science occulte, le Tarot des Bohémiens, etc. *Paris*, Carré, 1889, gr. in-8° ; 2ᵉ éd., *id.*, Durville, s. d. gr. in-8°.
— La Cabbale (Tradition secrète de l'Occident), résumé méthodique. *Paris*, Carré, 1892, gr. in-8° ;

Paris, Chacornac, 1903 ; *Anvers*, 1930.
PAPUS. Traité élémentaire de Science occulte, etc. *Paris*, Carré, 1888, in-16 ; *id.*, Ollendorff, 1908, in-8°.
— Traité méthodique de Science occulte. *Paris*, Carré, 1891, gr. in-8° ; 2ᵉ éd. *Paris*, s. d., 2 vol. gr. in-8°.
— Traité élémentaire de Magie pratique. *Paris*, Chamuel, 1893, gr. in-8° ; 2ᵉ éd. *Paris*, Chacornac, 1906.
— Traité méthodique de Magie pratique. *Paris*, Chacornac, 1924, gr. in-8°.
— Le Tarot divinatoire. *Paris*, Libr. Herm., 1909, in-8°.
— Le Livre de la Chance bonne ou mauvaise. *Paris*, Durville, s. d., in-12.
— Almanach de la Chance, pour 1905. *Paris*, Libr. Française, 1905, in-16.
— L. Cl. de St. Martin. *Paris*, Chacornac, 1902, in-12.
— Quelques considérations sur le Septenaire. *Paris*, *L'Initiation*, sept. 1895.
— Nombres pairs et nombres impairs. *id.*, nov. 1903.
— Anatomie, physiologie et psychologie des nombres. *Id.*, sept. 1903.
— Le conflit russo-japonais et les nombres magnétiques. *Paris*, 1904.
PARACELSE (Theo. B. v. Hoh.). Opera omnia. Genevæ, 1658, 3 vol. in-fol. (T. II de sigillis planetarum).
— Les sept livres de l'Archidoxe magique, texte et trad. en regard, précédés d'une introd. et d'une préface par Dʳ MARC HAVEN. *Paris* 1909, gr. in-8°.
PARAVEY (DE). Essai sur l'origine unique et hiéroglyphique des chiffres et des lettres de tous les peuples. *Paris*, 1826, in-8°.
PARISOT (Séb.-Ant.). Du calcul conjectural, ou l'art de raisonner sur les choses futures et inconnues. *Paris*, 1810, in-4, fig.
PAVIOT (A.). L'astral des sons. *Paris*, s. d., gr. in-8°.
P. D. Les lois cosmiques. *Bruxelles*, 1867, in-12.
PERSON (Dav.) of Loghlands. Varieties of a survey of rare and excellent matters, necessary and delectable for all sorts of persons, etc. (The number 3 and 7, etc.). *London*, 1635, in-4°.
PIAZZI SMITH (C.). La Grande Pyramide pharaonique du nom, humanitaire de fait, ses merveilles, ses enseignements. Trad. de l'anglais par l'abbé MOIGNO. *Paris*, 1875, in-12.
PICUS Joan. MIRANDULAE Concordie que comibis Cabalae divino in libro sex. *Basilae*, s. d., in-4°.
PÉHAN (A.). Exposé des signes de numération usités chez tous les peuples orientaux, anciens et modernes. *Paris*, Impr. Impér., 1860, in-8°.
POIGNARD. Traité des neuf carrés sublimes contenant des méthodes générales... pour faire les sept quarrés planétaires et tous autres à l'infini, par les nombres, en toutes sortes de progression. *Bruxelles*, 1704, in-4°.
POTIER DESLAURIÈRES (L.). Nouvelle découverte qui embrasse toute la géométrie, qui donne la solution de ses plus grands problèmes et qui va reculer les bornes de l'esprit humain ou identité géométrique du cercle et du carré. *Paris*, 1804, in-4°.
POTTER (Francis). An interpretation of the Number 666. *Oxford*, 1642, in-4°.
PORTIER (B.). Le carré diabolique de 9 et son dérivé ; le carré satanique de 9 (carré de base magique aux deux premiers degrés) : tirés du carré magique de 3. *Alger*, Jourdan, 1895, broch. in-8° ; *Paris*, 1902.
— Le carré cabalistique de 8, diabolique au premier ordre, magique aux deux premiers degrés (satanique) ; solution donnant en plus huit compartiments sataniques : exposition pratique. *Paris et Alger*, 1902, broch. in-8°.
— Le carré panmagique à grille du module 8 ; exposition pratique. *Toulouse et Paris*, 1904, broch. in-8°.
PRÉMONTVAL (de). Discours sur l'utilité des mathématiques. *Paris*, 1743, in-12.
— Discours sur la nature du nombre. *Id.*, 1743, in-12.
PRÉVOST (Jean). La première partie des subtiles et plaisantes inventions, contenant plusieurs jeux de récréations et traits de souplesse. *Lyon*, 1584, in-8°.
PREYER (W.). Ursprung des Zahlbergriffs aus der Tonsinn und Wesen der Primzahlen. *Berlin*, 1891, in-8°.
PTOLÉMÉE (Claude). Almageste. Composition mathématique. Texte grec et traduction française

de l'abbé Halma. *Paris*, 1813, 2 vol. in-4° ; *id.*, 1930.

Pujals de la Bastida (Dr Vic.). Filosofia de la numeracion o Descubrimiento de un nuevo mundo scientifico. *Barcelone*, 1844, in-12.

Rabett (Reginard). Lateinos, or the only proper and appelation name of the man. *London*, 1835, in-8°.

Ragon (J. M.). Orthodoxie Maçonnique suivie de la Maçonnerie occulte et de l'Initiation Hermétique. *Paris*, 1853, in-8°.

Ragusei (G.), Veneti. Epistolarum mathematicarum, seu de divinatione libri duo. *Paris*, 1623, in-8°.

Raynaud (G.). Les nombres sacrés et les signes cruciformes dans la moyenne Amérique précolombienne. *Paris*, Revue Histoire des Religions, t. 44, p. 235 ; *Paris*, 1901, in-8°.

Richard (P. G.). La Gamme. Introduction à l'étude de la musique. Préface de M. Casadesus. *Paris*, s. d. in-16.

Riederer (J. F.). Die bedenkliche und geheimnusreiche zahl Drey, in Theologicis, historicis et politicis. *Francf.*, 1732, in-8°.

Riollot. Les carrés magiques. Contribution à leur étude. *Paris*, G. Villars, 1907, in-8°, fig.

Rist (Dr A.). La philosophie naturelle intégrale et les rudiments des sciences exactes. *Paris*, 1904, in-8°.

Ritt (A. P.). De la réduction théosophique. *Paris*, *L'Initiation*, août 1898.

Robia (L.). La théorie platonicienne des idées et des nombres. *Paris*, Alcan, 1908, in-8°.

Rohlf (Nic.). Künstliche Zahlenspiel oder Anweisung, wie die magischen Quadrate zu verfertigen. *Hambourg*, 1742, in-8°.

Rollop (Armide). La Science de Pythagore ou l'art de découvrir les nombres et les dates qu'il faut connaître et étudier pour arriver à être heureux dans la vie et les numéros qu'il faut choisir dans les combinaisons du hasard pour faire rapidement fortune, etc. *Toulouse*, 1888, in-8°.

Roscher (W. H.). Enneadische studien... *Leipzig*, 1909, in-4°.

Rouse Ball (W.). Récréations mathématiques et problèmes des temps anciens et modernes. 2e éd. française... par J. Fitz Patrick. *Paris*, 1907-1909, 3 vol. pet. in-8° ; *Id.*, 1926-1927.

Roy Melton (Dr). Metaphysics of numerology. Vol. I. Number ontology. *Boston*, 1934, in-8°.

Rozier (Dr F.). Calculs. *Paris*, *L'Initiation*, août 1898.

Rubin (S.). Die Symbolik der Zahlen in der Philosophie und dem Mysticismus aller Voelker (En hébreu). La symbolique des nombres dans la philosophie et la mystique de tous les peuples. *Wien*, 1896, in-8°.

Sabathier (R. P. Esprit). L'Ombre idéale de la Sagesse Universelle. *Paris*, 1679, in-16 ; *id.*, 1897.

Sagittarius (Paul-Mart.). Oratio de numero septenario. *Altenburg*, 1672, in-4°.

Saint-Martin (L. Cl. de). Des Nombres. Œuvre posthume. Edition autographiée. *Paris*, 1843, 2e éd., 1861, gr. in-8° ; 3e éd. *Paris*, Chacornac, 1914, in-8°.

Saint-Yves d'Alveydre. Brevet d'invention du 26 juin 1903. Instruments de précision. Poids et mesures. Instruments de mathématiques, nos 333-393. — Moyen d'appliquer la règle musicale à l'architecture, aux beaux-arts, métiers et industries, d'arts graphiques et plastiques, moyen dit : étalon - archéométrique. *Paris*, nov. 1903, br. gr. in-8°.

— L'Archéomètre. Clef de toutes les religions et de toutes les Sciences dans l'Antiquité. Réforme synthétique de tous les arts contemporains. *Paris*, 1911, in-4°.

Salomon (C.). Questions inédites de Magie arithmétique polygonale. Etoiles magiques à 8, 16 et 20 branches et rosaces hypermagiques. *Paris*, 1913, broch. in-8°

Sander (C. G.). Practical Numerology and Character Analysis. *London*, s. d., in-8°.

Schmidt (J.-J.). Biblischer Mathematicus. *Zullichau*, 1749, in-8°.

Schottus (Gasp.). Magie universalis naturæ et arte. *Bembergæ*, 1677, 4 vol. in-4°.

Schwaller (R.). Etude sur les Nombres. *Paris*, 1914, in-8°.

Sédir. Note sur les noms de nombres hébraïques. *Paris*, *L'Initiation*, t. 22, p. 11, janv. 1894.

Sephariel. Fortune Telling by Numbers. *London*, s. d., in-8°.

— Your fortune in your name, of Kabalistic Astrology, being the Hebraic method of divination by the Power of sound, number and planetary influences. *London*, 1892, in-8°.

SEPHARIAL. A manual of Occultism, cte. *London*, W. Rider, 1910,in-12 (Part I, numerology).

— The Kabala of Numbers. *London*, 1911, in-8°; *London*, 1920, 2 v. in-8°.

SERRE (Joseph). Un penseur Lyonnais, un grand mystique, un Pythagore français. *Lacuria*, 1806-1890. Portr. *Paris*, 1910, in-8°.

SEVANE (Marquis de). Elliptische Philosophie des verbogen Wirkenden. Pantanamische Pantanomie, oder das fünffache Universal gesetz. Publié avec le texte français en regard ; Philosophie elliptique du latent opérant. Pentanomie Pentanomique ou loi quintuple universelle. *Francf. S.-M.*, Rommel, 1880, in-8°.

SEXTIUS, philosophe pythagoricien. Sentences, trad. en français avec des notes et des variantes, précédées de la doctrine de Pythagore et de celle de Sextius, par le comte P. de Lasteyrie. *Paris*, 1843, in-12.

SHIRVOOD, anglicus. De ludo arithmomachiæ. *Romæ*, 1482, in-4°.

STIFEL (Mich.). Ein sehr Wunderbarl wortrechnung samt ein merckl. erklerung etlich. zalen Danielis und der Offenbarung St. Johannis, *S. l.* Christ. Ottendorffer,1553, in-4°, 55 ff.

STOURDZA (Prince G.). Les lois fondamentales de l'Univers. *Paris*, 1891, in-8°.

STUART (S.). Mystic Numbers and Occult Chronology. *Benarès*, *The Pilgrim*, février 1914.

TABRIS (Jean). La Qabbalah Initiatique. *Paris*, *L'Initiation*, n° 10, juillet 1897, p. 46.

TATY. Franklin et les Nombres. *Paris*, *L'Initiation*, mars 1908.

TAYLOR (John). Wealth the number of the Best, 666, in the Book of Revelation. *London*, 1844, in-8°.

THEONIS smyrnæi, eorum quæ in mathematicis ad Platonis lectionem utilia sunt, expositio, *Parisiis*, 1644, in-4°.

— Epilogue, le nombre de Platon. Texte grec et trad. de J. DUPUIS. *Paris*, Hachette, 1892, gr. in-8°.

THOMAS (Edme). Histoire de l'Antique cité d'Autun. Illustrée et annotée par l'abbé DEVOUCOUX. *Autun. Paris*, 1846, in-4°.

TRANSON (A.). Réflexions sur l'événement scientifique d'une formule publiée par Wronski en 1812, et démontrée par M. Cayley en 1873. *Paris*, 1874, broch. in-8°.

TWO SERVANTS OF CHRIST. The computation of 666. *London*, 1891, in-8°.

TYCHO-BRAHÉ. Calendarium naturale perpetuum magicum. *S. l.* (Uranienborg), 1582, in-8°.

UBRICHT (C.). Anleitung zur leichten und doch richtigen Anfertigung der so wonderbaren Zauber-Quadrate. Mit erlænternden Beispilen und Kurzen Berechnungen Nebst 6 Zaubertafeln mit Spruch und 7 Kleinen Zahlentabellen. *Quedlinburg*, 1854, in-8°.

ULIC (J.-C.). Y.-King, Tao-see, Taote-King et la numération. *Paris*, *L'Initiation*, t. 37, p. 266, déc. 1897.

UNCIACUS (G.). Numeralium locorum decas... *Lugduni*, 1584, in-12.

UPJOHN (J. A.). The number counted 666. Neenah, *Wisconsin*, 1882, in-8°.

USENER. Dreiheit, ein versuch mythologischer Zahlenlehre. *Bonn*, *Rhein-Museum*, 1903.

VAGETIUS (Augustinus) et ALB. zum Felde. Dissertatio de pari aliisque quadrati magici generibus. *Wittembergiæ*, 1695, in-4°.

— **Dissertatio de quadrato magico impari.** *Id.*, 1695, in-4°.

VIGENÈRE (Blaise de). Traité des Chiffres, ou secrètes manières d'écrire. *Paris*, 1587, in-4°.

VILLOT (F.). Origine astronomique du jeu des échecs, expliquée par le calendrier égyptien, ou mémoire relatif à la méthode de formation d'une table qui présente d'une manière distincte, et dans le plus petit nombre possible, toutes les combinaisons d'un nombre de signes donnés, etc. *Paris*, 1825, in-8°. Avec un gr. tabl.

VINCENT (H). Passage du traité de la musique d'Aristide Quintillien, relatif au nombre nuptial de Platon, etc. *Rome*, 1865, in-4°.

VIOLLE (B.). Traité complet des carrés magiques pairs et impairs, etc., suivi d'un traité des cubes magiques. *Paris*, 1837, 2 vol. in-8° et Atlas, in-fol. de 54 pl.

VIVIANI (V.). De maximis et minimis geometrica divinatio in quintum conicorum Apollonii pergæi nunc desideratum. *Florentiæ*, 1659, in-fol.

VULLIAUD (Paul). La Tradition pythagoricienne. *Paris, Les Entretiens Idéalistes*, 1914 ; *Id.*, *Le Voile d'Isis*, 1934.

VURGEY. La quadrature du cercle. Paris, *L'Initiation*, t. 8, p. 425.

— Contribution à la philosophie des Nombres. Paris,*L'Initiation*, t. X, p. 331, janv. 1891.

WALTON (R. P.). Names, Dates, and Numbers. A system of Numerology. *London*, s. d., in-8°.

WARRAIN (F.). La Synthèse concrète. Etude métaphysique de la vie. *Paris*, 1906, in-8° ; *id.*, Chacornac, 1910.

— Les modalités universelles. *L'Espace*. *Paris*, 1908, in-8°.

— Réflexions sur le système décimal. *Paris, Le Voile d'Isis*, mai 1913.

WEBSTER (Doris) and HOPKINS (M. A.). I've got your Number. *London*, s. d., in-8°.

WELLING (G. de). Opus mago-cabbalisticum et theosophicum darinnem der Ursprung, Natur, Eigenschafften und Gebrauch des Salzes Schwefels und Mercury... *Francf.* und *Leipzig*, 1760, in-4° (pl.).

WEST. Exposé des méthodes générales en mathématiques d'après Wronski. *Paris*, 1886, in-4°.

WESTCOTT (Dr Wynn). Numbers, their Occult power and mystic virtues. *London*, 1890, in-4° ; 2e édition, *London*, 1902, in-8° ; *id.*, 1911.

WILKINS (S.). Mathematical magic of the wonders that may be performed be mechanical geometry. In two books. *London*,1648, in-8°.

WOEPCKE. Notice sur une théorie ajoutée par Thabit ben Korrah à l'arithmétique spéculative des Grecs. *Paris, L'Initiation*, mai 1903.

WOLFII (Ch.). Elements matheseos universæ. *Genevæ*, 1694, 4 vol. in-fol.

WRONSKI (Hoëné). Œuvres mathématiques. *Paris*, 1811, 4 vol. gr. in-8° ; réimpression 1930, avec portr. en photot.

— Messianisme ou réforme absolue du savoir humain. *Paris*, 1847, 3 vol. in-4°.

— Nomothétique messianique. *Paris*, 1861, in-4°.

— Apodictique messianique fondant péremptoirement la vérité sur la terre. *Paris*, 1876, in-4°.

X (Colonel). Des nombres dans l'Univers manifesté. *Paris, Annales Théos.*, 1er trim., 1908.

X. Note sur un point de la théorie des nombres. Paris, *L'Initiation*, n° 9, juin 1898.

YVON-VILLARCEAU (M.). Application de la théorie des sinus des ordres supérieurs à l'intégration des équations linéaires. *Paris*, 1886, broch. in-8°.

ZAHN (J.). Specula phisico-mathematica. *Norimbergæ*, 1696, 3 vol. in-fol.

ZITSCHER (H.). Philosophische Unterzushungen. *Leipzig*, 1910, in-8°.

TABLE DES MATIÈRES

	Pages
Avertissement : Ph. Encausse	v
Introduction	1

Théorie.

Chapitre Ier. — *Premiers éléments d'étude*	3
Chapitre II. — *Les dix premiers Nombres*	7
I. Tableau général des dix premiers Nombres	7
II. Les dix premiers Nombres et leurs Puissances	9
Chapitre III. — *Analyse de la Décade*	11
Chapitre IV. — *Constitution des Nombres*	30
I. Anatomie	30
II. Physiologie	33
III. Psychologie	44
Chapitre V. — *La théorie des Nombres*	54
Chapitre VI. — *Les Chiffres*	58

Pratique.

Chapitre VII. — *Les Nombres et la Cabbale*	65
Chapitre VIII. — *Les Nombres et la Chance*	83
Chapitre IX. — *Les Nombres et les Dates*	85
Chapitre X. — *Les Nombres et l'Histoire*	88
Chapitre XI. — *Les Nombres et les Peuples*	100
Chapitre XII. — *Les Nombres et la Musique*	131

Les textes.

Chapitre XIII. — *Les Nombres et l'Occulte*	137
I. D'Eckartshausen : *Le Nombre du Quaternaire*	138
II. Hoené Wronski : *Système de l'Algorithmie*	152
III. H. de Balzac : *Le Nombre*	157
IV. A. Desbarrolles : *Les Nombres*	160
V. E. Ledos : *Les Nombres, leurs rapports avec la Nature*	169
VI. L. Michel, de Figanières : *Mathématiques vivantes*	172
Chapitre XIV. — *La puissance des Nombres*	173
Chapitre XV. — *La section secrète des Nombres*	185

Appendice.

Chapitre XVI. — *Bibliographie :* Paul Chacornac	204

RESURGENCE DE L'ORDRE MARTINISTE DE PAPUS (1)

« Connais-toi toi-même et tu connaîtras l'Univers et les Dieux. »

Créé en 1891 par le Docteur Gérard ENCAUSSE (PAPUS), l'Ordre Martiniste moderne a connu, jusqu'à la « mort » du regretté vulgarisateur de l'Occultisme survenue en 1916, un développement considérable. L'ordre Martiniste de Papus était, en effet, représenté tant dans la vieille Europe qu'en Afrique, aux Etats-Unis et en Amérique du Sud. Son influence s'exerçait aussi bien parmi les humbles que sur les marches de certains trônes et non des moindres... Grâce à lui, les idées spirituelles gagnèrent un terrain précieux à une époque où le Matérialisme donnait l'impression d'être sur le point de triompher.

Dans tous les cœurs où il a une fois pénétré, le Martinisme papusien a permis de réaliser les possibilités d'altruisme qu'ils avaient en eux. Il a sauvé du doute, du désespoir et parfois même du suicide bien des esprits, tant il est vrai que la Lumière traverse les vitres même quand elles sont ternies et qu'elle illumine toutes les ténèbres physiques, morales ou intellectuelles.

Dans son ensemble, l'Ordre Martiniste de Papus était surtout une école de chevalerie morale s'efforçant de développer la spiritualité de ses membres tant par l'étude d'un monde encore inconnu dont la science positive n'a pas, jusqu'ici, déterminé toutes les lois, que par l'exercice du dévouement et de l'assistance intellectuelle, et par la création, en chaque esprit, d'une Foi d'autant plus solide qu'elle était basée sur l'observation et sur la science.

Le Martinisme de Papus constituait donc une chevalerie de l'altruisme opposée à la ligue égoïste des appétits matériels, une Ecole où l'on apprenait à ramener l'argent à sa juste valeur de rang social et à ne pas le considérer comme un influx divin, enfin un Centre où l'on s'efforçait à demeurer impassible devant les tourbillons positifs ou négatifs qui bouleversent la Société.

---

(1) Adresser les demandes de renseignements complémentaires au Docteur Philippe ENCAUSSE, 46, boulevard du Montparnasse, Paris (15e). (Joindre un timbre pour la réponse.)

Ouvert aux Hommes comme aux Femmes de bonne volonté, le MARTINISME est un Groupement initiatique possédant une doctrine philosophique et mystique, une méthode de travail à la fois individuelle et de groupe, une ligne d'inspiration sur laquelle chaque intelligence doit travailler selon ses possibilités.

Ses buts sont de constituer une chevalerie mystique et ésotérique afin de lutter — chaque membre dans sa sphère — au nom des principes qui nous dirigent, en faveur du Spiritualisme, contre l'abêtissement, et de contribuer à l'avènement d'un monde où les valeurs *spirituelles* reprendront leur place véritable, en dehors de toute question raciale, de toute idéologie politique et de toute formation religieuse.

La plus grande tolérance ou mieux, *l'esprit de compréhension* le plus large est de rigueur. Quant à la notion d'*entraide* elle constitue, elle aussi, l'une des caractéristiques essentielles du Martinisme.

L'Ordre Martiniste comprend des adhérents simples et des « Initiés » répartis en trois degrés. Le grade le plus élevé, celui de S.I ou « Supérieur Inconnu », n'est accordé qu'aux membres s'en montrant dignes tant par leur habituel comportement dans la vie courante que par leurs connaissances particulières (doctrine et œuvres de Louis-Claude de Saint-Martin - tradition occultiste) et générales, et leur adhésion aux principes de l'Ordre Martiniste. Seul le grade de S.I peut conférer, dans certaines conditions, le droit et le *pouvoir d'initier,* selon la Tradition.

Conformément aux directives de Louis-Claude de Saint-Martin et à celles, ultérieures, de Papus, la Femme est admise à égalité absolue avec l'Homme (l'un étant le complémentaire de l'autre) dans l'Ordre Martiniste créé en 1891 par Papus et qui a retrouvé « force et vigueur » pleines et entières en 1952.

Le Martinisme est une chevalerie chrétienne ou, si l'on préfère, il est une ligne chevaleresque de perfectionnement individuel et collectif. Il doit donc tendre à n'être composé que de parfaits serviteurs et successeurs des véritables Maîtres du Mouvement : les premiers SUPERIEURS INCONNUS dont, entre autres, Louis-Claude de Saint-Martin, encore appelé le « Philosophe inconnu » qui naquit le 18 janvier 1743 à Amboise (Indre-et-Loire) et mourut le vendredi 14 octobre 1803 à Aulnay (Seine).

Ebook Esotérique réédite,
sous forme de livres électroniques
ou Ebooks, des livres ésotériques et
d'occultisme qui sont devenus rares ou
épuisés.

Visitez Ebook Esotérique

www.ebookesoterique.com

Inscrivez-vous pour recevoir
notre Bulletin-Info.
Vous serez informé des
nouvelles parutions et promotions.

 Vous avez une question sur l'Hermétisme, l'Esotérisme ou la pratique des Sciences Occultes ?

*L'Encyclopédie Ésotérique vous apportera des réponses et des mises au point précieuses.
Cliquez* www.ceodeo.com

L'Encyclopédie Ésotérique ainsi que les articles, dossiers, cours et essais que vous trouverez sur notre site s'adressent tant aux profanes qu'aux spécialistes.

Collège Ésotérique et Occultiste d'Europe et d'Orient
(CEODEO) www.ceodeo.com

www.ingramcontent.com/pod-product-compliance
Lightning Source LLC
Chambersburg PA
CBHW071114160426
43196CB00013B/2570